TÄVE Die Autobiografie

Gustav-Adolf Schur

TÄVE

Die Autobiografie

neues leben

Bildnachweis

Archiv Täve Schur privat
Bauer (III/12 oben), Benjamin (III/14 oben), Berlin (II/5 unten links), Beyer (II/3 unten), Braun (II/2 unten rechts), Dressel (III/10 oben & unten), Eckstein (II/13 unten, III/3 oben links), Funk (I/10 oben links), Gahlbeck (II/8 oben links), Hänel (I/8 unten links, II/11 oben links), Kiesling (I/2 unten), Klar (II/14 unten links), Mähler (III/14 unten), Malinowski/Rowell (I/9 oben, I/12 oben links & unten, I/14 oben rechts, II/8 oben rechts, II/15 unten, III/3 oben rechts), Moll (II/7 oben), Naumann (III/2 oben), Otten (I/10 oben rechts), Rehor (I/7 unten, II/10 oben rechts), Rohrlapper (I/11 oben, I/12 oben rechts, I/14 unten, II/6 unten, II/9 unten, II/14 oben links), Rohleder (II/5 oben), Rowell (I/3, I/13 unten, I/14 oben links, I/15 oben rechts, I/16 unten links & unten rechts, II/10 unten, III/4 unten links), Schneider (III/9 oben), Thaut (III/1), Wendorf (II/4 unten), Zastrow (III/7 oben)

Nicht in jedem Fall ist es uns gelungen, die Urheber der Fotos zu ermitteln. Berechtigte Honoraransprüche bleiben erhalten.

ISBN 978-3-355-01783-1

3. Auflage
© 2011 (2001) Verlag Neues Leben, Berlin

Umschlaggestaltung: Buchgut, Berlin
unter Verwendung eines Fotos von dpa-picture alliance
Druck und Bindung: CPI Moravia Books GmbH

Ein Verlagsverzeichnis schicken wir Ihnen gern:
Neues Leben Verlagsgesellschaft mbH & Co. KG
Neue Grünstr. 18, 10179 Berlin
Tel. 01805/30 99 99
(0,14 €/Min., Mobil max. 0,42 €/Min.)

Die Bücher des Verlages Neues Leben
erscheinen in der Eulenspiegel Verlagsgruppe.

www.verlag-neues-leben.de

*Im Jahr 2005 wurde der am 16. Oktober 2000
in der Volkssternwarte Drebach (Erzgebirge)
entdeckte Planetoid 2000 UR nach Täve Schur benannt.
Er bewegt sich zwischen den Planeten Mars und Jupiter
und trägt jetzt die offizielle Bezeichnung (38976) Täve.
Gustav-Adolf Schur bewegt sich auf der Erde,
vornehmlich in seinem Heimatort Heyrothsberge,
vorwiegend auf dem Rennrad und sehr oft,
um Wahrheit zu verbreiten, auch über die DDR.*

Vorbemerkung

Was sind überhaupt »Memoiren«? Ein Buch über Siege und Niederlagen, Erinnerungen an amüsante Stunden, Hinweise auf einige bittere?

Was schreibt man auf, was lässt man weg?

Beim Klassikerrennen »Rund um Berlin« 1952 haben sich am Start alle über mich ausgeschüttet vor Lachen. Ich trug Kniestrümpfe. Das ist ungefähr so, als würde sich ein Schwimmer einen Hut aufsetzen. Auch meine Schuhe fanden alle lustig, sie hielten sie für leicht frisierte Halbschuhe. So etwas stand sogar in der Zeitung. Tatsächlich waren es Rennschuhe, die ich mir bei einem Schuster im Nachbardorf nach Maß hatte nähen lassen. Mein Pech war, dass der gute Mann noch nie im Leben Radrennschuhe gesehen hatte. Die Sache hatte aber auch ihre gute Seite – man nahm mich nicht sonderlich ernst.

Ich gewann.

Das alles noch einmal aufschreiben? Der gute alte Wilhelm Liebknecht ließ mich in seinem Volksfremdwörterbuch jedenfalls wissen, dass das Wort »Memoiren« aus dem Französischen stammt und sich verschieden übersetzen lässt: »Gedächtnis, Gedenken, Denkschrift, schriftliche Darlegung von Erlebtem, Lebensbericht«, wobei Liebknecht betonte: »Meist politischen Inhalts.«

Über mich ist in einem halben Jahrhundert sehr viel geschrieben worden – Kluges, aber auch Albernes, Wahrheit wie Lüge. Soll ich etwa mit diesem Wirrwarr aufräumen? Jetzt, da ich – das liest sich schockierend – die Schwelle zum neunten Lebensjahrzehnt überschreite? In vielen Erinnerungen, die heute in den Buchläden auftauchen, rechnen Politiker, Schauspieler, Schriftsteller, auch Sportler, mit der DDR ab. Oder sie rühmen sich des »Widerstands«, den sie geleistet haben.

Nein, ich bin nie aus Protest zum Beispiel in die entgegengesetzte Richtung gefahren. Ich war nicht mit allem einverstanden, ich versuchte immer abzuwägen, was nützlich für meine Mitmenschen war, und ob das verkündete Prinzip meinen Idealen entsprach. Ich bin in der DDR aufgewachsen, und ich habe ihr die Treue bewahrt, auch wenn es heute »in« zu sein scheint, sich erst einmal für alles Mögliche zu entschuldigen, bevor man es wagt, Positives über die DDR zu sagen.

Bei manchen stehe ich in dem Ruf, ebenso gutmütig wie starrköpfig zu sein – eine der vielen maßlosen Übertreibungen, die über mich verbreitet wurden. Wahr ist daran nur, dass ich alles, was ich tue, gründlich bedenke. Ich habe selten anderen gestattet, für mich Entscheidungen zu treffen, und das führte zuweilen zu Konflikten. Ja, ich habe auch manchen handfesten Streit ausgetragen – und würde es auch mit 80 noch tun. Nicht, weil ich Recht haben will, sondern weil ich meine Meinung vertrete.

Als ich das erste Mal aufgefordert wurde, mein Leben aufzuschreiben, drückte man mir eine Liste angeblich routinierter »Ghostwriter« in die Hand. Ich hatte von den meisten noch nichts gehört und blätterte erst einmal in einem Fremdwörterbuch. (Ich sollte vielleicht hier schon mit meinem Lebensbericht beginnen und mitteilen, dass ich nur Volksschulbildung vorweisen kann.) Ich fand heraus, dass »Ghostwriter« auch »Neger« genannt werden. Auf dem Umschlag eines Buches steht der Name desjenigen, der sein Leben beschrieben hat, aber der Text stammt tatsächlich von einem »Neger«.

War diese Redewendung entstanden, weil es sich um eine Art Sklavenarbeit handelt, oder weil ein Spaßvogel gemeint hatte, Neger sieht man im Dunkel zwischen den Buchdeckeln nicht?

So einfach war das also mit dem Schreiben von Memoiren gar nicht.

Aber dann erwachte auch der Ehrgeiz, meine Gedanken zum Sport, zum Leben, zu den Fragen der Zeit und der Zukunft, wie ich sie mir vorstelle und deshalb für sie kämpfe, aufzuschreiben. Und meine Meinung zu bekunden, was ich vom heutigen Sport halte, denn die Zeiten sind längst vorüber, in denen man sich für eine Siegerschleife vier bis fünf Stunden bis zum Anschlag quälte.

Noch immer meine ich, Sport muss auch Spaß machen und darf sich nicht in der Frage eines Managers nach der Höhe des Preisgelds – und seines Anteils daran – erschöpfen. Natürlich weiß ich, dass die Marktwirtschaft wenig Spielraum lässt für Spaß, aber auch die cleversten Manager kommen nicht ohne die aus, die ohne nach der »Kohle« zu fragen, Kinder für den Sport begeistern und damit den Grundstein legen.

Als der DTSB 2007 den 50. Jahrestag seiner Gründung feierte, sollte ich eine Rede halten, und ich begann sie: »Als man mich darum bat, hier zu sprechen, warf das zwei Fragen auf: Warum ich? Und vor allem: Was soll ich sagen? Zur ersten Frage wurde ins Feld geführt: Du bist populär. Ich war, woran man nun schon seit Jahrzehnten erinnert, zweimal Amateur-Weltmeister. Aber: Wer weiß denn heute noch, was es damals bedeutete, ein Amateur zu sein? Und selbst, wenn man das erklären würde, käme die nächste Frage auf. Reicht das, um der einzige Kandidat für die Festrede zu sein?«

Also stelle ich mal als Erstes fest: Es hätte viele Kandidaten gegeben, und mindestens zehn Minuten würden vergehen, wenn ich eine Liste derjenigen verlesen würde, die ich dafür vorgeschlagen hätte. Denn: Auch wenn ich zweimal als Erster über eine Ziellinie gerast bin, an der über den Weltmeister jener Jahre entschieden wurde, reicht das nach meiner Meinung nicht. Auch nicht, dass ich ewig im Präsidium des DTSB-Bundesvorstandes saß oder dass ich Volkskammer- und Bundestagsabgeordneter war, also nach der heute medienüblichen Lesart in sowohl angeblich unfreien als auch in angeblich freien Wahlen ins Parlament gelangte.

Um deutlich zu machen, was ich meine: Der Übungsleiter, der in einer BSG Traktor Neuendorf die Pferde anspannen musste, um seine C-Jugend-Fußballmannschaft nach Altdorf zu kutschieren und unterwegs, die Zügel in der Hand, die Jungens noch mit der Taktik vertraut machte, mit der gespielt werden müsste, um zu gewinnen – dieser Übungsleiter konnte nie Weltmeister werden. Konnte demzufolge auch nicht bekannt oder berühmt werden. Aber: Hat er weniger für den DDR-Sport geleistet als ich? Gut, ich musste hart trainieren, hin und wieder auch mein Rad putzen und bei den Rennen aufpassen, dass sie mich nicht abhängten. Aber meist waren welche in meiner Nähe, die mir gute Ratschläge gaben, Ärzte, die mein Training steuerten.

Und? Ich war mal eine Zeit lang Jugendtrainer und weiß, was es heißt, eine Horde Kinder oder Jugendlicher zu hüten, was auch mit der Verantwortung verbunden ist, dafür zu sorgen, dass sie abends wieder gesund und mit möglichst wenig Schrammen nach Hause kommen. Der Übungsleiter aus Neuendorf wusste doch, wenn er die Pferde anschirrte, dass er keine Chance hatte, je so ins Rampenlicht zu gelangen wie ich. Das wollte ich vorweg mal sagen. Danke für Euren Beifall, aber andere hätten mindestens den gleichen verdient.

»Mechaniker« für »Memoirenrad« gesucht

Ich bin also immer noch bei der Vorrede. Man empfahl mir angeblich bewährte »Ghostwriter« – auch in dieser Branche ist von »Boom« die Rede –, aber ich konnte mich nicht dafür erwärmen. Ich hielt Ausschau nach einem »Mechaniker«, der mein »Memoirenrad« hin und wieder mal durchsehen und vielleicht die Zwischenzeiten signalisieren könnte. Ich stieß auf meinen alten Freund Klaus Ullrich Huhn. Der hatte immerhin schon vier Bücher über mich geschrieben, und die waren ganz ordentlich. Die sie gelesen hatten, haben allerlei über mich erfahren, und manchmal hatte er auch geschrieben, worüber ich kein Wort verloren hätte. Das geht jedem Menschen so, dass er manches lieber weglässt, denn wer macht schon alles richtig im Leben. Vielleicht sollte ich auch erwähnen, dass unsere Geburtstage nur 24 Stunden (und drei Jahre) auseinander liegen, wir also beide im Sternbild der Fische geboren sind, und wenn ich auch nie die Horoskope in den Zeitungen lese, weil ich sie für Blödsinn halte, berufe ich mich hin und wieder im Disput mit Klaus auf diese Übereinstimmung und hoffe, dass es was nützt.

Als Gegenleistung für seine Hilfe versprach ich ihm, nicht mehr auf ihn einzureden, dass er mit dem Rauchen aufhören und sein Trainingspensum erhöhen soll, um ein paar Kilogramm zu verlieren. Er lächelte fast 50 Jahre darüber, hat inzwischen allerdings tatsächlich aufgehört zu rauchen.

Und damit wären wir bei einer anderen wichtigen Mitteilung meiner Erinnerungen: Ich habe mein Leben lang nicht geraucht! Raucher werden maulen: Noch so ein Gesundheitsprediger. Die Nichtraucher könnten überrascht sein, dass ich das überhaupt erwähne. Man erwartete es von mir!

Als ich das schrieb, fiel mir auf, dass viele Leser vermutlich zu viel von mir erwarten. Ich bin auch nur ein Mensch. Also: Hoffentlich enttäusche ich Sie nicht allzu sehr ...

Nachdenken über den Krieg

Die Zeit, in die ich hineingeboren wurde, gehörte nicht zu den Sternstunden des Jahrhunderts. Ich wuchs dort auf, wo ich heute noch wohne und lebe, nämlich in dem Dorf Heyrothsberge. Als ich zwei Jahre alt war – also noch nichts bewusst wahrnahm –, fand das statt, was man in den Geschichtsbüchern heute harmlos als den »Machtwechsel« bezeichnet. Die Nazis begannen ihr blutiges Regime. Das wurde allerdings bei uns im Dorf nicht so gesehen. Im Gegenteil, man feierte sie, weil sie die Arbeitslosigkeit reduziert hatten, indem sie die Arbeitslosen in den »Arbeitsdienst« kommandierten, die Rüstungsindustrie in Gang setzten und Autobahnen betonieren ließen. Hätte mir damals jemand erklärt, dass die Autobahnen dazu dienen sollten, eines Tages schneller an die Fronten zu gelangen, hätte ich ihm wohl nicht geglaubt. Nicht einmal als ich schon älter war, lesen, schreiben und nachdenken konnte. Ich bin in Heyrothsberge nie jemandem begegnet, der vor dem Krieg warnte, und hätte es einer getan, hätte ich nicht gewusst, wovon er eigentlich redete.

Was war Krieg?

Der eine oder andere wird sich vielleicht daran erinnern, dass man mich während des Bundestagswahlkampfes mehr als einmal mit dieser Frage aufs Glatteis locken wollte. Wenn ich mich richtig erinnere, war da ein Starjournalist der Berliner Zeitung mit dem Auftrag nach Heyrothsberge gekommen, mich als unbelehrbaren politischen Dümmling darzustellen, der gerade mal weiß, wie man Rennradpedalen bewegt. Dass ich von Hause aus gutmütig bin, habe ich schon erwähnt. Das erklärt, weshalb ich ihn wie jeden Gast zu Hause empfing. Meine Frau buk ihren geschätzten Kuchen und servierte ihn. Als ich später seinen Bericht las, wusste ich, dass er wie ein Rennfahrer, der sich das ganze Rennen auf den Spurt vorbereitet, nur im Sinn hatte, mich zu einer positiven Äußerung über Hitlers Autobahnen zu verleiten, die er benutzen wollte, um mir die These von der sich kaum von der braunen unterscheidenden roten Diktatur in den Mund schieben zu können. Er gab sich viel Mühe, lachte mit uns, spielte den Wohlwollenden, stopfte den Kuchen in sich hinein und lauerte doch nur auf dieses Wort. Dass er hinterher für diesen Artikel auch noch einen Preis bekam, offenbart, was heute gefragt ist: Demagogie. Dass sich danach in der Redaktion der »Berliner Zeitung« Protestbriefe der Leser zu Hunderten stapelten, verriet mir einer der Sportredakteure unter der Hand.

Auskünfte über meine Familie

Wenn ich über die politische Haltung meiner Familie hier einige Worte verliere, zitiere ich vielleicht am besten ein Gespräch mit Günter Gaus aus dem Jahre 1997. Es ist viel Unfug über meine »Vergangenheit« verbreitet worden, und Gaus nahm sich in seiner Sachlichkeit da wohltuend aus. Er begann rundheraus: »Ihr Vater trat in die SA ein, weil er dadurch eine Arbeitsstelle bekommen hat, als Tankwart auf einem Schulflugplatz bei Magdeburg. Nach der Wende 1945 trat er in die SED ein. Erzählen Sie von Ihrem Vater. Was war das für ein Mann?«

Ich antwortete: »Er war auf einem Bauernhof bei Posen,

heute Poznań, großgeworden. Er musste da runter, der Älteste erbte das. Und er ging ins Ruhrgebiet. Damals, nach dem ersten Weltkrieg, waren dann ziemlich schlechte Bedingungen für ihn dort. Er hat Arbeit gesucht und hat sich in Heyrothsberge in einer Ziegelei wiedergefunden. Und da er ein Mensch mit Willenskräften war, hat er das durchgehalten. Er hat dort einen Rekord aufgestellt. An einem Tag 12 000 Steine in der Hand gehabt ...«

Gaus: »Sozusagen ein früher Hennecke ...«

Der Einwurf störte mich damals nicht, aber später empfand ich ihn als Bestätigung der Erkenntnis, wie das DDR-Bild bei unseren Landsleuten oft von Schablonen geprägt ist.

Ich antwortete: »Ja, so ungefähr. Das war Anfang der dreißiger Jahre. Er war außerordentlich arbeitsam, war zuverlässig. Er war dann in den Öl- und Fettwerken Schellheimer in Magdeburg als Brigadier. Er war ein Vorbild für mich. Früh um vier, fünf raus, um einen großen Garten zu beackern, und spät abends rein.«

Gaus: »SA, SED. Westdeutsche neigen dazu, zu sagen: Da sieht man's doch, gar kein Unterschied gewesen.«

Ich: »Ja, indem er in die SA gegangen ist, war seine Position gesichert. Wir haben ein halbes Einfamilienhaus bewohnt. Aber nach dem Krieg hat er lange nachgedacht. Was ist eigentlich richtig auf der Welt? Was haben sie dir all die Jahre erzählt? Du warst strebsam, hast deine Arbeit gemacht, hattest über 10 000 Mark auf der Kante, hättest dir ein schönes Haus bauen können, alles weg. Da hat er sich entschlossen, in diese Partei zu gehen.«

Gaus: »Wie war ihre Mutter, unpolitisch?«

Ich: »Ja, eine typisch deutsche Hausfrau, sehr human, verlässlich, so hat sie mich auch erzogen. Auch sie war ein Vorbild für mich.«

Gaus: »Herr Schur, werden Sie manchmal bitter, wenn Sie an das Los Ihres Vaters und an die Entwicklung seither denken? Ihr Vater musste unter Arbeitslosigkeit leiden, wurde dadurch zu Anpassungen gezwungen, heute herrscht wieder Massenarbeitslosigkeit. Ist im Grunde alles doch nur eine Wiederholung in bestimmten Zeitabständen? Gibt es Fortschritt nur beschränkt auf Technik und Konsum? Kommen Sie manchmal auf solche Gedanken?«

Ich: »Ja, ich bin schon enttäuscht. Wie schon gesagt, mein Vater hatte 10 000 Mark auf der Kante, die waren weg. Und nach dem Krieg hat sich alles darauf konzentriert, wieder aufzubauen, was kaputt war. Das hat sehr viel Kraft gekostet, zumal wir ja auch in der DDR nichts hatten. Da waren die Reparationen, die wir übernommen haben, da hat mein Vater wieder furchtbar geknüppelt. Und als ich das erste Mal die Absicht äußerte, Radrennen zu fahren, habe ich beinahe eine von meinem Vater gelangt bekommen, weil der sagte: ›Mensch, lern erst mal richtig arbeiten und mach nicht Dinge, die nichts einbringen.‹«

Ich muss niemandem erklären, welche Rolle die Massenmedien heutzutage beim Entstehen von »Stimmungen« spielen, wollte aber durch den Hinweis auf den Reporter von der Berliner Zeitung und Gaus deutlich machen, dass man auch in dieser Branche unterschiedlichen – behutsam formuliert – Charakteren begegnet, von denen einige keinerlei Hemmungen haben, jeden Kurs zu segeln und andere dies oder das bedenken. Wenn ein Mann wie Hans-Dieter Schütt, der mir als Chefredakteur der »Jungen Welt« so manches Mal gratulierend die Hand schüttelte, heute als Redakteur des »Neuen Deutschland« in seinen Memoiren bekennt: »Der Westen hat in mir gesiegt«, nehme ich das zur Kenntnis und verzichte auf weiteres Händeschütteln. Ich bin von nun an im Bilde.

Als aber die Sportführer der Bundesrepublik – eskortiert von Bundestagsabgeordneten – nach den Olympischen Winterspielen in Vancouver jubelnd verkündeten, die BRD habe mit den dort errungenen Medaillen den ersten Rang in einer – von niemandem sonst in der Welt geführten – »ewigen Länderwertung« der Geschichte der Winterspiele erkämpft und damit Russland geschlagen, wird nicht nur das Verschwinden der DDR, sondern übelster deutscher Chauvinismus gefeiert. Bei dieser Wertung hatte man die von Athleten der Naziära errungenen Medaillen den von BRD-Aktiven hinzugezählt und diese Zahl zu den Medaillen addiert, die einst von DDR-Athleten gewonnen worden waren. Als Hasso Hettrich, Präsident des Vereins »Sport und Gesellschaft«, dem ich auch angehöre, daraufhin einen Widerspruch anmeldenden Brief an den bundesdeutschen NOK-Präsidenten Thomas Bach schickte, ließ der einen seiner Direktoren antworten: »Seien Sie versichert, dass die Bemühungen des DOSB dahin gehen, auch zukünftig mit erfolgreichen deutschen Athletinnen und Athleten bei Olympischen Spielen ein modernes und weltoffenes Deutschland zu präsentieren.«

Modern? Weltoffen? Ist soviel Zynismus hinzunehmen? Ein Freund schickte mir einen Artikel der Berliner Zeitung, der zu dieser Medaillenwertung die Frage aufwarf: »Jetzt gilt nur noch zu klären, von welchem Deutschland hier eigentlich die Rede ist. In Anlehnung an den strammen Patrioten Ernst Moritz Arndt könnte man auch fragen: Was ist des Deutschen Wintersportland? Beim Nachzählen stellt man dann erschrocken fest: Wenn es um Medaillen geht, ist Deutschland ganz selbstverständlich immer und überall – so weit die deutsche Lunge trägt.« Und da schimmert der Chauvinismus durch alle Ritzen! Die Berliner Zeitung hatte auch an die nahezu flächendeckend verbreitete Behauptung erinnert, nach der DDR-Medaillen ausnahmslos dopingbelastet sind. Bei der Gelegenheit möchte ich gleich klarstellen, dass ich in meinem Leben nie Doping benutzt habe.

Erinnerung an Gleiwitz

Ich war acht Jahre alt, als Hitler Polen überfiel, und heute weiß jeder, der es wissen will, wie er den Weltbrand zündete: SS-Leute und KZ-Häftlinge in polnischen Uniformen inszenierten einen »Überfall« auf einen deutschen Rundfunksender. Das durften wir Deutschen uns nicht bieten lassen. So brachte man uns Erstklässlern das bei, und wir glaubten es dem Lehrer ebenso wie den Rednern im Radio.

Sechzig Jahre später werden die angeblichen Massaker im Kosovo ebenso geglaubt wie damals der Überfall auf den Sender Gleiwitz. Dass 1961 – ich habe noch einmal nachgeschlagen, um wenigstens ein paar Details herauszufinden – in der DDR ein Spielfilm über diese Provokation gedreht wurde, in dem der unvergessliche Hanjo Hasse die Hauptrolle spielte und Gerhard Klein Regie führte, werte ich als eine der vielen Tatsachen, die die jetzt mit so viel Inbrunst verbreitete These vom angeblich »verordneten Antifaschismus« widerlegt. Ich kann mich noch heute an den Film erinnern, und niemand hatte mir verordnet, ihn mir anzusehen. Mich reizte damals, zu erfahren, wie die SS diesen Überfall inszeniert hatte.

An dieser Stelle möchte ich nicht versäumen festzustellen, dass ich als Bundestagsabgeordneter gegen die 1999 von der Bundesregierung unterstützten NATO-Operationen gegen Serbien gestimmt habe. Das passt hierher, weil die »Begründung« des Verteidigungsministers Scharping mit einem angeblichen »Hufeisenplan« der Serben geführt wurde. Hinterher stellte sich heraus, dass dieser nie existiert hatte. In frühen DDR-Zeiten war mal ein Buch erschienen, das den Titel trug »So werden Kriege gemacht«. Ich glaube, das Buch müsste fortgeschrieben werden.

Einer wie alle

Doch zurück zu meinem Lebenslauf. Wie schon erwähnt: Ich war ein echtes Kind meiner Zeit. Wer von mir erwartet, dass ich schon als Junge die Verbrechen des Faschismus durchschaut hätte, wird vielleicht enttäuscht sein.

Wir waren fünf Kinder zu Hause, der Vater ständig unterwegs, die Mutter hatte alle Hände voll zu tun. Ich musste zum Jungvolk, die Eltern hatten darauf keinen Einfluss. Dort störte mich nur, dass auf dem Exerzierplatz jedem die Haare abgeschnitten wurden, wenn sie bis zu den Augenbrauen reichten. Ich wusste auch nichts dagegen einzuwenden, gegen »Plutokraten« und »Bolschewisten« zu kämpfen. Ich will nicht behaupten, dass man sich in der heutigen Medienwelt mühelos über Zusammenhänge orientieren kann, aber damals war es überhaupt nicht möglich.

Das erste Nachdenken setzte bei mir ein, als Heyrothsberge auf die Landkarte des Krieges geriet. Der Ort wurde zum strategischen Punkt: Wir lagen an den Bahnlinien Magdeburg-Berlin, Magdeburg-Leipzig, die Straßen B 1 und B 184 gabelten sich bei uns, einen Kilometer entfernt lag der Schulflugplatz Magdeburg-Ost, auf dem später Jäger stationiert waren und Kampfflugzeuge betankt wurden, und gleich hinter der Bahnlinie – keine 200 Meter entfernt – bereitete man im Panzerzeugamt Königsborn Panzer für den Fronteinsatz vor. So erklärt sich leicht, dass wir ständig in Todesängsten schwebten, wenn über uns am Himmel die Bomber-Geschwader dröhnten und wir jede Nacht in den Bunker rannten. Tagsüber hockten wir in einem primitiven Splittergraben, und nie werde ich den Augenblick vergessen, als ein

Bombenteppich über dem Panzerwerk niederging und vier Landser angstschlotternd dort übereinanderliegend Schutz suchten. Der zuunterst Liegende brüllte, und ich dachte bei mir: »Wenn der schon Angst hat, kann ich auch welche haben.«

Das brachte mein Bild von der Welt und der Umwelt zum ersten Mal durcheinander. Die »anderen« waren offensichtlich nicht davon überzeugt, dass wir die besseren Menschen waren, und ihre Bomberschwärme beeindruckten uns. Wenn wir im Keller saßen, packte uns die Angst. Wir begannen uns zu fragen, ob wohl der Tag käme, an dem keine Sirenen mehr heulen, keine Bomben mehr fallen würden? Täglich sagte man uns, dass sich das Blatt des Krieges bald wenden würde, von einer Wunderwaffe war die Rede und immer wieder vom nahen Endsieg.

Einmal – man hatte mich zu Verwandten nach Fürstenwalde geschickt –, floh meine Mutter mit meinen Geschwistern in einen Unterstand. Eine Bombe traf den Splittergraben und erschlug drei Frauen. Die Bombe explodierte nicht. Als ich nach einigen Tagen zurückkam und meine Mutter mir ihr furchtbares Erlebnis erzählte, zitterte sie noch immer am ganzen Körper.

Dann war eines Tages tatsächlich der Krieg zu Ende. Viele jubelten. Ich nicht. Es ist schon lange her, und es fällt schwer, sich an die Einzelheiten zu erinnern, aber die Parolen vom deutschen Endsieg hatten sich bei mir so festgesetzt, dass ich noch ein paar Tage vor dem absehbaren Ende im Dorf zackig mit »Heil Hitler« grüßte.

Aussagen wie diese werden gern benutzt, uns den nahtlosen Übergang von der braunen Diktatur zur »roten Diktatur« nachzuweisen. Zu bedenken ist, ich war zwei Jahre alt, als Hitler an die Macht kam, und als ich acht war, begann der Krieg, und ich hatte nicht nur geglaubt, was über die Polen und Gleiwitz verbreitet worden war.

Und als ich vierzehn wurde, war mir noch niemand begegnet, der mir die Wahrheit über den Faschismus erzählt hätte.

Mir fiel auf, dass sich in Heyrothsberge über Nacht vieles änderte. Man sah keine Hakenkreuzflaggen mehr, keine Uniformen. Vor allem aber waren alle – auch ich – froh, dass keine Bomben mehr fielen. Die Angst vor Bomben wurde schon bald ersetzt durch schaurige Erzählungen über die anrückenden Russen. Die Horrorvision von »bolschewistischen Horden« war nach 1933 oft genug heraufbeschworen worden. Ich war verwirrt, konnte mir nicht vorstellen, wie das Leben weitergehen könnte.

In mancher Hinsicht war alles wie früher: Wir mussten wieder zur Schule gehen. Und weil davon die Rede ist, will ich anmerken, dass ich alles andere als ein Musterschüler war. Nicht einmal im Sport stach ich die anderen aus. Ich kann mich noch gut an den Rechenlehrer erinnern, der eine besonders dramatische Unterrichtsmethode praktizierte. Er betrat das Klassenzimmer, ließ uns aufstehen, stellte eine Aufgabe, und wer die Antwort wusste, durfte sich setzen. Dabei thronte er auf dem Katheder und ließ seinen Blick lauernd von Gesicht zu Gesicht wandern. Das machte mich derart nervös, dass ich mich gar nicht auf die Rechenaufgabe konzentrieren konnte. Auch in den weniger entnervend unterrichteten Fächern war ich keine Leuchte.

Bei der Gelegenheit ein Hinweis auf die Entstehung des Namens »Täve«, weil ich danach oft gefragt werde: Meine Mutter nannte mich Zeit ihres Lebens »Bubi«. Die Mädchen und Jungens im Dorf erfuhren das glücklicherweise nie. Die hatten aber auch keine Lust, mich ständig »Gustav-Adolf« zu rufen, wobei ich übrigens zeitlebens nicht aufklären konnte, wer eigentlich auf die Idee gekommen war, mich ausgerechnet nach dem legendären Schwedenkönig zu benennen, der im Dreißigjährigen Krieg den Magdeburgern Hilfe versprochen hatte, aber erst anrückte, als die Stadt schon in Schutt und Asche gelegt worden war.

Kurzum, auf dem Schulhof übertrug man meinen langen Namen ins »Magdeburgische«, reduzierte die elf Buchstaben auf vier, und so hieß ich schon bald nur noch »Täve«. Die Familie übernahm die Kurzform, und nur meine Mutter blieb bei ihrem »Bubi«.

Wo sind die Abgeordneten?

Da heutzutage der Sportunterricht ein viel diskutiertes Thema ist, einige Worte dazu, wie er damals verlief. Im Sommer spielten wir Völkerball auf dem Schulhof, im Winter rodelten wir von den Hügeln rings um das Dorf. Eishockey kam »außerschulisch« noch hinzu. Wenn die Teiche gefroren waren, schraubten wir die alten Schlittschuhe, die wir mühsam entrostet hatten, an die Stiefel und rannten mit gebogenen Ästen einem kleinen Ball hinterher. Manchmal spielten wir auch mit einem Holzklotz. Im Sommer wurde Fußball gespielt. Das machte höllischen Spaß, aber ich konnte kaum noch japsen, wenn ich nach Hause kam, weil wir in knöcheltiefem Sand spielten und das viel Kraft kostete.

Und damit bin ich bei einem Thema, das ich auch während meiner Abgeordnetenjahre im Bundestag so oft wie möglich auf die Tagesordnung brachte. Verblüfft war ich allerdings, dass, als ich das erste Mal das Wort ergriff, nur eine Handvoll Abgeordneter im Saal saßen. Interessierte das so wenige? Oder hatten sie Wichtigeres zu tun, als sich um den Schulsport zu kümmern? So hatte ich nur wenige Zuhörer, als ich darüber redete, dass heute schon bei 40 Prozent der Zwölfjährigen Kreislauf-Probleme diagnostiziert werden.

Aber zurück zu meiner Schulzeit. Ich erinnere mich, dass mich vor allem Physik interessierte. Da allerdings nicht die Formeln, sondern das Studium alter, irgendwo weggeworfener Motoren, die ich in langen Stunden wieder zusammenschraubte.

Tanzen ging ich selten. Auch als ich älter wurde, wurde das nie meine Leidenschaft. Meine Freunde zogen sonnabends ins nächste Dorf. Das waren drei Kilometer zu laufen. Meist kamen sie erst sonntagfrüh nach Hause. Offen gestanden: Ich schlafe viel zu gern, als dass ich mir die Nacht um die Ohren geschlagen hätte. Außerdem konnte ich kaum tanzen. Kurzum: Kein Thema für mich.

Als ich die Schule hinter mir hatte, begann ich eine Lehre bei einem Handwerksmeister in Körbelitz. Das ist nicht weit von Heyrothsberge. Maschinenmechaniker lautete die offizielle Berufsbezeichnung, aber vor allem hat mir der Meister das Arbeiten beigebracht. Ich bin ihm heute noch dankbar dafür, denn so geriet ich nie im Leben in Verruf, ein Faulpelz zu sein.

Ausflug nach ganz oben

Mein Leben verlief im Übrigen ohne besondere Vorkommnisse. Aber dann kam der Tag, an dem ich eine Wette abschloss und bei dieser Gelegenheit herausfinden wollte, wie die Welt hinter Heyrothsberge aussieht. Ich kletterte auf den Schornstein unserer stillgelegten Ziegelei, und das sorgte für helle Aufregung. Die Polizei wurde alarmiert, und meiner Mutter blieb beinahe das Herz stehen. Es war wohl das einzige Mal, dass ich im Dorf ins Gerede kam. Die Kletterpartie war tagelang Gesprächsthema Nummer eins, und die Leute lachten: »Der will hoch hinaus« oder »Wer hoch steigt, fällt tief«.

Mich berührte das nicht weiter, denn meine Leidenschaft galt längst einem alten Tourenrad, auf dem ich jeden Morgen die sechs Kilometer bis zu der Lehrwerkstatt fuhr. Das Rad war alt und klapprig, aber ich sah meinen Ehrgeiz darin, es in Ordnung zu halten. Öfter fuhr ich zur Biederitzer Radrennbahn. Dort beobachtete ich interessiert die Rennfahrer. Ich erinnere mich sogar noch an einige ihrer Namen. Einer hieß Riemann, ein anderer Höhne, aber am meisten bewunderte ich einen Versehrten, der im Krieg einen Arm verloren hatte und dennoch hervorragend fuhr. Was mich störte, war, dass einige Rennfahrer rauchten. Ja, ich war schon damals ein Gegner der Raucherei.

Je öfter ich dort zusah, desto intensiver wuchs der Wunsch, eines Tages selbst Radrennen zu fahren. Ich stellte eine simple Rechnung an: Die Älteren, die ich da sah, würden sicher nicht mehr viel besser werden, und die Jüngeren würde ich eines Tages hinter mir lassen, weil ich nie rauchen, immer sportlich leben und hart trainieren würde. Härter jedenfalls als die anderen.

Das liest sich heute wohl wie ein billiger Werbeslogan, eine Empfehlung, wie man zum Erfolg kommt, war aber damals eine ganz nüchterne Überlegung. Ich habe nie etwas mit der Beckenbauer-Devise »Schau'n mer mal« in Angriff genommen, sondern immer genau bedacht, was mich erwarten könnte. Und mir dabei immer reale Ziele gestellt. Schon damals bildete sich ein Lebensprinzip: Reale Ziele, weil irreale unweigerlich zu Misserfolgen führen. Außerdem bewahren reale Ziele vor Selbstüberschätzung.

Das ungewöhnliche Duell

Von diesen kühnen Plänen verriet ich niemandem etwas. Die erste konkrete Maßnahme war: Die sechs Kilometer von Heyrothsberge nach Körbelitz wurden meine Trainingsstrecke. Morgens hin und abends zurück. Ich raste, was das Zeug hielt, aber ich kam darauf, dass mir ein »Gegner« fehlte, an dem ich mich messen konnte. Ich fand ihn schon bald. Es war der Linienbus.

Jeden Morgen und jeden Nachmittag starteten wir zu unserem Duell. Was der Bus auf der geraden Chaussee gegen mich herausfuhr, machte ich wett, wenn er hielt. Insofern war er ein idealer Trainingspartner. Man könnte sogar behaupten, dass diese Wettfahrten ein Schritt zum späteren wissenschaftlich durchdachten Training waren, denn sein Tempo war täglich gleich, und das bot mir die Möglichkeit, meine Fortschritte genau zu ermitteln. Und: Der Bus war auch ein gnadenloser Trainingspartner, weil es keinen Tag gab, an dem er weniger Lust hatte als sonst oder mir gar vorschlug: »Lass es uns heute langsamer angehen ...« Der Fahrer des Busses hatte seinen Fahrplan und sonst nichts. Ihm war sicher längst aufgefallen, dass da ein Verrückter hinter ihm herraste, aber es störte ihn nicht.

Es dauerte Wochen, ehe ich entdeckte, dass ich tatsächlich schneller wurde. Die erste Haltestelle erreichte ich schon fast zur gleichen Zeit wie der Bus, ausgepumpt zwar und am Ende meiner Kräfte, aber ich konnte sowieso nicht absteigen und verpusten, denn ich musste zur Arbeit, und dort wurde ich pünktlich erwartet.

Die Erkenntnis, dass nur härtestes Training zum Erfolg führt, verdanke ich also keinem weisen Trainer, sondern einem Omnibusfahrer. Hoffentlich hat er das irgendwann erfahren, denn er hat damit einen soliden Anteil an meiner Radsportkarriere.

Die konnte jedoch vorerst nicht beginnen, weil es an einem richtigen Rad fehlte. Meines imponierte nur dadurch, dass es blitzsauber war, aber auf der Biederitzer Bahn hatte ich gesehen, was vonnöten war, um sich unter die Rennfahrer mischen zu können.

Mein Vater besaß ein altes Diamantrennrad, dem aber die Rennreifen fehlten. Er hatte normale Wulstreifen auf die Felgen gezogen. Von meinem Lehrlingsgeld hätte ich mir keine Rennreifen kaufen können, ganz zu schweigen davon, dass 1950 in der DDR gar keine produziert wurden. Also brachte ich die Wulstreifen zu einem Vulkaniseur und bat ihn, sie zu »bearbeiten«. Als er sie mir wiedergab, sahen sie schon besser aus, doch ich stellte fest, dass sie nicht »rund« liefen, als ich sie aufgezogen hatte. Ich zentrierte dann die Felgen so, dass sich die beuligen Reifen durch die Gabel und den Rahmen »hindurchschlängeln« konnten. Ein Speichenriss hätte mich allerdings gezwungen, mit dem geschulterten Rad heimzukehren.

Dann hörte ich mich um, wo in nächster Zeit ein Jugendrennen stattfinden würde.

Aber dann schienen alle Träume über Nacht begraben. Mein Vater sagte schlicht, aber unwiderruflich: »Nein.« Er war dagegen und schob sein Rad wieder in den Schuppen.

Ich ließ mich davon nicht aus dem Tritt bringen und erkundigte mich nach einem Rennen, das auf Tourenrädern ausgetragen wurde.

Da ich das alles aufschreibe, regen sich wieder Zweifel: Interessiert das heute wirklich noch jemanden? Es ist ein halbes Jahrhundert her, und die Zeiten haben sich radikal geändert. Moderne Räder stehen in allen Schaufenstern. Wer nicht genug Geld hat, zahlt in Raten. Lesen sich meine Erinnerungen nicht wie die langweiligen

Geschichten eines Opas, der die Welt nicht mehr begreift? Wenn ich dennoch fortfahre, dann, weil ich vielleicht als Kronzeuge für ein Kapitel DDR-Sportgeschichte auftreten kann.

Also: Ich nahm mein altes Rad einmal mehr auseinander und machte es »rennfertig«. Eines Tages erzählte mir jemand, dass Grün-Rot Magdeburg einen »Ersten Versuch« für Anfänger ausgeschrieben hatte, und ich radelte dorthin, ließ mich in die Startliste eintragen und hörte die Funktionäre sagen, wir sollten nicht gleich wie die Irren losrasen.

Die erste Papierschleife

In Wolmirstedt war die Wendemarke. Ich warf keinen Blick nach rechts oder links und trampelte, den Kopf tief über dem Lenker, vor mich hin. Auf der Rückfahrt kamen mir die ersten Rivalen entgegen, und die schienen schon ziemlich ausgepumpt zu sein. Ich fürchtete nur noch, dass mein Rad nicht durchhalten würde. Nur keine Panne! Aber nichts passierte, und plötzlich kam der Zielstrich auf der Straße ins Blickfeld. Die paar, die dort standen, applaudierten, hingen mir eine Papierschleife um den Hals und schüttelten mir die Hand.

Ich war überglücklich. Damals habe ich mir nicht viel Gedanken darüber gemacht, dass die Gratulanten, der Starter, die Zielrichter, die Ordner, Ehrenamtliche waren. Später lernte ich ihr Engagement schätzen, und heute tue ich mein Möglichstes dafür, dass der Fleiß dieser Ehrenamtlichen entsprechend gewürdigt wird. Und so bin ich sehr froh, dass ich im Landessportbund Sachsen-Anhalt im Ausschuss für Ehrungen und Auszeichnungen saß und dort einiges dafür tun konnte, dass diese Helfer nicht vergessen wurden.

Es scheint mir auch vonnöten, daran zu erinnern, dass es in der DDR ein Gesetz gab, das die Ehrenamtlichen in den volkseigenen Betrieben von der Arbeit freistellte, während heute darüber gestritten wird, wie viel Steuern sie bezahlen müssen, wenn ihnen irgendwo ein Sponsor etwas zusteckt.

Mein Debüt im Bundestag

In gewisser Hinsicht galt mein Debüt im Bundestag auch diesem Thema. Es ging um die leidigen und ständig diskutierten Steuern, von denen eigentlich auch die Ehrenamtlichen bezahlt werden müssten. In der DDR war das bekanntlich so, aber inzwischen hat man uns ja 20 Jahre lang versichert, dass die DDR so gut wie alles falsch gemacht hat. Bis heute bezahlen die Ehrenamtlichen das Meiste aus ihrer eigenen Tasche, und ich bin noch nicht dahintergekommen, was daran besser sein soll. Aber vielleicht lerne ich das eines Tages noch.

Warum ich im Bundestag ausgerechnet über Steuern redete? So groß war die PDS-Fraktion nicht, dass man sich die Themen aussuchen konnte. Die Haushaltsdebatte stand auf der Tagesordnung, und ich musste ran. Vorsichtshalber begann ich meine Rede mit dem Hinweis: »Ich bin kein Steuerexperte. Deshalb werden Sie sich wahrscheinlich wundern, dass ich heute ums Wort gebeten habe. Meine Damen und Herren von der Regierung, Ihre Politik ist für die Bürgerinnen und Bürger sehr schwer verständlich. Im Bundeshaushalt werden bis zum Jahr 2002 mindestens 30 Milliarden DM fehlen. Vereine und Verbände können ihre Kulturarbeit nicht fortsetzen; zahlreiche Sportvereine kämpfen ums Überleben. Nach dem Goldenen Plan Ost des Deutschen Sportbundes sollten die Sportstätten in den neuen Bundesländern bis zum Jahr 2010 das Niveau der westdeutschen erreichen. Noch im November versprach Herr Innenminister Schily eine Anschubfinanzierung von 100 Millionen DM. Im Haushalt sind gerade einmal 15 Millionen eingestellt. Die Erhöhung der Mehrwertsteuer belastet die Sportvereine. Anstatt über eine Erhöhung der Mehrwertsteuer nachzudenken, könnten Sie eine Erleichterung für die 2,5 Millionen Menschen schaffen, die ehrenamtlich in über 80 000 Sportvereinen arbeiten und zwar seit Jahren, mitunter seit Jahrzehnten, mit einer außerordentlich hohen Einsatz- und Risikobereitschaft und mit hoher moralischer Verantwortung. Eine Möglichkeit für ihre Entlastung wäre zum Beispiel die Anhebung der steuerfreien Aufwandpauschale im Einkommenssteuerrecht.«

Das klingt nicht wie ein großes Plädoyer für die Ehrenamtlichen, aber ich musste ja zum Thema Steuern reden, und die Gelegenheit wollte ich nutzen, um eine Sache zur Sprache zu bringen, die vielen am Herzen liegt.

Die Mitglieder meiner Fraktion applaudierten, viele Abgeordnete waren wieder einmal gar nicht im Saal, aber einer machte einen Zwischenruf. Ich weiß nicht, wie viele Stunden ehrenamtliche Arbeit jener Berliner SPD-Abgeordnete schon geleistet hat, um junge Menschen für den Sport zu gewinnen, aber er kommentierte meine Rede mit dem Zwischenruf: »Wenn jetzt alle klatschen würden, wäre es wieder wie früher.«

Man hatte ihm wohl erzählt, dass ich früher Mitglied der Volkskammer gewesen war, darauf zielte der Zwischenruf ab. Ich behaupte mal: Die Ehrenamtlichen interessierten ihn überhaupt nicht, und – sollte ich nicht Recht haben, will ich mich augenblicklich entschuldigen – er selbst hat noch nie als Streckenposten eines Radrennens die Fahrer eingewinkt und ist wohl auch noch nie mit Zwölfjährigen zu einem Radrennen gefahren, hat sie dort betreut, wozu gehört, dass er ihnen aus seiner Tasche eine Runde Brause besorgt, ihnen hilft, die Reifen aufzupumpen, ihnen den Favoriten zeigt, dessen Hinterrad sie im Auge behalten sollen, und ihnen hinterher entweder gratuliert oder sie tröstet, oder einem gratuliert und vier tröstet und für alle fünf noch eine Runde Brause spendiert und dann mit ihnen in seinem Wagen wieder nach Hause fährt und so seinen Sonnabend verbringt. Und seiner Familie erklärt, wie wichtig es ist, sich intensiv um die Kinder anderer Eltern zu kümmern.

Nein, er muss das alles nicht schon getan haben, aber er hätte sich als Abgeordneter der Regierungspartei den Kopf darüber zerbrechen sollen, was man für diese Ehrenamtlichen tun könnte, um ihnen zu helfen, dass sie weiterhin Kinder und Jugendliche betreuen können und damit zum Beispiel dafür sorgen, dass diese Kinder und Jugendlichen nicht einem Drogendealer in die Hände fallen, der vor der Schule herumlungert.

Wie kommt man zum Rennrad?

Als strahlender Sieger fuhr ich von meinem »Ersten Versuch« nach Hause und hatte schon die ersten Einladungen für Anfängerrennen in Aschersleben und Halle in der Tasche. Als ich dort gewann, rieten mir die Funktionäre von Grün-Rot Magdeburg, mir ein Rennrad zu besorgen.

Ich hatte inzwischen die Lehre in Körbelitz beendet, die Gesellenprüfung vor der Magdeburger Handwerkskammer abgelegt und arbeitete im Reichsbahn-Ausbesserungswerk. Der Übergang von der Lehre zur Arbeit fiel mir nicht schwer. Ich hatte – wie schon erwähnt – bei meinem Lehrmeister vor allem das harte Arbeiten gelernt, und wer zupackt, ist überall gefragt. Ich hatte schnell bei meinen neuen Kollegen einen Stein im Brett. »Der ist ein Wirker«, sagten sie von mir.

Das freut einen, aber weit mehr beschäftigte mich, wie ich zu einem Rennrad kommen könnte. Allein eine gebrauchte Bremse kostete damals 60 Mark, und davon braucht man bekanntlich zwei. Und dann die Schaltung. Es gab in der DDR keinen Betrieb, der welche produzierte, und ich hörte andere nur darüber reden, dass der legendäre »Papa« Lange, der früher im Chemnitzer Diamantwerk die Rennfahrer betreut hatte, zwar hin und wieder bei Radrennen erschien, aber wenn man ihn nach einer Schaltung fragte oder gar nach einem neuen Rad, hob er die Schultern. »Eines Tages«, meinte er, »wird auch das wiederkommen.«

Man belächelte mich, wenn ich zu erklären versuchte, wie wichtig Rennradbremsen für mich seien. Ganz andere Probleme stünden an, belehrten mich Ältere. Stahl würde gebraucht und Trinkwasser für die Städte. An Begriffe wie »Maxhütte« und »Sosa« kann ich mich noch erinnern. Die Älteren werden das vielleicht noch im Kopf haben, den Jüngeren sollte ich verraten, dass das einzige Stahlwerk des Landes in Unterwellenborn mit Kühlwasser aus der Saale versorgt werden musste und die nötige Rohrleitung von Jugendlichen, die man mit der Losung »Max braucht Wasser« im ganzen Land mobilisiert hatte, im Eiltempo gelegt wurde. In Sosa bei Eibenstock entstand eine riesige Talsperre, die 6 Millionen Kubikmeter Wasser aufnahm und Aue und seine Umgebung mit Trinkwasser versorgen sollte. Das imponierte mir durchaus, aber mehr interessierte mich, woher ich ein Rennrad bekommen könnte.

Beim Schreiben solcher Erinnerungen fällt mir immer wieder auf, wie mühsam es ist, den heute heranwachsenden Generationen jene Zeit so zu beschreiben, dass unser Tun logisch und glaubhaft erscheint. Mit Schlagworten wie »Mauer« und »Stasi« sind so viele Realitäten zugeschüttet worden, dass es zuweilen fast unmöglich erscheint, die Wahrheit über die DDR zu rekonstruieren! Zudem haben sich die Werte gravierend verschoben. Ein Beispiel: Auch wir suchten eine Lehrstelle, waren aber ziemlich sicher, eine zu finden. Ich habe vielleicht ein halbes Dutzend Bewerbungen geschrieben, heute ist das eine Dauerbeschäftigung. Jemandem, der auf eine Antwort auf seine hunderste Bewerbung wartet, erschließt sich meine Jagd nach einem Rennrad vielleicht nur mühsam. Zum Rad gelangt man heute leicht per Internet, zum Job nicht!

Trotzdem erzähle ich weiter, weil ich immer wieder sehe, dass man sich meiner erinnert, meinen Rat sucht und meine Erfahrung schätzt. Vor ein paar Jahren bat mich der Sender MDR, zum Sachsenring zu kommen und dort zusammen mit Bernhard Eckstein die Geschichte unseres Kampfes um die Weltmeisterschaft zu erzählen, einem Jubeltag für die DDR. Und der MDR achtet wie alle anderen Sender vor allem auf die Quoten. Also müssen sie noch mit interessierten Hörern und Zuschauern rechnen, wenn sie dafür Geld ausgeben.

Deshalb setze ich hier also meine Memoiren fort, mit der Jagd nach einem Rennrad vor 60 Jahren!

Ältere könnten mich zum Beispiel fragen: »Warum hast du es dir denn nicht aus Westberlin geholt?« Dort standen Superräder aller Marken in den Schaufenstern. Natürlich wusste ich das, und ich behaupte nicht, dass ein Kauf in Westberlin gegen meine Prinzipien verstoßen hätte, aber dort musste man in einer Währung bezahlen, die ich nicht hatte. Die nächste Frage könnte lauten: »Und warum hast du dir die nicht beschafft?« Schließlich gingen damals doch viele in die nächste Wechselstube ...

Blick in die Geschichte

Bei all diesem Gerede über die Mauer wird ignoriert, dass die Spaltung Deutschlands lange vorher geschehen war, an dem Tag nämlich, an dem man im Westen eine andere Währung einführte und sich dann entschloss, nicht nur entgegen dem Rat aller Experten, sondern sogar entgegen der Entscheidung der Außenminister der Siegermächte diese Währung auch in Westberlin einzuführen. Berlin wurde damit die erste Stadt der Welt, in der zwei Währungen galten. Wer am alten Sportpalast in der Potsdamer Straße in die Straßenbahn stieg, musste dem Schaffner Westgeld bezahlen, während der Fahrgast, der fünf Stationen weiter am Potsdamer Platz zustieg, zwei Ostgroschen entrichtete. Dort stiegen übrigens die Schaffner um, weil der eine nur Westgeld haben durfte und der andere nur Ostgroschen.

Ich will hier keine wirtschaftspolitischen Abhandlungen schreiben und mir dabei vielleicht noch die Kritik habilitierter Wissenschaftler einhandeln. Ich bleibe bei meinem Leisten und bei meinem Rennrad und seinen Reifen. Weil in der DDR keine Reifen hergestellt wurden – es gab dort keine Fabrik, die vor dem Krieg Rennreifen produziert hatte –, hätte ich die 25 Westmark, die ein Reifen kostete, in einer Wechselstube eintauschen müssen. Hatte ich Glück mit dem Wechselkurs an jenem Tag, musste ich nur neunzig DDR-Mark dafür hinblättern, hatte ich Pech, stand der Kurs so, dass man 120 Mark von mir verlangte. Eines Tages stand der Kurs 1:13, und da hätte man mir 325 Ostmark für einen Reifen abgeknöpft, 650 für zwei. Verdient habe ich damals 300 Mark. Muss ich da noch weitere Ausführungen machen?

Ich erinnere mich noch an mein Tourenrad mit einem

uralten Ungetüm von Rennlenker. Da handelte ich mir viele Lacher ein und immer wieder den Rat: »Hol dir doch einen Alulenker aus Westberlin!« Das tat ich dann auch, nahm einen Tag Urlaub und startete früh am Morgen – es war vier Uhr – nach Westberlin. Im Rucksack steckten zwei Klappstullen und eine Flasche Wasser. Über die die Grenze markierende Glienicker Brücke rollte ich ohne Probleme. Den Lenker, der in einem Laden am Gesundbrunnen 22 Westmarkt kostete, musste ich mit 122 DM-Ost bezahlen. Damals war ich noch Lehrling, und mein Monatslohn betrug nur 30 DM. Danach ging es auf die Heimfahrt, wieder Glienicker Brücke, aber dann war ich fix und fertig, und 40 Kilometer vor Heyrothsberge streckte ich mich Straßengraben aus und schlief eine Stunde. Als ich wieder zu Hause war, dunkelte es bereits, und ich hatte 300 Kilometer hinter mir. Meinem Vater habe ich davon nichts erzählt. Ich hatte meine Gründe, da waren immerhin fünf Kinder zu ernähren.

Langer Rede kurzer Sinn: Ich besaß nie das Geld, das ich gebraucht hätte, um mir ein Rad in Westberlin kaufen zu können. Also musste ich mir eines Stück um Stück montieren. Deshalb spitzte ich überall die Ohren, wo man über Fahrradteile redete.

Die Intervention des Arztes

Eines Tages fragte ich im Laden eines Fahrradmechanikers nach einer Gangschaltung. Er schüttelte mitleidig den Kopf. Den Mann hinter mir hörte ich fragen, ob er ihm eine Schaltung abkaufen würde. Ehe die beiden noch über den Handel reden konnten, zog ich den Anbieter zur Seite und fragte nach dem Preis. Ja, er war bereit, mir die Schaltung erst einmal zu zeigen. Wir machten uns auf den Weg zu ihm. Dort begann er sie zu suchen. Ich half ihm, stieg mit ihm sogar auf den Boden. Schließlich fanden wir sie. Es war eine alte Versol-Schaltung. Ich jagte los, um Geld zu holen. Eine Stunde später besaß ich sie.

Noch dramatischer vollzog sich der Kauf der Pedalen. Richtige Rennpedalen waren nirgends aufzutreiben. Eines Tages fuhr ich ein Tourenrennen in Halle, und als ich mir einen Zuschauerplatz für das folgende Jugendrennen suchte, stieß ich mit dem Schienbein gegen ein Rad. Und an dieses Rad waren echte Rennpedalen geschraubt. Der Mann, dem das Rad gehörte, war bereit, sie mir zu verkaufen, brauchte aber verständlicherweise ein anderes Paar Pedalen. Die hatte ich zu Hause in Heyrothsberge, und das lag einiges mehr als 100 Kilometer entfernt.

Ich beschwor den Mann, wenigstens die Woche über zu warten. Am nächsten Sonntag war ich wieder in Halle, und wir schlossen unseren Handel ab. Die Fahrt nach Halle war stressig gewesen, denn ich hatte keine Bremsen am Rad und deshalb einen Schuh zwischen Sattelstützrohr und Hinterrad geklemmt, um damit zu bremsen. Als ich wieder zu Hause war, war die Sohle des »Bremsschuhs« hinüber. Mein Rad aber komplettierte sich langsam.

Als nächstes musste ich zum Arzt und mir einen Stempel holen. Schon damals war es bei uns Vorschrift, dass selbst ein Tourenfahrer in seinem Sportausweis einen Stempel des Arztes vorweisen musste. Ich ließ mir von meiner Mutter frische Wäsche geben und machte mich auf den Weg. Der Doktor maß den Blutdruck, klopfte den Brustkorb, um die Herzkonturen zu ermitteln – damals tat man das noch auf diese Weise –, hörte mich ab und sagte plötzlich: »Junger Freund, das wird nichts!«

Ich glaubte zunächst, er erlaube sich einen Spaß mit mir.

»Warum denn nicht?«, fragte ich und war noch guter Dinge.

Der Doktor versuchte, mich zu beruhigen: »Es ist zu

riskant. Ihr Herz ist zu groß, und die Belastung durch das Radfahren könnte zu einem dauernden Herzschaden führen. Also kann ich den Stempel nicht geben. In ihrem eigenen Interesse.«

»Und nun?«, fragte ich entnervt. »Zu welchem Sport würden Sie mir denn raten?«

»Das Beste ist Angeln«, antwortete er.

Ich war tief betrübt und radelte nach Hause. Ich nahm mir vor, in Magdeburg einen anderen Arzt aufzusuchen. Es spielte ja keine Rolle, von wem der Stempel war. Tatsächlich bekam ich ihn denn auch in Magdeburg.

Aus heutiger Sicht hatte der Doktor aus Heyrothsberge übrigens mit seiner Ablehnung durchaus Recht. Ich will hier einfügen, dass die DDR schon sehr bald als eines der ersten Länder auch Fachärzte für Sportmedizin ausbildete und dass die Sportmediziner den Allgemeinmedizinern dann viele wichtige Erkenntnisse und Forschungsergebnisse vermittelten. Zu jener Zeit wusste man noch nichts darüber, dass sich ein menschliches Herz bei ständiger hoher Belastung vergrößert. Es passt sich auf diese Weise der steigenden Belastung an. Dem Arzt war mein durch die Omnibus-Duelle übergroß gewordenes Herz aufgefallen und vermutlich auch meine – daraus resultierende – relativ niedrige Herzfrequenz. Er hielt das vergrößerte Herz für einen Risikofaktor und verweigerte mir deshalb den Stempel. Es vergingen noch einige Jahre, bis die DDR-Sportmediziner das Geheimnis des sogenannten »Sportherzens« erforschten.

Ich hatte also meinen Stempel und mein Rad und war demzufolge guter Dinge. Wie das im Leben so ist: Der Saison-Auftakt wurde zur Katastrophe. Ich sollte vielleicht erklären, dass ich nie im Leben ein Jugendrennen bestritten hatte, sondern aufgrund meines Alters gleich nach den Anfängerrennen bei den Junioren eingestuft worden war.

Schock in der Kneipe

Beim ersten Juniorenrennen ging es hurtig zur Sache. Ehe ich mich in der neuen Umgebung zurechtgefunden hatte, spürte ich ein verheerendes Rucken im Hinterrad. Mein ganzer Stolz, die auf einem Hallenser Dachboden aufgespürte Schaltung, war auseinandergeflogen. Ebenso deprimiert wie wütend radelte ich nach Hause, reparierte die völlig verbeulte Schaltung und wollte mich endlich testen. Und zwar beim klassischen Osterrennen von Berlin nach Leipzig. Aber die Funktionäre von Grün-Rot winkten ab: »Fahr du erst mal hier, die großen Rennen kommen noch früh genug.« Ich war sauer, aber aus heutiger Sicht bin ich den Funktionären dankbar dafür, denn so wurde ich nicht »verheizt«.

Ich startete also bei Magdeburg – Parchen – Magdeburg, und als unterwegs einer der »Stars«, der damalige Verfolgungsmeister Lothar Wottka, dem Feld davonfuhr, dachte ich: »Riskier's«, und fuhr ihm hinterher. Rad an Rad kamen wir bis auf die Zielgerade, und dort gab es ein Duell mit Haken und Ösen. Wottka wusste natürlich viel besser als ich, wie man einen Spurt im richtigen Augenblick anzieht, aber ich schaffte ihn dennoch: Sieger um Reifenstärke: Gustav-Adolf Schur. War das ein Hallo!

Und wieder dauerte es nicht lange bis zur bitteren Ernüchterung. Wir saßen nach dem Rennen beisammen, und man feierte mich, als einer reinkam und fragte: »Wem gehört denn die alte Diamantmaschine vor der Tür?«

»Mir«, sagte ich gelassen.

Da fragte er mich: »Hast du denn nicht gemerkt, dass dein Rahmen gebrochen ist?«

Ich stürzte hinaus. Der Kumpel hatte Recht. Der Bruch war mühelos zu erkennen. Jetzt wusste ich auch, weshalb ich auf den letzten Metern so große Mühe gehabt hatte, das Rad unter Kontrolle zu halten. Ich war also Sieger mit Rahmenbruch geworden, aber dieser Ruhm half mir wenig.

Was nun? Der einzige Ausweg war, den Rahmen löten zu lassen.

Beim nächsten Rennen hielt er, und ich gewann wieder.

Die Funktionäre beschworen mich, dass ich meine Kräfte besser einteilen sollte. Tatsächlich wurde ich immer schneller, wenn ich bei den anderen spürte, dass sie Mühe bei meinem Tempo hatten.

Eines Tages, ich glaube, es war zu Beginn der Saison 1951, kam eine tolle Nachricht aus Berlin. Die damalige Sektion Radsport – das war die offizielle Bezeichnung des Verbands – teilte den Betriebssportgemeinschaften mit, dass man ihr Mittel zugeteilt hatte, um Reifen zu kaufen. In dem Brief stand: »... sei nochmals betont, dass nur der dringende Bedarf anzumelden ist und dass Sportfreunde, die noch brauchbares Reifenmaterial besitzen, zugunsten anderer, die weniger gut dran sind, vorerst verzichten.«

Sachsen-Anhalt bekam 300 Reifen, Sachsen 380.

Die Meisterschaft begann also unter guten Vorzeichen. Der erste Lauf wurde in Erfurt ausgetragen. Ich startete in der Allgemeinen Klasse, die Strecke war 20 Kilometer kürzer als die der »Elite«. Zwei Ausreißer hatten sich bald aus dem Staub gemacht, ich jagte in einer Gruppe hinterher. Wir fingen sie ein, und an der »Hohen Sonne« raste ich allein los. Ich war zuversichtlich. Das schien zu klappen. Plötzlich geriet ich auf einer Abfahrt ins Schleudern, überschlug mich, schoss über den Straßengraben und landete auf einer Wiese. Die Situation war bedenklich: Der Lenker verdreht, mit der linken Hand konnte ich nicht mehr steuern. Aufgeben? Auf keinen Fall. Ich lenkte nur noch mit der rechten Hand, erreichte tatsächlich noch die Spitzengruppe, aber im Spurt waren zwei andere schneller. Der dritte Platz war immerhin mein Abschied aus der »Allgemeinen Klasse«. Ich »stieg auf«. Vorher fuhr ich allerdings zum Arzt, weil die Schmerzen nicht nachließen. Er diagnostizierte einen Schlüsselbeinbruch und wollte nicht glauben, dass ich das Rennen zu Ende gefahren war.

Das Schlüsselbein heilte bald. Als bei Berlin – Neustrelitz – Berlin die Meisterschaft entschieden wurde, war ich wieder dabei. Es regnete, eine Spitzengruppe bildete sich, in der auch ich fuhr, und den Spurt gewann der sprintschnelle Rudi Kirchhoff.

Eines werde ich nie vergessen. Die Berliner warfen sämtliche Ballast weg: Flaschen, Ersatzreifen, Luftpumpen. Ich dachte, sie hätten da Bekannte oder Freunde stehen, die das aufsammeln würden. Es ging aber nur darum, im Spurt »leichter« und damit schneller zu sein.

Mir blieb der vierte Rang hinter Werner Gräbner, einem Berliner, der jede Nacht Zeitungen ausfuhr.

Zum ersten Mal Satin

Das traditionsreiche »Rund um Berlin« war in letzter Minute auf Berlin – Lebus – Berlin reduziert worden. Einige Favoriten stiegen aus, die Übrigbleibenden riskierten scheinbar wenig. 13 Mann waren wir, als es zum Ziel ging. Es knisterte vor Spannung. Die schnellen Leute belauerten sich. Hier und dort trat mal jemand kurz an, um einen Rivalen herauszufordern, selbst anzutreten. Den Windschutz des anderen nutzend, ist ein Rennen immer leichter zu gewinnen.

Plötzlich zog der alte Fuchs Paul Dinter den Spurt an, die anderen zauderten. Ich setzte nach. Paule hob die Beine. Das Ziel war zum Greifen nahe. Ich nahm den Kopf zwischen die Beine – eine alte Rennfahrer-Redensart –, schaltete den höchsten Gang, sicher, dass ich ihn auch durchtreten würde, und schoss los. Selbst der bärenstarke Otto Busse, Kapitän der ersten Mannschaft, die die DDR zur Friedensfahrt geschickt hatte, resignierte. Das war mein erster »großer« Sieg. Man überreichte mir die übliche Schleife. Es war die erste, die nicht aus Papier war, sondern aus Satin. Nach alter Rennfahrersitte schenkt man dem Zweiten die Blumen. Otto nahm sie mit süßsäuerlicher Miene entgegen. Die »Neuen« werden auf den Siegerpodesten selten mit anerkennendem »Hallo« begrüßt. Unter uns gesagt, hätte es aber auch keinen einzigen Meter weitergehen dürfen. Ich war völlig »breeet«, wie die Rennfahrer zu sagen pflegen.

Busse warf im Davongehen noch einen interessierten Blick auf meine Zahnkränze. Vermutlich hatte er gestaunt, welch hohen Gang ich bis ins Ziel gefahren war, aber das hatte ich oft genug geübt. Mit dem Wind im Rücken war es kein Problem, aber ich hatte es auch gegen den Wind geübt. Das kostete zwar viel Kraft und vor allem Energie. Ein einziger Griff genügte, um eine kleinere Übersetzung zu wählen, aber ich zwang mich, diesen Griff nicht zu tun. Wieder und wieder. Sollte das einer lesen, der am Beginn seiner Rennfahrerlaufbahn steht, möchte ich ihn allerdings dringend davor warnen, mir etwa nachzueifern. Das geht nämlich in jüngeren Jahren übers Herz und ist höchst ungesund. Aber davon ahnte ich damals noch nichts. Ich spürte die Folgen höchstens bei der Arbeit, wo ich ständig mit der Müdigkeit zu kämpfen hatte.

Gefährlich war das vor allem, wenn ich in der Krankabine saß. Manchmal musste ein Werkstück zur Bearbeitung angefahren und nach etwa fünf Minuten wieder an den ursprünglichen Platz zurückgebracht werden. Ich fuhr es hin, schlief ein und dann schrieen sich meine Kollegen unten die Kehle heiser – ich hörte nichts. Eines Tages legten sie sich eine lange Stange zu und donnerten von unten gegen den Kasten, bis ich aufwachte.

Noch ärger war es, wenn ich früh ein Rennen fuhr und abends zur Nachtschicht musste.

Studierte »Fakultät« ...

Später, als wir begonnen hatten, international für Aufsehen zu sorgen, wurde der Begriff des »Staatsamateurs« erfunden. Man benutzte ihn, um uns vorzuwerfen, dass wir die Amateurregeln verletzten, und wir waren – aus heutiger Sicht – so naiv, uns pausenlos dagegen zu verteidigen. Nirgendwo in der Welt ging noch jemand acht Stunden arbeiten und nahm sich zwei Wochen Urlaub, um bei Olympischen Spielen um eine Goldmedaille zu kämpfen. Ich kann mich noch sehr gut daran erinnern, dass der westdeutsche NOK-Chef Willi Daume DDR-Sportler beim IOC wegen Verstoßes gegen die Amateurregeln regelrecht anzeigte. Das war eine besondere Art von Bruderliebe. Die entscheidenden Männer im Internationalen Olympischen Komitee nahmen das allerdings nicht sehr ernst. Das alberne gegenseitige Versteckspiel – unsere Medien kamen natürlich schnell dahinter, welche Gagen westdeutsche Rennfahrer forderten, wenn sie bei einem Rennen antraten – führte auch zu belustigenden Situationen. Eine fällt mir da auf Anhieb ein. Als man DDR-Boxer in den Staffeln der Universitäten unterbrachte, um sie vor der Amateurhatz zu bewahren, wurde eines Tages einer unserer Spitzenboxer – ich werde den Namen hier nicht nennen – bei einem Vergleich im Westen gefragt, welches Fachgebiet er denn studiere. Das brachte ihn in Schwierigkeiten, denn niemand hatte ihm einen Tipp gegeben, was man darauf antworten sollte. In seiner Not antwortete er: »Fakultät«, und sah zu, dass er davonkam.

Mich jedenfalls hätten sie jeden Tag bei der Arbeit besuchen können, und meine Kollegen hätten ihnen versichern können, dass sie am meisten darunter zu leiden hatten, dass ich ein Amateur war, der sich genau an die Regeln hielt – und deshalb zuweilen bei der Arbeit durchhing.

Meisterschaft mit »Webfehler«?

Als ich das erste Mal Meister wurde, war hinterher von »Schiebung« die Rede. Es ging um den Titel im Mannschaftsfahren, und ich fuhr damals bereits im Trikot der BSG Aufbau Börde Magdeburg. Die anderen behaupteten, wir hätten auf der Rückfahrt die Strecke »abgekürzt«.

Dabei war alles ganz korrekt zugegangen. Die Strecke der 100-km-Mannschaftsmeisterschaft führte damals von Magdeburg nach Genthin und zurück. Sie lag also vor unserer Haustür, und wir fuhren die Strecke vorher zigmal ab. Bald war uns klar, dass die Entscheidung auf dem Kopfsteinpflaster einer unübersichtlichen Straße in Burg fallen könnte. Die Rechnung war simpel: Auf den geraden Strecken würden die besten Mannschaften die schnellsten Zeiten erreichen, ohne dass allzu große Zeitdifferenzen zwischen ihnen entstanden, aber auf dem kurvenreichen Stück mit seinem Knüppelpflaster konnte Rückstand wettmachen, wer die Strecke mit verbundenen Augen zu fahren imstande war. Obendrein wurden dank der Initiative unserer BSG-Leitung »moderne Trainingsmethoden« eingeführt: Ein Bad nach dem Training und dann Massagen.

Heute liest man das vielleicht amüsiert, aber damals stand eine Mannschaftsmeisterschaft noch hoch im Kurs, und wir hatten uns vorgenommen, die Berliner Favoriten zu bezwingen. Die Startfolge wurde ausgelost. Wir hatten Glück und zogen die vorletzte Startnummer. Also: Alle Rivalen fuhren vor uns. Damals gingen noch Sechsermannschaften an den Start. Das war unser Sextett: Gaede, Hünerbein, Sauer, Schur, Höhne und Schumann. Vermutlich ist keiner der Namen mehr in der Erinnerung des Lesers, aber da werde ich eben ein wenig sentimental.

Wir hatten uns im Training geschunden und hofften nun, die Sensation zu schaffen. Vielleicht hatten wir in unserem Eifer zu schnell begonnen, jedenfalls mussten uns schon auf der Hinfahrt Schumann und Höhne ziehen lassen. (Vom Sextettt wurden vier Fahrer im Ziel gewertet.) Andererseits hätten wir unsere Hoffnungen früh begraben können, wenn wir wegen der beiden langsamer gefahren wären. Am Wendepunkt hatten wir die drei Minuten vor uns gestartete Mannschaft der Berliner Gaswerke bereits überholt. Freunde am Straßenrand signalisierten, dass nur die Berliner Favoriten von Semper, Berliner Bär und die Chemnitzer von Motor Siegmar bessere Zeiten gefahren waren. Rotation Berlin lag etwa gleichauf. Nun begann der Kampf um den Titel. Rückenwind! Wir schalteten auf 96 Zoll und traten, was das Zeug hielt. Die gelben Trikots von Post Berlin – also damals die DDR-»Telekom«-Mannschaft – kamen in Sicht. Das mobilisierte. Ich musste einen Kettenschaden beheben, aber das schaffte ich mit wenigen Griffen und quälte mich dann schnell wieder an die anderen heran. Wir warteten auf das Stück Kopfsteinpflaster durch Burg. Wir rollten wie zigmal geübt. Und dann kam der Augenblick, in dem ich zu fürchten begann, ich könnte dem Tempo nicht mehr folgen. Wochen hindurch hatten wir uns vorbereitet, jetzt sollte alles an mir scheitern?

Einfügen möchte ich hier, dass Mannschaftsrennen gegen die Uhr in meinen Augen die härteste Radsportdisziplin sind. Beim Einzelzeitfahren ist man auf sich angewiesen, in der Mannschaft müssen Stärken und Schwächen des Einzelnen richtig »eingereiht« werden. Alle Kraft und alles Können sind in einem Topf. Und dann plötzlich zu wissen, du bist der entscheidende vierte Mann, nachdem zwei andere abgefallen waren!

Wir kamen ins Ziel. Ich rutschte vom Rad und streckte mich auf den Boden. Und? Es dauerte nicht lange, bis verkündet wurde: Neuer DDR-Meister ist die BSG Aufbau Börde Magdeburg mit einem Vorsprung von 2:14.4 Minuten. Wir waren als Außenseiter ins Rennen gegangen und nun dieser Vorsprung? Sofort begann rundum das Getuschel: Die Magdeburger hatten doch die vorletzte Startnummer gelost.

War das mit rechten Dingen zugegangen? Die Magdeburger kannten die Strecke wie kein anderer. Waren sie etwa in Burg eine Abkürzung gefahren, denn dort hatten sie den entscheidenden Vorsprung herausgefahren, nachdem sie an der Wende noch Vierte gewesen waren?

Ich beschreibe dieses im Vergleich zu anderen Rennen, die ich später gewann, nicht sonderlich wichtige so ausführlich, weil ich an diesem Tag viel gelernt habe. Zum Beispiel: Auch der auf den ersten Blick Schwächere kann »Wunder« vollbringen, wenn er sich gründlicher vorbereitet als die Rivalen. So wurde meine erste Meisterschaft eine echte Gesellenprüfung im Radsport. Und zu dem schon erwähnten Heimvorteil, nämlich unsere Streckenkenntnis, kam auch noch die der moralischen Unterstützung: In Heyrothsberge stand mein Vater an der Strecke und feuerte uns an.

Dass es auch in noch anderer Hinsicht ein wichtiger Tag in meinem Leben werden sollte, war nicht vorauszusehen. Abends waren wir vom Werkleiter eingeladen worden.

Die erste Begegnung mit Erdwig

Nichts Besonderes auf den ersten Blick, denn auch heute laden Sponsoren Sportler ein, oft allerdings nur, um sich mit ihnen im Fernsehen zu zeigen. Ich sollte noch erklären: Ich war von Grün-Rot zur Betriebssportgemeinschaft Aufbau Börde gewechselt. Trägerbetrieb dieser Betriebssportgemeinschaft war die Magdeburger Bau-Union – später Spezialbau Magdeburg –, ein volkseigener Betrieb, dessen Brigaden überall in der Republik tätig waren. Sie mauerten in Calbe, wo die erste Niederschachtofen-Hütte der Welt entstand, und waren dabei, als in Brandenburg in zerschundenen Hallen ein modernes Stahlwerk wuchs. Ich weiß, was mit diesem Stahlwerk nach dem »Beitritt« geschah: Es wurde abgerissen und ist heute zum Teil ein Museum.

Aber noch heute werde ich oft an eine andere Großbaustelle des Kombinats erinnert, wenn ich aus der Haustür meiner in Berlin lebenden Tochter trete und den Fernsehturm sehe. Auch beim Leipziger Zentralstadion, das 2004 neu entstanden ist und jetzt den unsäglichen Namen »Red Bull Arena« trägt, werden viele sich daran erinnern, wie das Stadion mit den 100 000 Plätzen entstanden war. Da hatte man, um das Gewicht der Tunnel zu sichern, Pfahlgründungen vornehmen müssen. Auch das erledigte damals mein Betrieb.

Der Direktor des Magdeburger Baubetriebs hieß Herrmann Erdwig. Er war während des Krieges Leiter eines unbedeutenden Bauhofs gewesen, der die Keimzelle der 1951 schon mächtigen volkseigenen Bau-Union war. In jungen Jahren hatte Erdwig selbst Sport getrieben. Er spielte begeistert Fußball, war geschwommen und hatte nun den Ehrgeiz, dass in dem Betrieb, den er leitete, der Sport die Bedeutung erlangen sollte, die ihm im Sozialismus als Faktor für die Gesundheit der Menschen beigemessen wurde. Er hatte so seine Thesen: »Für mich zählen weniger die blinden Fanatiker auf den Tribünen als die, die beim Sport den anderen achten lernen, ihn übertreffen wollen.« Ich weiß, wie antiquiert das heute klingt, aber es ist eben ein Kapitel Geschichte. Ich will gar nicht leugnen, dass vielleicht auch eine Portion Eitelkeit bei ihm im Spiel war, aber es war wohl mehr der Ehrgeiz, eine Sportgemeinschaft auf die Beine zu bringen, die das Image der Magdeburger Bauarbeiter erhöhte. Das sprach sich schnell herum: Aus Hannover kam Horst Fritsche, ein talentierter Schwimmer, den der Krieg an die Leine verschlagen hatte und der dann manchen Erfolg für die Magdeburger Farben und für die Nationalmannschaft errang. Der berühmte Schwimmer Aki Lange folgte ihm. Zu den Schwimmern gesellten sich eines Tages die Radsportler, denen man im Betrieb Arbeitsplätze beschaffte. Ich wurde in einer Reparaturschlosserei angestellt, aber klar und deutlich war von vornherein gesagt worden, dass ich zwei Mal die Woche nachmittags für das Training freigestellt würde. Später lernte man mich als technischen Zeichner an. »Brunnenbaumeister« sollte ich am Ende werden.

Bevor wir an jenem Abend nach dem Meisterschaftssieg zu Erdwig fuhren, hatte er mit seiner Frau gründlich darüber nachgedacht, wie man unseren Hunger stillen könnte. Sie hatten beschlossen, für uns sechs Rennfahrer dreißig Bockwürste in der HO zu kaufen und dazu noch eine Riesenportion belegter Brötchen vorzubereiten. Die Vorsorge erwies sich als durchaus berechtigt. Den Berg Bockwürste verschlangen wir, und auch der Teller mit den Brötchen leerte sich bald.

Ich weiß nicht, wie vor meiner Zeit das Verhältnis zwischen Direktoren und Sportlern war. Heute ist vieles durch Konten geregelt, wobei ich keineswegs leugnen will, dass auch unter den Direktoren der Gegenwart manche zu treffen sind, die echte Sympathie für den Sport empfinden. Die damalige freundschaftliche Bindung aber prägte mein Leben und ragt weit über Erdwigs frühen Tod hinaus. Noch lange war ich mit Edith Erdwig eng befreundet, und löste gegenüber der 93-Jährigen ein altes Versprechen ein mit ihr über sieben Berge zu fahren. Die Route reichte von Zittau bis ins Vogtland.

Erdwig diskutierte oft mit uns, dachte nie daran, uns etwa zum Munde zu reden, scheute sich auch nicht vor einem deutlichen Wort, wenn es ihm angebracht schien. Als einer aus unserem Sextett später ein wenig den Boden unter den Füßen verlor und glaubte, seine sportlichen Erfolge seien eine Garantie-Urkunde für ein leichteres Leben, belehrte er ihn schnell eines Besseren.

An diesem Abend saßen wir gemütlich beisammen und freuten uns über den gelungenen Streich gegen die »Berliner«.

Ich habe später manchen Abend bei Erdwigs verbracht. Zu seinem Freundeskreis zählten Ärzte, Schauspieler des Magdeburger Theaters und Genossen, die Herrmann Erdwig schon seit Jahrzehnten kannten. Meist saß ich schweigend am Tisch und hörte den anderen zu. Von Theater und Oper wusste ich nicht viel, und die Probleme, die die Ärzte bewegten, kannte ich auch nicht. Es gab durchaus Abende, an denen ich mich überflüssig in der Runde fühlte, aber ich spitzte meine Ohren und versuchte, meine Siege nicht zum Thema zu machen. Vielleicht war es diese Zurückhaltung, die mir Sympathie eintrug. Eines Tages erkundigte man sich bei mir nach einem Rennen und gratulierte zu Erfolgen. Ich spürte, dass die Achtung wuchs. Das alles ist eigentlich nicht sonderlich wichtig, aber die Rolle des Sportlers in der Gesellschaft wurde für mich im Laufe meines Lebens ein reizvolles Thema. Viele wollen sich mit dem siegreichen Star fotografieren oder zumindest sehen lassen. Der Athlet übernimmt immer mehr die Rolle einer lebendigen Dekoration, aber wenn es um seine Ansichten und seine Meinung geht, hört man kaum hin. Heute findet man den Namen eines Fußballstars schon in den Schlagzeilen, wenn sein Friseur die Scheidung einreicht. Der Star hat seine Rolle in der Gesellschaft zu spielen. Dafür bezahlt man ihn und stellt ihn aus wie einen Exoten. Den Ausschlag gibt die Einschaltquote.

Ich habe ähnliches übrigens auch gespürt, als ich für den Bundestag kandidierte. Die einen behaupteten, die PDS habe mich als stimmenfangendes »Aushängeschild« herankommandiert, die anderen nahmen mich überhaupt nicht zur Kenntnis. Was hat der in der Politik zu suchen? Der im gleichen Wahlkreis wie ich kandidierende CDU-Politiker Gerhard Schulz – ich erreichte knapp tausend Stimmen mehr als er – sagte den Journalisten: »Wenn ich sehe, dass Herr Schur mehr Stimmen hat als ich, dann verstehe ich die Leipziger nicht. Politik ist doch wirklich mehr als Radfahren.«

Mein Kommentar dazu: Radfahren ist in der Regel fairer und redlicher als die heutige Politik.

Dass ich auch während der Bundestagswahl manchen überzeugen konnte, dazu hat Herrmann Erdwig den Grundstein gelegt. Und deshalb muss ich hier noch ein paar Worte über ihn verlieren. Als meine Freundschaft zu Erdwig begann, war ich ein Arbeiter seines Betriebes, der Radrennen fuhr. Ich hatte ein paar Siege errungen. Das hatten andere auch. Es war also keineswegs jene Eitelkeit, die Persönlichkeiten in der ganzen Welt bewegt, sich mit Sportstars ablichten zu lassen, sondern eine Freundschaft, deren Fundament ich nur mühsam präzise definieren kann. Wir waren recht unterschiedliche Menschen, er in seinen Handlungen sehr bedacht, ich oft noch unüberlegt. Ich weiß nur, dass wir uns sehr schätzten und ich seine Sympathie nie missbrauchte. »Onkel Hermann« war für mich immer der Werkleiter, der auf Wissen und Sachkunde Wert legte und hohle Parteireden schlicht überhörte. Er wusste sehr gut, dass allein die Arbeitsproduktivität über das Gelingen des sozialistischen Experiments auf deutschem Boden entschied und auch, dass Arbeitsproduktivität nicht durch dekretierte höhere Normen, sondern vor allem durch modernere Technik entscheidend beeinflusst wurde. Er war Realist genug, um sich schon bald keinerlei Illusionen hinzugeben. Der Kalte Krieg schloss wirksame technische Hilfe für unsere Betriebe aus westlicher Himmelsrichtung aus. Also mussten wir uns selbst einiges einfallen lassen.

Ich war bei den Olympischen Spielen 1964 nicht mehr mit von der Partie, weil mich ein »Wessi« bei den Ausscheidungen in den Graben gefahren hatte. Darauf komme ich noch zurück. Ich reiste also nicht mit nach Tokio, aber ich wusste, dass die DDR zwei Minister in die Mannschaft »geschmuggelt« hatte. Der eine sollte versuchen, Kontakt zur japanischen Stahlindustrie aufzunehmen und wurde eines Morgens tatsächlich in die Chefetage eines Konzerns eingeladen. Dort wollte man zunächst jedoch nicht über Geschäfte reden, sondern von ihm wissen, wie die DDR das Problem gelöst hatte, hüttenfähigen Koks aus Braunkohle herzustellen. In Japan waren alle Versuche in dieser Richtung gescheitert. Mir fällt dieses Beispiel ein, weil Magdeburger Bauarbeiter auch beim Aufbau jenes Kokswerkes in Calbe dabeigewesen waren.

Ja, an Erdwigs Tisch habe ich viel gelernt. Jeder wusste, dass er dort seine Meinung sagen konnte, ohne dass ihn gleich jemand belehrte. Leider kamen solche Runden später in der DDR aus der Mode und wurden durch »offizielle Begegnungen« ersetzt, in denen meist nur Vorgeschriebenes verlesen wurde. Warum das so war, darauf weiß ich keine bündige Antwort zu geben. Ich jedenfalls habe meist in Runden verkehrt, in denen man offenherzig diskutierte, und manchmal habe ich heute den Eindruck, dass so mancher, der sich persönliche Vorteile davon versprach, seinem Vorgesetzten zum Munde zu reden, heute plötzlich entdeckt, dass er seine Meinung nicht sagen durfte.

Erdwigs nahmen mich auch mit ins Theater, und das war eine völlig neue Welt, die ich da erlebte. Wenn ich etwas nicht verstand, ließ ich es mir von Herrmann Erdwig erklären. Viele Jahre fuhr ich Weihnachten zu Erdwigs, und wenn ich wieder aufbrach, sagte ich immer: »Bei uns zu Hause sind noch vier Geschwister, hier bin ich das einzige Kind!«

Mit Kräuterlikör durch die Ostzone?

Was ich über die ersten DDR-Rundfahrten weiß, habe ich vor allem von älteren Rennfahrern gehört, die schon im Spätsommer 1949 dabei waren, als es noch gar keine DDR gab. Die Idee zu dieser so populären Rundfahrt verdankten wir dem Besitzer einer kleinen Berliner Spirituosenfabrik, die unweit des alten Stadions Mitte stand und vor allem einen beliebten Kräuterlikör produzierte. Der Besitzer, ein begeisterter Anhänger des Radsports, war bereit, eine Etappenfahrt durch die Ostzone zu sponsern. Als Gegenleistung wollte er alle Fahrzeuge des Konvois mit Reklameplakaten bekleben. Das missfiel den Verantwortlichen des damaligen Deutschen Sportausschusses. Ihr Argument, dass es nicht sehr überzeugend wirken würde, wenn man die Erste deutsche Etappenfahrt für Amateure – die einzige bis dahin ausgetragene lag Jahrzehnte zurück und war nur an Sonntagen gefahren worden – ausgerechnet mit einem Reklamefeldzug für Schnaps verbinden würde, war nicht von der Hand zu weisen.

Das Projekt hatte sich unter den Radsportlern wie ein Lauffeuer verbreitet, bislang hatten solche Etappenrennen nur die Profis ausgetragen. Aber wer sollte die Summen aus der Schnapsbrennerei ersetzen? Nein, nicht die Partei griff ein, sondern ein paar routinierte Radsportfans, die behaupteten: »Das schaffen wir auch, wenn uns jemand nur etwas Geld gibt.« Die Deutsche Wirtschaftskommission, die damals die Ostzone regierte, spendierte die Summe, und man machte sich an die Arbeit, eine Etappenfahrt ohne Schnapswerbung zu organisieren. Zwei Leipziger waren es, die das Rennen vorbereiteten, und da beide Heinz Richter hießen – nicht verwandt und nicht verschwägert – gingen sie als »Heiri I« und »Heiri II« in die Geschichte ein. Skeptiker zweifelten, dass man die Rennfahrer unterwegs ordentlich verpflegen könnte, denn noch immer waren die Lebensmittel rationiert, aber die »Heiris« schafften es. Manches wurde improvisiert, aber an einem Septembermorgen 1949 wurde die Rundfahrt auf dem von Trümmern umringten Platz vor dem Brandenburger Tor gestartet.

Gleich nach dem Start gab es einen Zwischenfall, der die Rennfahrer aber nur den Kopf schütteln ließ: Die Westberliner Polizei stoppte den altersschwachen Opel, in dem Journalisten und der Fotograf des Neuen Deutschland saßen, und bestanden darauf, vor der Weiterfahrt die an den Türen klebenden Werbeplakate für die Zeitung abzukratzen. Werbung fürs »ND« wurde als Werbung für die SED deklariert, und die war in Westberlin untersagt.

Unterwegs gab es dann größere Probleme. Bürgermeister hatten nicht die richtige Vorstellung davon gehabt, wie viel ein hungriger Rennfahrer isst, aber fast immer fand man einen Ausweg. In einer Etappenstadt konnten sich die Rennfahrer so viel Buletten holen, wie sie wollten. Erst am nächsten Tag erfuhren sie, dass sie Pferdefleisch gegessen hatten.

Trotz aller Hürden und Probleme wurde die Rundfahrt zum ersten großen Triumph der neuen Sportbewegung. Neue Radsportsektionen entstanden. Die Zahl der Rennen stieg.

Bei der III. Rundfahrt stand mein Name zum ersten Mal auf der Startliste. Ich fuhr in der Mannschaft der »Sportvereinigung Aufbau«. Es war übrigens die erste internationale DDR-Rundfahrt. Man war den Kinderschuhen entwachsen und ließ das auch alle wissen. Sogar der Name wurde geändert: »Friedensfahrt der Nationen«! Das war eine gewagte Anleihe bei dem Namen des Rennens, das zwischen Prag und Warschau ausgetragen wurde, aber einige Funktionäre wollten wohl demonstrieren, dass man ein solches Rennen bei uns noch übertreffen könnte. Nein, auch diesmal hatte nicht die Partei eine Order gegeben. Ich füge das hin und wieder ein, weil ich bei der Lektüre vieler Memoiren den Eindruck gewonnen habe, die Schreiber hätten ihr Leben lang unter den Beschlüssen der Partei leiden müssen.

In Magdeburg glänzen wollen

Ein Etappenrennen verlangt eine kluge Einteilung der Kräfte. Wem nützt ein groß herausgefahrener Sieg auf der ersten Etappe, wenn er auf der zweiten hinterhertrudelt? Ich hatte so meine Erfahrungen gesammelt und wollte es nicht am Anfang übertreiben. Als wir zur vierten Etappe von Stendal nach Wittenberg aufbrachen, fuhr ich gleich nach dem Start den anderen davon, und natürlich nahm das niemand ernst. »Der nun wieder«, wird mancher gedacht haben. Woran sie nicht gedacht hatten, war, dass die Etappe durch Magdeburg führte, und da wollte ich nicht irgendwo mitten im Feld rollen. Aber eine ziemlich große Spitzengruppe holte mich bald ein, es wurde nichts aus der Jubelfahrt durch Magdeburg. Auf der Etappe nach Leipzig hatte ich einen Defekt und kam mit einer hinteren Gruppe ins Ziel. Ich ärgerte mich. Das wollte ich am nächsten Tag wettmachen. Da mussten wir immerhin 190 Kilometer bis Erfurt zurücklegen, und der Anstieg zum Gipfel des Kyffhäuser ließ viele zurückfallen. Die Favoriten blieben vorn, und ich hielt mit. Unser Vorsprung wuchs. Dann der Kyffhäuser. Wir waren noch sieben, darunter drei Tschechoslowaken. Ich wollte es nicht glauben, aber dann spürte ich: Reifenschaden! Fluchend riss ich den Schlauch von der Felge, holte den Ersatzschlauch hervor, zog ihn auf, langte nach der Pumpe, schob das Rad wieder in die Gabel und schwang mich in den Sattel. Die Spitzengruppe war weit und breit nicht zu sehen. Die Verfolger aber auch nicht. Ich kann mich heute nicht mehr daran erinnern, woran ich damals dachte, aber ich weiß, dass mich die Wut vorantrieb. So weit vorn und dann dieser Reifenschaden. Ich raste und holte das Letzte aus mir heraus. Plötzlich sah ich ein Auto und dann auch das Rudel Fahrer. Sogar die drei Tschechoslowaken staunten, als ich wieder in der Spitze auftauchte. Fünfter wurde ich in Erfurt, aber ich war noch nicht unter den ersten zehn der Gesamtwertung. Und das hatte ich mir zum Ziel gesetzt.

In Chemnitz war Ruhetag, dann folgten 167 Kilometer bis Zittau. Erst tat sich gar nichts, aber hinter Bischofswerda, als alle schon glaubten, die Würfel wären gefallen, stürmte Gothe aus der Mannschaft der SV Lokomotive davon. Niemand wollte nachsteigen. Vielleicht reagieren sie bei dir auch nicht, dachte ich, trat urplötzlich an und fuhr mit einem anderen hinterher.

Es dauerte ewig, aber dann sahen wir Gothe. Ich war noch so unerfahren, dass ich heute nur noch darüber lächeln kann, wie ich reagierte. Gothe tat mir leid. Er war ein so großartiges Rennen gefahren, und jetzt wollte ich ihn nicht um die Früchte seiner Anstrengungen bringen. Auf keinen Fall.

Aber da war noch der Kumpel an meiner Seite, Werner Marschner, Olaf Ludwigs späterer Trainer. Der dachte bestimmt nicht so »edel« wie ich. Also beschloss ich, Marschner abzuhängen, damit er Gothe nicht gefährden könne. Mein Plan ging auf, aber ich will nicht wiederholen, was mir unsere Trainer damals sagten. Mit Marschner haben wir später oft darüber gelacht.

Dem Feld hatten wir vier Minuten abgenommen, und so fand ich meinen Namen am Abend an vierter Stelle der Gesamtwertung. Dabei blieb es bis Berlin. Und damit hatte ich sozusagen einen »Gutschein« in der Tasche, im nächsten Jahr unter die Kandidaten der »großen« Friedensfahrt zu kommen.

Zum ersten Mal durch Berlin

1952 hatten die Polen vorgeschlagen, die Zwei-Länder-Fahrt in ein Drei-Länder-Rennen umzuwandeln. Bisher nur von der Moldau zur Weichsel, oder umgekehrt, führend, sollte nun die Spree hinzukommen. Das war mehr als eine Vereinbarung über ein Radrennen, denn in Polen hatte es 1950 noch viele gegeben, die sogar gegen die Teilnahme einer deutschen Mannschaft an der Friedensfahrt gewesen waren. Auch das gehört vielleicht zu den Themen meiner Erinnerungen, von denen mancher nichts mehr hören möchte. Aber damals waren erst fünf Jahre vergangen, seit Auschwitz befreit worden war.

Die Nachricht, dass die Fahrt erstmals über das Gebiet der DDR führen würde, löste Riesenbegeisterung aus, und aufmerksam wurden alle Nachrichten über die Vorbereitung der Kandidaten verfolgt. Neues Deutschland – nun Mitveranstalter – hatte sein Ferienheim »Bollmannsruh« bei Brandenburg als Trainingslager zur Verfügung gestellt. Noch heute treffen sich übrigens die Veteranen dort jährlich und bestreiten zu ihrem Vergnügen ein Rennen.

Die Namen von damals werden nur noch wenigen ein Begriff sein: Lothar Meister, der die Fahrt schon zwei Mal durchgestanden und in der Gesamteinzelwertung 1951 einen sensationellen zweiten Platz erkämpft hatte, Gaede, DDR-Rundfahrtsieger Wille, Dinter, Gallinge, Köhler, Weber, Siegel, Kirchhoff, Gleinig, Trefflich und ich. Ein Dutzend Fahrer war eingeladen, aber nur ein halbes Dutzend würde an den Start gehen.

Nach heutigen Gewohnheiten würde man das damalige Training sicher belächeln, damals hielten einige es für viel zu hart. Die »neuen Methoden« fanden wenig Sympathie. Man verwies auf die Erfolge der Profis, doch die hatte man nie bei der Gymnastik beobachtet. Und auf das Rauchen verzichteten die auch nicht. Ich war der »Neuling«, beobachtete natürlich die Alten, um möglichst von ihnen zu lernen, geriet aber bald in Zweifel. Dass geraucht wurde, störte mich sehr.

Werner Schiffner, den wir 1999 in Leipzig auf seinem letzten Weg begleiteten, hatte als entscheidende Prüfung eine 56-km-Fahrt gegen die Uhr auf der Straße von Nauen nach Friesack angesetzt. Das war ein verdammt harter Kanten und mein erstes Zeitfahren überhaupt.

Schon der Tag zuvor kostete Nerven. Alles putzte und ölte wie noch nie. Wer welche hatte, legte leichtere Reifen auf. Ich hatte nur meine Conti Typ 4 – das waren schwere Reifen.

Es ist eigenartig, was sich der Mensch in solchen Situationen alles ausdenkt. Man könnte in Verdacht geraten, abergläubisch zu sein. Man erinnert sich: Was hast du vor dem letzten gewonnenen Rennen gegessen? Die Siegerstrümpfe werden bereitgelegt, das Chiffontuch, das man beim letzten Sieg um den Hals trug. Und am Morgen des Rennens läufst du dauernd zur Toilette ...

Ich schaffte jedenfalls die Strecke in 1:27:00, das war ein Stundenmittel von 38,5 Kilometern! Horst Gaede wurde mit 1:12 Minuten Rückstand Zweiter vor Paul Dinter, Lothar Meister und Bernhard Trefflich, der 1:33:11 benötigte. Damit waren die Würfel faktisch schon gefallen.

Das war also mein erstes Rennen gegen die Uhr, wenn ich von der schon geschilderten Mannschaftsmeisterschaft absehe. Hier bewährten sich wieder einmal meine vielen einsamen Trainingskilometer, auf denen ich auch meinen Willen geschult hatte.

In den dem Lehrgang folgenden Rennen versuchten alle Rennfahrer zu beweisen, dass sie eigentlich viel besser waren als die Kandidaten. Es waren faktisch die härtesten Rennen der Saison. Gespannt fieberten alle dem großen Tag entgegen, an dem die Mannschaft nominiert wurde. Kapitän wurde Paul Dinter, und mit ihm fuhren im Nationaltrikot Heinz Gleinig, Rudi Kirchhoff, Bernhard Trefflich, Horst Gaede und – ich.

Kommen die Deutschen wieder?

Nach der Verabschiedung durch die Fans am Bahnhof rollten wir nach Warschau. Ich kannte die in Schutt und Asche gefallenen deutschen Städte, aber in Warschau schien überhaupt kein Haus mehr zu stehen. Am nächsten Tag war ich mit meinen Gedanken längst beim Rennen, als die DDR-Botschafterin im Hotel erschien und mir eine Aktivistennadel an die Trainingsjacke heftete. Meine Brigade hatte mich für die Auszeichnung vorgeschlagen und Urkunde und Nadel jemandem mitgegeben. Offen gestanden war ich nicht allzu begeistert, dass ich gefeiert wurde, noch ehe der erste Kilometer gefahren war, aber ich hatte die Kumpels der Brigade vor Augen, und die hatten mich sicher in bester Absicht überraschen wollen.

Als ich zum Start kam, beobachtete ich unauffällig eine in der Menge wartende alte polnische Frau. Sie stand am Straßenrand, und in ihrem Gesicht glaubte ich zu lesen: Da sind sie wieder, die Deutschen. Was wollen die hier inmitten der Trümmer, die sie verursacht haben? Gut genährt, weiße Trikots mit schwarz-rot-goldenem Brustring.

Ich geriet ins Grübeln. Was mochte sie alles erlebt haben in diesem zertrümmerten Warschau? Wen mochte sie aus ihrer Familie verloren haben? Sohn? Tochter? Vielleicht Enkel? Ich habe diese Szene nie wieder vergessen. Damals habe ich mir geschworen: Du wirst ein anderer Deutscher sein als jene, die ihr und ihren Landsleuten dieses Leid zugefügt hatten.

Als die Friedensfahrt 48 Jahre später nach Leipzig kam und ein ZDF-Reporter mich nach meinen Empfindungen am Rande dieses Rennens fragte, schilderte ich ihm die stille Begegnung mit der alten Polin. Die Bilder wurden im Magazin »Kennzeichen D« gesendet, und meine Worte mit einer Szene aus Polen konfrontiert. Eine Familie am Straßenrand, die auf die Rennfahrer wartete, und in ihrer Mitte eine gut deutsch sprechende alte Polin, die offen Auskunft gab, was die Menschen im Jahre 2000 dort bewegte: »Wir haben Angst, dass die Deutschen wiederkommen, Grundstücke und Häuser kaufen und eines Tages wieder da sind.«

Übertriebene Sorge? Ich traute meinen Augen nicht, als ich im Programmheft der Friedensfahrt 2000 blätterte und dort hinter den polnischen und tschechischen Etappenorten die einstigen deutschen Ortsnamen fand. Die Zuschauer der Friedensfahrt wurden »aufgeklärt«, dass Kudowa Zdroj bis 1939 Bad Kudowa war, Klodzko einst das deutsche Glatz, Trutnov während der Sudetenzeit und in den Jahren, da Tschechien deutsches Protektorat war, Trautenau hieß und Ústi damals Aussig. Ich konnte nicht begreifen, wie die Friedensfahrt in solche Abgründe geraten konnte und werde es auch nie begreifen. Und wenn mir jemand erzählt – was ja öfter mal vorkommt –, dass man die Friedensfahrt als Erstes nach der Rückwende »entideologisieren« musste, kann ich nur feststellen, dass die aktuelle Ideologisierung erschreckend ist, und muss auch gestehen, dass ich die Sorge jener im Fernsehen interviewten Polin sehr gut verstehen kann. 1952 hatte uns niemand »schulen« müssen, damit wir uns richtig verhielten. Wir wussten um die deutschen Verbrechen in Polen und dass wir dazu beizutragen hatten, zwischen unseren Völkern wieder ein normales Verhältnis herzustellen.

Auf der ersten Etappe machte ich mich gemeinsam mit dem 38-jährigen französischen Veteranen Eugene Garnier an die Verfolgung der Ausreißer Stanislaw Królak (Polen) und Daniel de Groot (Niederlande). Wir holten sie ein, eine Spitzengruppe bildete sich, aber kurz vor dem Ziel zwang mich ein Schaden, die anderen ziehen zu lassen. Auf der dritten Etappe verlor ich fast fünf Minuten, wurde aber noch 16. Damals waren die Blauen Trikots der führenden Mannschaft nicht minder hart umkämpft als das Gelbe Trikot. Die Gäste aus England, Frankreich oder Belgien hatten Mühe, das zu verstehen. Für sie zählte der Einzelsieg, denn der konnte zu einem lukrativen Profivertrag verhelfen. Wer zahlte etwas dafür, in einer siegreichen Mannschaft gefahren zu sein? Mich hat der Kampf um die »Blauen« mit dazu erzogen, nicht nur an mich selbst zu denken, sondern für den zu fahren, der in unserer Mannschaft die größten Chancen auf einen vorderen Platz hatte. Nur als Fußnote: Dafür gab's kein Geld wie heute. Es hatte mehr mit Moral zu tun.

Das mag der eine oder andere kopfschüttelnd lesen, denn heute gilt fast nur die Einzelwertung, zumal die meisten Stall-Mannschaften internationale Kombinationen sind. Auch mein Sohn Jan ist für mehrere Rennställe gefahren und war engagiert, um dem Star der Mannschaft unterwegs zu helfen, ihn notfalls sogar zu schieben, wenn der in Schwierigkeiten geriet. Seine und meine Erfahrungen lassen sich nicht miteinander vergleichen, es sind unterschiedliche Welten, wobei ich mir gar kein vorschnelles Urteil erlauben will, welche im Radsport die nützlichere ist. Allerdings wird niemand leugnen, dass das Sprichwort, wonach Gemeinsinn vor Eigensinn rangiert, moralische Werte fördert. Inzwischen habe ich auch von Politikern manchen Appell gehört, der Gemeinschaft oder dem Gemeinsinn mehr Aufmerksamkeit zu schenken.

In Katowice hatten wir damals die Spitze in der Mannschaftswertung erkämpft, und so trug ich von Katowice nach Wroclaw zum ersten Mal das Blaue Trikot mit der weißen Taube Picassos.

Am nächsten Tag musste ich einiges tun, um es zu verteidigen. Schon nach rund 60 Kilometern fuhr ich gemeinsam mit dem starken Österreicher Franz Deutsch, dem Bulgaren Dimitri Bobzew und dem Dänen Jörgen Falkböll den anderen davon. Über vier Minuten Vorsprung! Ein Rahmenbruch warf Deutsch zurück, ein Reifendefekt den inzwischen hinzugekommenen Królak. Zu dritt rasten wir in das Stadion in Wroclaw, die Verfolger nur noch 600 Meter hinter uns. Falkböll stürzte, ich steuerte reaktionsschnell an ihm vorbei und kam hinter Bobzew ins Ziel.

Die Blauen Trikots waren gesichert, und ich rückte in der Gesamteinzelwertung auf Platz 13 vor. In Görlitz gelangte das Rennen zum ersten Mal auf deutschen Boden. Ich war Fünfter in der Gesamteinzelwertung. Das konnte sich sehen lassen.

Die Etappe nach Berlin wurde zu jener bis heute unvergessenen Triumphfahrt des Österreichers Franz Deutsch, der uns schon bald nach dem Start davonfuhr und mit gut vier Minuten Vorsprung allein in der Cantianstraße eintraf. Das Publikum feierte uns, denn wir hatten die Blauen Trikots verteidigt.

Niemand muss fürchten, dass ich hier meine sämtlichen Friedensfahrtetappen beschreibe, aber dies war immerhin mein Debüt.

Fahrt in die Talsohle

Wir waren in Berlin, und die Etappe des nächsten Tages war uns vertraut: Berlin–Leipzig. Vielleicht waren wir zu zuversichtlich. Die Briten starteten eine Attacke, bei der uns Hören und Sehen verging. Wir verloren die Blauen Trikots an sie, und ich fiel auf den zehnten Platz zurück.

Damit aber war die Talsohle noch nicht erreicht. Auf den nächsten Etappen fielen wir weiter zurück. Die Tschechoslowaken, von Kapitän Jan Vesely auf den heimischen Straßen klug dirigiert, kämpften sich auf den zweiten Platz hinter die Engländer, und schließlich überflügelten uns auch noch die Belgier. Als die Etappe zum Endziel nach Prag gestartet wurde, waren wir an vierter Stelle und unsere Stimmung dementsprechend. Wenigstens den dritten Platz wollten wir erreichen, nahmen wir uns vor. Vesely, in der Gesamtwertung knapp hinter dem seit Tagen das Gelbe Trikot verteidigenden Schotten Ian Steel Zweiter, wäre gern als Sieger in Prag eingezogen, aber die Briten passten höllisch auf und parierten jeden Vorstoß. Bei Benešov trat Josef Skorepa (ČSR) urplötzlich an, und ich hetzte ihm hinterher. Das war die letzte Chance, den Belgiern den dritten Platz abzujagen, obwohl ich dafür fünf Minuten Vorsprung hätte herausfahren müssen. Wir passierten die Verpflegungskontrolle, aber ich winkte ab: Keinen Beutel. Wir kamen voran, weil wir uns auch fair abwechselten. Umjubelt erreichten wir Prag. Sollte mir mein erster Etappensieg gelingen? Skorepa war ein Fuchs, und auf den letzten Kilometern hatte er sich merklich geschont. Ich aber musste Zeit gutmachen gegen die Belgier. Zum zweiten Mal also Zweiter. Aber dann die große Frage: Wie groß ist der Vorsprung zu den Belgiern? Als Vesely mit den Verfolgern ins Stadion kam, sah ich nur den Belgier Gustav Verschueren. Die Zeit lief für uns, und die nächsten Belgier erschienen nach über zehn Minuten. Wir waren also bei der Siegerehrung doch noch dabei! Die anderen schüttelten mir die Hand, meine Fahrt an der Spitze hatte geholfen, das Blatt noch zu wenden.

1953 wurde in Bratislava gestartet. In Berlin waren wir nur noch ein Quartett. Erich Zawadski hatte eine Lungenentzündung zur Aufgabe gezwungen, Erich Schulz,

Kapitän und Galionsfigur des DDR-Radsports, musste nach einem schweren Sturz ins Meißener Krankenhaus eingeliefert werden. Das Feld war klein geworden. Es war ein ungewöhnlich kalter Mai. Auf dem Weg nach Görlitz konnte man glauben, der Winter sei zurückgekehrt. Eiskalter Regen lichtete die Reihen. Ausgerechnet auf dieser Etappe feierte die DDR ihren ersten Etappensieg. Der eisenharte Weimarer Ofensetzer Bernhard Trefflich war am Schluss allein mit Alexander Pawlisiak, der lange in Frankreich gelebt hatte und dort auch unzählige Rennen gefahren war. Man nannte ihn in seiner alten wie in seiner neuen Heimat den »Fuchs aller Landstraßen« – und das zu Recht. Doch an diesem Tag fehlten dem Fuchs nach harten 226 Kilometern die Kräfte, um sich gegen den ebenso harten Bernhard Trefflich durchzusetzen. Ich kam mit dem Hauptfeld eine Viertelstunde nach den beiden ins Ziel, verteidigte aber meinen dritten Rang. Zwei Dänen – Christian Pedersen und Hans Andresen – lagen vor mir.

Die Blauen Trikots schienen bei den Dänen in sicherer Hand: Nach neun der zwölf Etappen lagen sie über zwanzig Minuten vor uns. Als es auf den nächsten Tagesabschnitt ging, waren nur noch 42 von den 98 gestarteten Fahrern dabei. Nach 25 Kilometern bildete sich die erste Spitzengruppe, später gesellte ich mich zu den Verfolgern. Es begann zu regnen, das Kopfsteinpflaster war schlüpfrig. Das Feld hinter uns fiel auseinander, und in meiner Umgebung war kein einziger Däne!

Pawlisiak freut sich auf seine Mutter

Gemeinsam mit Trefflich kam ich mit der Spitzengruppe ins Ziel. Die Polen bejubelten einen Dreifachsieg, aber wir starrten nur auf die Stoppuhren. Nicht einmal die Waschschüsseln benutzten wir. Als vier Minuten vergangen waren, hatten wir – weil bereits zu zweit im Ziel – acht Minuten in der Mannschaftswertung gewonnen, und mein Rückstand in der Einzelwertung schmolz ebenfalls. Man brachte uns etwas zu essen, wir winkten ab. Nach knapp neun Minuten jagte Andresen herein, die Wut sah man ihm auch aus der Entfernung an. Wo waren die anderen Dänen? Drei Minuten vergingen noch, ehe sie mit dem Hauptfeld anlangten.

Hatten wir schon die Blauen? Von den fast 22 Minuten Vorsprung waren den Dänen nur durch die Alleinfahrt Andresens noch 42 Sekunden geblieben. In der Einzelwertung hatte ich Andresen überholt, und der führende Pedersen lag nur noch 73 Sekunden vor mir. Verständliche Aufregung bei den Dänen.

Am nächsten Tag lagen 206 Kilometer bis Lodz vor uns. Die Polen starteten schon bald einen Angriff. Pawlisiak war wieder dabei, und er hatte ein starkes Motiv: Im Stadion erwartete ihn seine Mutter, die er viele Jahre nicht gesehen hatte. Es gab niemanden, der seinen Etappensieg an diesem Tag hätte vereiteln können.

Uns beschäftigte, wie die Dänen reagierten. Lange hielten sie sich zurück, obwohl Lothar Meister I in der Spitzengruppe fuhr. Die Blauen Trikots hatten sie wohl abgeschrieben. Das Gelbe zu retten war ihr Ziel. Als Andresen und Pedersen antraten, kämpfte sich Bernhard Trefflich an ihre Seite. Das egalisierte jede herausgefahrene Minute. Immerhin schufen sie mit ihrem Gewaltritt wieder klarere Verhältnisse in der Einzelwertung. Ich war wieder Dritter und Pedersen fast fünf Minuten vor mir. Die Nachricht, dass wir das Duell um die Blauen Trikots schon fast gewonnen hatten, wurde in der DDR bejubelt. Noch eine Etappe, 139 Kilometer von Lodz nach Warschau. Was sollte da noch passieren?

Unglaublich, was dann alles geschah. Erst blockierte

Lothar Meisters Schaltung. Dann gab es einen Sturz. Ich lag auf der Straße, einige über mir, Paule Dinter humpelte zum Straßenrand. Der Arztwagen wurde gerufen. Unter uns: Ich war nicht ganz unschuldig an diesem Sturz. Die Zuschauer hatten Papierschlangen auf die Straße geworfen, eine verwickelte sich in meinen Zahnkranz. Ich sprang vom Rad und wollte das Papier herauszerren. Mitten auf der Straße.

Die anderen stürzten über mich hinweg. Ich bekam ein Ersatzrad und machte mich mit Lothar Meister auf die Verfolgung. Das Feld mit den Dänen hatte drei Minuten Vorsprung. Also waren wir die Blauen Trikots los. Die bei uns waren, zeigten nicht viel Interesse. Letzte Etappe. Wozu da noch rasen? Aber an unseren Hinterrädern fühlten sie sich wohl.

Weit hinten hatte Dinter Ärger mit dem Arzt, wie sie uns aus dem Mannschaftswagen mitteilten. Der hatte ihm geraten aufzugeben. Verpflastert stieg er dennoch wieder in den Sattel.

Wir wollten die Zwischenzeiten wissen. Kamen wir dem Feld näher? Ja, signalisierte man uns. Es waren nur noch zwei Minuten Rückstand. Und dann riefen sie uns zu: »Eins dreißig!« Am Horizont kamen die ersten Warschauer Häuser ins Blickfeld. Wir hetzten, was das Zeug hielt, und dann sahen wir plötzlich das Hauptfeld vor uns. Trefflich riss die Augen auf, wie nur er die Augen aufreißen konnte, als wir wieder an seiner Seite auftauchten: »Los nach vorn!« Er hatte nämlich das Tempo verschleppen müssen, und das war harte Arbeit.

Auf der langen Abfahrt zum Stadion stürzten sie vor mir, ich drüber hinweg. Ich rutschte bis in die Beine der Zuschauer, und aus der Trikottasche glitt über meinen Rücken die Pressluftflasche, die ich mir am Ruhetag von einem Franzosen für 250 Mark gekauft hatte. Für den

Laien angemerkt: Mit den Pressluftflaschen konnte man in Windeseile die Reifen füllen und sparte die Zeit mit der Luftpumpe.

Noch heute sehe ich sie zwischen den Beinen der Zuschauer verschwinden. Ich hätte nur einen Meter zwischen diesen Beinen hindurchzukriechen brauchen und hätte die 250-Mark-Flasche wiedergehabt. Aber das hätte eben wertvolle Sekunden gekostet, und bei Rennfahrern gilt: Erst wenn ein Bein fehlt, bleibt man liegen!

Ich sprang auf, jagte mit schiefem Lenker hinterher. An der Stadioneinfahrt stand Trefflich. Er feuerte mich an. Dreißig Sekunden hatten die Dänen noch einmal wettgemacht, aber unser Mannschaftssieg war gesichert. Der erste Triumph in dieser härtesten Amateurfahrt der Welt!

Wo blieb Paule? Eine Viertelstunde nach dem Etappensieger quälte er sich ins Stadion. Sein ganzes Gesicht war eine Frage: Haben wir es geschafft? Wir rissen die Arme hoch. Überglücklich fiel er vom Rad.

Am Abend stapelten sich die Telegramme in unseren Zimmern. Der Ministerrat meldete sich. Werner Schiffner war der erste Trainer, der mit dem Titel »Verdienter Meister des Sports« ausgezeichnet wurde.

Über den 17. Juni

Einen Monat später redete niemand mehr über Friedensfahrt und Blaue Trikots. Der 17. Juni bewegte die Gemüter. Es sind viele Bücher über die Ereignisse dieser Tage geschrieben worden, und niemand soll erwarten, dass ich hier nun mit einer weiteren Version zum Streit »Volksaufstand« oder »Putsch« beitrage. Aus meiner Sicht war es weder das eine noch das andere, und bisher habe ich von niemandem einen Begriff gehört, den ich für zutreffend halten würde. Für einen »Volksaufstand« waren sechs Prozent der arbeitenden Bevölkerung – wohlgemerkt laut Untersuchungen der Bundesregierung – als Streikende wohl zu wenig. Aber war es nur ein Putsch des Westens? Wer Stefan Heyms »Fünf Tage im Juni« gelesen hat, weiß, dass Putschisten am Werke waren, dass der RIAS rund um die Uhr Streikaufrufe verbreitete. Und Werner Riege, jener Jenaer Professor, der für die PDS Jahre vor mir im Bundestag saß und eines Tages die persönlichen Attacken und Verleumdungen nicht mehr ertragen konnte und freiwillig aus dem Leben schied, habe ich sagen hören, dass ein »Arbeiteraufstand« infrage zu stellen ist, wenn dessen erster Schritt die Verwüstung der Arbeiter-und-Bauern-Fakultät ist, wie es in Jena geschah. Ich fürchte, es wird dabei bleiben, dass die einen den »Arbeiteraufstand« feiern und die anderen den »Putsch« anklagen. Ich habe es erlebt! Und wenn auch nur an einem Ort. Das war in Eisleben, wo sich nicht viele den Protesten anschlossen. Dort arbeitete und wohnte ich von Dezember 1952 bis September 1953. Bei der Neustrukturierung der Leistungssportzentren in der DDR sollte Magdeburg Schwerpunkt im Schwimmen bleiben und in Eisleben ein Zentrum für die Straßenfahrer entstehen. Ich bestand darauf, Mitglied des Magdeburger Bauarbeiter-Klubs zu bleiben und zog nach Eisleben. Ein Ingenieur übernahm die Patenschaft für uns Rennfahrer, damit wir in dem neuen, ungewohnten Milieu bald heimisch würden.

Fast Tragik liegt darin, dass ich in der deutschen Literatur noch eine »Rolle« ausgerechnet für den 17. Juni übernahm.

Man hat mir schon vor Jahren von dem Buch erzählt, dass Uwe Johnson über mich geschrieben hatte. Ich lese gern gute und informative Bücher, bin aber behutsam, wenn es um das Urteil über ein Buch geht.

Ich wusste natürlich, dass Johnson ein angesehener Schriftsteller war, und erinnere mich auch daran, dass man mir eines Tages im Internat des Leipziger Klubs den Besuch eines Herrn Johnson ankündigte. Er kam, redete etwa eine halbe Stunde mit mir und ging dann wieder. Die Fragen waren nicht so gravierend, dass sie mir in Erinnerung geblieben wären.

Danach schrieb er »Das dritte Buch über Achim«, und dieser Achim sollte ich sein. Natürlich weiß ich auch einiges über literarische Freiheiten, aber wenn ich hier einige Absätze aus dem Buch einfüge, das auch detailliert beschreibt, wie ich am 17. Juni reagiert haben soll, dann geschieht das mit großer Zurückhaltung. Es ist nicht zu leugnen, dass Johnson mich auf der Seite der »Aufständler« einordnete. Natürlich wusste er, dass das nicht stimmte, aber ein Schriftsteller hat eben die künstlerische Freiheit, jemanden von der einen Seite der Front auf die andere zu schieben. Und so geriet ich in der Literatur also auf die »andere« Seite.

Hier Johnsons Darstellung: »Das Buch, in dem ein Durchreisender namens Karsch beschreiben wollte wie Achim zu Ruhm kam und lebte mit dem Ruhm, sollte enden mit der Wahl Achims in das Parlament des Landes, das war die Zusammenarbeit von Sport und Macht der Gesellschaft in einer Person.« Und: »Fünfzehn Jahre nach dem verlorenen Krieg war Achim in Ostdeutschland berühmt für schnelles Fahren auf einer zweirädrigen Maschine, die angetrieben wurde durch die kreisende Tretbewegung seiner Beine mit Zahnrädern und Kette in die Drehung des Hinterrads übersetzt, zu eben der Zeit war er einstimmig gewählt worden in die Volksvertretung seines Landes als Vertreter des Volkes mit folgenden Pflichten: das Volk zu kennen, und nicht zu verachten, sein Recht zu bewahren, und stets zu entscheiden über sein Geschick nach seinem Willen und zu seinen Gunsten.« Das bezog sich auf meine Wahl in die Volkskammer, über die noch zu schreiben sein wird.

Und dann also die Passage über den 17. Juni: »Was mit den westdeutschen Frühnachrichten ankam zweihundert Kilometer südlich war dennoch so unglaubwürdig, dass alle zur Arbeit fuhren mit der Ausrüstung für die Arbeit. Was alle versammelt einander bestätigten wandten die fünf Sätze der Nachrichtenstimme schon an. Sie mussten bisher so gelebt haben, dass es als Wahrheit zutraf. Die Versammlungen sollen kaum länger gedauert haben als eine halbe Stunde: dann waren die Werktore offen. Die Teilnehmer erinnerten sich an den Ton der Sprecher aber nicht an ihre Worte. Sie müssen allen gemeinsam gewesen sein: eins gab das andere: machte es möglicher, wirklicher, ausführbar. So konnten sie gar nicht anders als sich treffen in der Innenstadt. Sie fanden sich vor den Arkadenportalen des Prüfgefängnisses, weil sie auf die Freilassung ihrer Angehörigen warten wollten ... Aus den oberen Stockwerken warfen sie Akten, um sie auf der Straße zu verbrennen, denn ihre Namen standen darin ... schob er das Rad durch die unbewachte Tür einer ganz verlassenen Schusterwerkstatt, lief über den vollgedrängten Bürgersteig hinunter und stemmte sich mit beiden Ellenbogen durch zu den Marschierenden. Die Reihe öffnete sich für ihn ... Sie vergaßen die Rundfunkstation. Sie vergaßen zu reden mit den Armeegarnisonen. Sie vergaßen die anderen Städte des Landes. Sie wählten keine Führung aus den Streikkomitees zusammen, sie nahmen sich das Recht nicht. Sie hatten keine Waffen.«

Das klingt so vielsinnig, wie das von guter Literatur erwartet wird. Das Wort »Waffen« allerdings lässt keine Deutungen zu. Bedauerte Johnson, dass an diesem Tag nicht mehr Waffen in Gebrauch waren, oder wollte er es nur im Nachhinein zu bedenken geben?

Mir gab es jedenfalls zu denken.

Ein westdeutscher Schriftsteller, dessen Namen ich hier nicht nennen will, sagte mir mal: »Er muss sehr wütend gewesen sein, als er das schrieb.« Und meinte in etwa: Jeder wusste, wen er meinte, und viele wussten, wie du dachtest. Man muss sich vorstellen, Hermann Kant wäre nach Hamburg gefahren, hätte dort eine halbe Stunde mit Max Schmeling geredet und ihn anschließend als einen »Emil« porträtiert, der gegen Nazigeneräle in der Bundeswehr opponiert. Mir schien, dass dieser Vergleich nicht so abwegig ist.

Demo in Dortmund

Kurz nach dem 17. Juni stiegen wir in den Zug nach Dortmund. Gemeinsam mit Horst Gaede, Benno Funda und dem Leipziger Naumann startete ich beim damals hochklassigen »Rund um Dortmund«. Die Gastgeber empfingen uns herzlich. Als Erstes servierten sie uns große Schüsseln kräftiger Suppe und redeten auf uns ein, kräftig zuzulangen, damit wir das schwere Rennen auch durchstünden. Wir aßen, wie wir immer aßen, und dann ließ man uns behutsam wissen, dass man sicher sei, wir litten zu Hause Hunger.

Ich wollte den Gastgebern erklären, dass das Leben in der DDR etwas anders aussähe, als es Dortmunder Zeitungen ihre Leser glauben machen wollten, aber das hielt man für eine Order, die man uns mit auf den Weg gegeben hatte. Sie behandelten uns freundlich, aber ein wenig wie liebe, verängstigte Kinder. Die herablassende Art von Sympathie für uns »Leidende« ging mir auf die Nerven. Unter Rennfahrern würde ich formulieren: »Ging mir echt auf den Docht.« Doch ich dachte: Lass sie reden, wir lassen am Sonntag von uns hören!

Der westdeutsche Radsportverband hatte in letzter Minute seine gesamte Elite nach Dortmund beordert. Irgendjemand schien interessiert daran zu sein, dass der Sieg eines DDR-Fahrers vereitelt würde. Der hätte wohl nicht in die Landschaft des 17. Juni gepasst.

Wir studierten gewissenhaft die Strecke. Sie war nicht allzu schwer, etwas hügelig, doch der Anstieg zur »Eule« kurz vor dem Ziel kostete Kraft.

Wir hatten die niedrigsten Startnummern, ich sogar die 1. Ich nahm die westdeutschen Asse Ziegler und Zeißner ins Visier. Die taten zunächst nicht viel und warteten vermutlich auf die »Eule«. Als eine Ausreißergruppe an Vorsprung gewann, stieg ich hinterher. An meinem Hinterrad hing der Krefelder Hennes Junkermann. Ich hatte keine Probleme mit der »Eule« und erreichte als Erster den »Gipfel«.

Da waren wir noch zu dritt: Junkermann, Ebbers und ich. Ich tat nichts, bis Ebbers antrat. Ich setzte nach, Junkermann erreichte mich nicht mehr. So gewann ich »Rund um Dortmund«. Als wir am nächsten Morgen am Bahnhof Zoo aus dem Zug stiegen, suchten wir in den Westberliner Zeitungen vergeblich nach einer Nachricht über »Rund um Dortmund«.

Danach ging's zu den Weltfestspielen nach Bukarest. Sengende Hitze und kaum Bäume an der Straße.

Die Engländer stoppten beim Training am Stadtrand von Bukarest. An der Straße erstreckte sich ein Friedhof: Die letzte Ruhestätte englischer Flieger, die bei Angriffen auf die rumänischen Ölfelder, die damals Hitlers Benzinwerke belieferten, ums Leben gekommen waren. Die Rennfahrer staunten, wie gepflegt die Gräber waren. Am Abend baten sie die Gastgeber um Blumen, die sie beim nächsten Training dort niederlegen wollten. Dieses Erlebnis erwähne ich nur, weil es vielleicht deutlich macht, wie nützlich solche Jugendtreffen waren und auch heute noch wären.

Das 100-km-Mannschaftsrennen stand als Erstes auf dem Programm. Unser Aufgebot: Trefflich, Meister – dem sie, als der Geraer Lothar Meister auftauchte eine römische »1« hinter den Namen schrieben –, Dinter und ich.

An der Wendemarke in Ploiesti hatten wir die zweitbeste Zeit hinter den Polen. Nur 15 Sekunden Rückstand! Aber die Hitze nahm zu, Paule fiel durch einen Defekt zurück, jeder hatte nun noch längere Strecken zu führen. Am Ende wurden wir Vierter. Hinter uns war die sowjetische Mannschaft. Sie war hier zum ersten Mal international gestartet. Wer Ahnung hatte, wusste, dass man künftig mit ihnen rechnen musste.

Das Einzelrennen wurde wegen der Hitze schon am frühen Morgen gestartet. Schnell bildete sich eine Spitzengruppe, die gut harmonierte. Werner Schiffner hatte uns gewarnt: Die Strecke ist flach, also bei jedem Vorstoß aufpassen! Wir hatten wohl Friedensfahrtetappen im Kopf und wollten abwarten. Dann kam Schiffner nach vorn und rief mir zu: »Mensch, mach Dampf!«

Der übertreibt, dachte ich, aber dann kamen uns die Ausreißer lange vor der Wendemarke entgegen. Wir machten wirklich Dampf, aber es war viel zu spät. Der Franzose Thaurin gewann drei Minuten vor mir. Mir blieb nur Platz neun, und das war mir eine Lehre fürs Leben. Übrigens war mit Jewgeni Nemytow auch zum ersten Mal ein Russe vor mir.

Das erste Gelbe Trikot

Bei der DDR-Rundfahrt, die als nächstes auf meinem Programm stand, waren zum zweiten Mal Gäste aus der BRD dabei. Die erste Etappe nach Greifswald gewann der Fürther Karl Loy und holte sich damit das Gelbe Trikot des Spitzenreiters. Am nächsten Morgen raunte er mir am

Start schmunzelnd zu: »Übrigens, ich kann auch Berge fahren!«

Aber 204 Kilometer weiter, in Schwerin, musste er das Gelbe Trikot wieder ausziehen. Lothar Meister II löste ihn ab. Die nächste Etappe endete in Magdeburg, und die wollte ich natürlich gewinnen. Aber solche Pläne gehen selten auf. Ich wurde Fünfter. Die nächste Etappe war wieder ein »Kanten«: 215 Kilometer bis Erfurt. Am harten Wendefurther Berg hatte Trefflich schon drei Minuten Vorsprung, aber kurz vor Erfurt erreichte ich die Spitzengruppe und gewann die Etappe noch.

Zwischen Halle und Karl-Marx-Stadt bliesen die Westdeutschen zum Sturm. Fünf von ihnen fuhren in der Spitzengruppe, und der Schweinfurter Zehe gewann. Das nächste Etappenziel hieß Dresden, aber es ging zuvor hinauf bis nach Aue und Schneeberg.

In Heinzebank erwartete uns die härteste Steigung. Ich versuchte wegzukommen, trat an und merkte, es stieg niemand nach. Bergab wuchs mein Vorsprung, bald erfuhr ich, dass es schon vier Minuten waren, in Herzogswalde zeigte mir einer die fünf Finger einer Hand und dazu noch den Daumen der anderen: »Sechs Minuten!« Die Verfolger reihten sich ein, aber ich wusste, dass die Entscheidung auf dieser Etappe fallen würde. In Dresden hatte ich das Gelbe Trikot. Es war das erste Mal in meinem Leben.

Der Betreuer der BRD-Fahrer, Domke, war eine ehrliche Haut. Er wusste, dass am nächsten Tag in Lugano die Weltmeisterschaft begann und wir nur deshalb nicht dabei sein konnten, weil seine Regierung von den bundesdeutschen Radsportfunktionären verlangt hatte, die Aufnahme unseres Verbandes in die internationale Föderation mit allen Mitteln zu verhindern. Domkes Kommentar: »Scheißspiel, dass einer aus politischen Gründen seine sportliche Chance nicht wahrnehmen kann.«

Es blieb nicht das einzige »Scheißspiel«, und wir »deutschen Brüder« mussten uns daran gewöhnen, aus politischen Gründen sportliche Chancen nicht wahrnehmen zu können – heute erinnert sich kaum noch jemand daran.

Mit dem in Lugano am Vorabend der Weltmeisterschaft eingereichten Aufnahmeantrag des Radsportverbandes der DDR in die UCI wurde verfahren, wie mit den vorher gestellten Anträgen auch: Er wurde um ein Jahr vertagt. Das hieß für uns, wieder ein Jahr schinden und möglichst viele Schleifen zusammenfahren, denn Sieger kann man nicht auf Ewigkeit ausschließen. Darüber waren wir uns im Klaren.

Als wir am Sonntagmorgen in Görlitz an den Start zur letzten Etappe rollten, hatten wir schon im Radio gehört, dass der Italiener Ricardo Filippi das Regenbogentrikot geholt hatte. Der beste Deutsche war Hennes Junkermann auf Platz 31.

Mich bewegte das nicht sonderlich. In Gelb nach Berlin kommen, darum ging es. Mit einer Minute Rückstand zur Spitzengruppe kam ich ins Stadion. Das reichte für den Sieg.

Sportler des Jahres

Zum ersten Mal arrangierte die Junge Welt Ende 1953 eine Umfrage nach den populärsten Sportlern der Republik. Frauen und Männer wurden nicht getrennt. Ich gewann vor Christa Stubnick, unserer damals besten DDR-Sprinterin, die uns auch bei den Olympischen Spielen in Melbourne vertrat.

Also ging es guten Mutes in das Jahr 1954. In Paris tagte die UCI, und wir waren optimistisch, dass man uns endlich aufnehmen würde. Unsere Funktionäre sprachen mit diesem und jenem, alle schworen, man werde für uns stimmen. Der Antrag wurde aufgerufen.

»Möchte jemand dagegen reden?«

Schweigen im Saal. Dann meldete sich plötzlich der Delegierte Brasiliens und gab zu bedenken, ob man nicht die Tagung des Internationalen Olympischen Komitees abwarten sollte, ob die Herren das NOK der DDR anerkennen würden. Er plädiere deshalb für eine weitere Vertagung des Antrags um ein Jahr. Die Delegierten der BRD, die noch in der Pause, wenige Minuten zuvor, versprochen hatten, sich für unseren Antrag einzusetzen, wühlten geschäftig in Papieren. Der Präsident stellte den Antrag Brasiliens zur Abstimmung. Fast alle hoben die Arme. Von da an hielt ich bei jedem internationalen Rennen Ausschau nach brasilianischen Rennfahrern. Ich sah nie welche.

Heute liest sich das wie eine Geschichte aus uralten Tagen, und richtig verstehen kann sie wohl nur der, der weiß, was es für einen Sportler bedeutet, bei einer Weltmeisterschaft starten zu können – oder eben nicht.

Die Pechsträhnen-Fahrt

Es kam der Mai, es kam die Friedensfahrt. Den Italienern hatte ihre Regierung die Visa verweigert. Man beschloss, in allen Etappenorten die italienische Flagge aufzuziehen. Bei der Auftaktetappe »Rund um Warschau« kam ich gut voran und wurde Vierter. Am nächsten Tag begann eine der längsten Pechsträhnen für unser Team, die ich je bei einem Etappenrennen erlebte. Nach drei Kilometern verlor Erich Schulz durch einen Reifenschaden den Anschluss und bis ins Ziel 21 Minuten. Trefflich stürzte nach 40 Kilometern und büßte 28 Minuten ein. Dann erwischte es mich mit einem Reifenschaden. Ich wurde zwar noch Siebenter, aber der Etappensieger war schon drei Minuten im

Stadion, als ich ankam. Die großen Rückstände kamen zustande, weil es ein sehr schnelles Rennen war. Auf der nächsten Etappe stand Trefflich plötzlich mit gebrochener Gabel am Straßenrand, Benno Funda und ich wurden durch Reifenschäden um unsere Chancen gebracht. Wir hatten da schon 37 Minuten in der Mannschaftswertung verloren. Wir, die umjubelten Sieger des Vorjahres.

Wenn ich heute zuweilen die Kommentare von Fernsehreportern höre, die Fragen formulieren, wie dies oder jenes »geschehen konnte«, warum der eine oder andere nicht Etappensieger wurde, möchte ich ihnen immer gern vorschlagen, sich selbst einmal aufs Rad zu setzen und dann nur auf einer flachen baumlosen Straße 50 Kilometer zu fahren, und ich wünsche mir, dass es ein Tag sei, an dem der Wind heftig schräg von vorn weht. Ja, sie sollten einmal selbst gegen den Wind fahren und sich gegen die unwillkürlich aufkommende Versuchung, irgendwann abzusteigen, durchsetzen. Wie oft war ich in einer starken Gruppe, wurde durch einen Defekt zurückgeworfen, fuhr mutterseelenallein hinterher, entdeckte plötzlich am Horizont einen anderen Einsamen, kämpfte mich gegen den Wind bis zu ihm, und der empfing mich dann mit dem Vorschlag: »Wollen wir nicht auf den Schlusswagen warten?« Dann doch noch ins Ziel zu kommen und dort als Erstes einem Reporter zu begegnen, der dich einfältig fragt: »Wie konnte denn das passieren?« Ich kann nur sagen: Da kommt Freude auf.

Es gilt auch: Der Sieg von gestern ist heute keinen Pfifferling mehr wert. Und wenn du aus dem Wind herauswillst und einem anderen sagen würdest: »Pardon, könnte ich an dein Hinterrad, du weißt doch, ich bin der Sieger von gestern ...«, würde der dich mit großen Augen anstarren, weil ihm so etwas noch nie widerfahren ist.

Ich will keine Opa-Geschichten nach der Melodie »Wie's früher war« erzählen, aber wehmütig werde ich schon, wenn ich heute die Rennfahrer beobachte und wie die Mechaniker ihnen die Ersatzräder »servieren«, und mich erinnere, wie man damals fluchend den kaputten Reifen von der Felge zerrte, den Ersatzreifen, den man sich um den Leib geschnürt hatte, aufzog und wie wild zu pumpen begann, bis man endlich weiterfahren konnte – den meist schon am Horizont Entschwundenen hinterher.

1954 war so ein Friedensfahrt-Jahr, in dem alles schiefging und uns ständig gute Ratschläge gegeben wurden. Die Diskussionen nahmen kein Ende. Tatsächlich war vieles den Bedingungen geschuldet, mit denen wir uns abfinden mussten. Jeder in der Mannschaft fuhr ein anderes Fabrikat. So viel Ersatzteile, wie nötig gewesen wären, um alle Defekte zu beheben, konnte niemand transportieren. Brach ein Rahmen oder eine Gabel, fragten alle: Warum fahren die denn Westräder? In Chemnitz hatte Diamant gerade erst wieder mit der Produktion begonnen, aber nur Erich Schulz saß auf einem der neuen Diamanträder. Die Skepsis gegenüber dem neuen Produkt dominierte.

Hinzu kam noch: Wann und wo hatten wir trainieren können? Wir konnten nicht an die sonnige Riviera, nicht nach Spanien, sondern mussten uns – wie auch in den anderen Jahren – auf den heimischen Straßen durch das kalte und verregnete 54er Frühjahr plagen. Erkältungen, Kräfteverschleiß und Missmut waren die Folge. Von erhöhtem Vitaminbedarf bei körperlichen Hochleistungen unter Stressbedingungen und bei Krankheit hatten unsere Trainer und wir damals noch wenig Ahnung. Obendrein fehlte es zuweilen an vitaminreichem Obst. Die Folgen waren schlechte Form und fehlende Kraft, an der Spitze oder in der ersten Staffel »mitzumischen«, und so landeten wir immer wieder auf der »Kante«, wo alles vom Seitenwind »angeblasen« wurde und oft die

Kette der mit letzter Kraft Fahrenden reißt. Die dabei entstandenen Löcher müssen »zugeflickt« werden, und plötzlich ist man selber abgehängt. Außerdem ist die Gefahr von Schäden groß, weil man im hinteren Teil des Feldes in die Nähe der Autos gerät, die Steinchen, Nägel und Splitter zur Seite schleudern. Und die sorgen dann für die entnervenden Reifenschäden, die ich schon beschrieben habe.

In Bad Schandau hörten wir abends die Nachrichten. In Athen hatte das IOC getagt. 14 Mitglieder hatten für die Anerkennung der DDR gestimmt, 31 dagegen. Es überraschte uns nicht. Wir mussten weiter darauf warten, dass man uns endlich zu Olympia einlud. Und eingeladen werden mit Vorliebe Siegertypen. Also wieder in den Sattel und dem Lorbeer hinterher.

Die Fahrt 1954 endete dramatisch wie kaum eine andere. In der Regel sind die Schlussetappen Bummelrennen, schon weil alle froh sind, dass die Schinderei ein Ende hat. Alle sind mit den Gedanken schon bei der Abschlussfete. (Auch weil man da Muße hat, endlich wieder mal in aller Ruhe ausgiebig zu essen.)

Der Niederländer Henk van der Broeck hatte sich zwei Etappen vor dem Finale in Prag das Gelbe Trikot geholt, es aber noch an den bärenstarken Belgier René van Meenen verloren. Der erzählte mir am Start zur letzten Etappe, dass ihm der Sieg einen guten Profivertrag bescheren würde. Er hatte seine Pläne schon fertig. Von dem Geld, das er zu verdienen hoffte, wollte er sich eine Wäscherei kaufen. Das sei ein sicheres Geschäft. Er könne es mir nur empfehlen. Höflich wie ich bin, bedankte ich mich für den Tipp, und dann schwangen wir uns auf die Räder. Ich weiß nicht, ob sich van Meenen je seine Wäscherei kaufen konnte, aber die Friedensfahrt gewann er damals nicht. Die Dänen waren eine echte Mannschaft, die Belgier zeigten wenig Interesse, van Meenen zum Sieg zu verhelfen. So gewann Eluf Dalgaard.

Das war übrigens auch das Jahr, in dem die Sowjetunion das erste Mal mit von der Partie war, und am Ende machte Bram Koopmans, der viele Jahre Mannschaftschef der Niederländer war, drei Kreuze, dass sich sein Team knapp vor den Sowjets platzieren konnte. Selbst beim Schreiben fällt mir immer wieder auf, dass solche Erinnerungen die zeitliche Distanz deutlicher machen als Jahreszahlen. Damals staunte man noch darüber, dass Jungens aus Moskau oder Leningrad Radrennen fahren konnten. Es dauerte nicht lange, bis man staunte, wenn einer sie schlug, und heute ist es normal, dass in den meisten Profiställen Russen, Letten, Esten, Ukrainer oder Kasachen den Ton angeben und sich begehrte Titel holen.

1954 waren auch noch lange Zwei-Etappenfahrten Mode. Zum Beispiel der »Große Conti-Preis«. Er wurde in Hannover an zwei Tagen über insgesamt 462 Kilometer ausgetragen. Ich kam am ersten Tag mit dem Pfälzer Paul Maue allein ins Ziel, wurde Zweiter. Am nächsten Tag fuhr Junkermann allein davon, und ich machte mich auf die Verfolgung. Als die Steigungen kamen, schmolz die Zahl meiner Begleiter. Dann war ich allein, und kurz vor Hannover sah ich Junkermann vor mir. Hundert Meter fehlten mir im Ziel, aber ich wurde Gesamtsieger und war zufrieden.

Zu Hause viele Gratulationen und die immer wiederkehrende Bemerkung: »Wir haben gehört, du hast einen Volkswagen gewonnen.«

So entstehen Gerüchte.

Mein Preis war ein versilbertes Tablett mit Mix- und Cocktailbechern – und ohne Räder.

Die Sondergenehmigung

Unsere Erfolge sprachen sich natürlich herum und sorgten auch dafür, dass die führenden Männer der UCI nachdenklich wurden. Wenn heute die »Aufarbeiter« der Geschichte behaupten, der Sport sei in der DDR nur gefördert worden, weil die Partei Medaillen und Triumphe brauchte, möchte ich die Historiker daran erinnern, dass uns vor allem die Bonner Politik zwang, überall um Siege zu kämpfen. Es war unser einziger Weg, je zu Olympischen Spielen zu kommen. Hat man das vergessen? Mir scheint, dass dieses Kapitel deutsch-deutscher Sportgeschichte in keine der heute üblichen Schablonen passt. Wer das heute liest, mag staunen und meinen, wir hätten doch sowieso um Siege gekämpft, wie das jeder Sportler tut. Dass wir einen Tritt mehr machten, erklärt sich damit, dass wir alle davon träumten, wenigstens einmal im Leben an einer Weltmeisterschaft teilzunehmen – und dort vielleicht sogar zu gewinnen.

1954 war es endlich soweit. Man hatte unseren Verband zwar nicht aufgenommen, doch hatten wir für genügend Aufsehen gesorgt, um die UCI zu bewegen, uns mit »Sondergenehmigung« starten zu lassen – ein Kuriosum in der Radsportgeschichte!

Diese Weltmeisterschaft fand nun auch noch in Solingen statt und wurde auf dem legendären Klingenkurs ausgetragen, einer schweren Strecke, die mit ihrem Namen ein wenig für die Solinger Messerindustrie warb.

Es regnete an jenem Tag so heftig, dass die Pfeiler der Zieltribüne im Schlamm ins Wanken gerieten. Zum ersten Mal wurde damals die Weltmeisterschaft im Fernsehen übertragen, und die Werbemanager vieler Firmen nutzten die Chance und platzierten ihre Werbetransparente und Flaggen dicht vor den Kameras, so dass sich daraus attraktive Fernsehwerbung ergab. Die noch ziemlich ahnungslosen Fernsehchefs hatten es jedoch versäumt, Verträge abzuschließen, wie sie heute zum ABC jeder Sportveranstaltung gehören, und so gab es handfesten Ärger. Als das Rennen begann, konnten die Kampfrichter vor gelben Conti-Flaggen die Zielstrecke nicht mehr überblicken. Das Schiedsgericht beschloss: Die Fahnen müssen eingeholt werden.

Die Zuschauerzahl hielt sich in Grenzen, denn die Stars waren die Profis, die erst am Sonntag fuhren. Trotz des eiskalten Regens beherrschten die Italiener die Szene und organisierten auch die Verfolgung, als Junkermann mit einem Schweden ausgerissen war. Bei der Jagd verlor Trefflich den Anschluss, die anderen DDR-Fahrer waren schon vorher zurückgefallen. Ich kämpfte mich in die Spitzengruppe, aus der der Belgier Emile van Cauter floh. Der Däne Hans Andresen, ein Niederländer und zwei Franzosen setzten ihm nach. Die Medaillen waren also vergeben. Es blieben noch sechs Verfolger: drei Italiener, Junkermann, ein Niederländer und der DDR-Debütant Schur. Ich hatte das Gefühl, dass ich noch nicht am Ende war, und kämpfte mich nach vorn. Einen nach dem anderen überholte ich. Das Ergebnis war der sechste Platz und damit ein respektabler Weltmeisterschafts-Einstand für die DDR.

Wer ist der beste Deutsche?

Danach gab es einen Trubel, den ich schon oft geschildert habe. Die Wermutfirma Martini hatte einen Pokal für den besten Deutschen gestiftet. Sie riefen nach Junkermann. Jemand klärte sie auf: »Schur war vor Junkermann«, und wurde belehrt: »Schur, der ist doch von drüben!« Am Ende kam alles ins geografische und politische Lot, und ich fuhr mit dem Wermutpokal nach Hause. Immerhin eine Erinnerung an meine erste Weltmeisterschaft und heute noch ein Hinweis darauf, wie man »drüben« dachte.

Die DDR-Rundfahrt jenes Jahres muss ich noch erwähnen. Diesmal wurde tatsächlich »kommandiert« und zwar in einer Weise, die ohne Beispiel in der Geschichte des Radsports war: Mitfahren durfte, wer sein Rad zu Hause ließ! Mitzubringen waren nur Sattel und Lenker. Den Rest stellte die volkseigene Industrie, die nun auch Rennräder und Reifen produzierte. Die Zeit, da man über die offenen Grenzen je nach dem täglichen Schwindelkurs Material im Westen einkaufen musste, war vorbei.

Jeder startete nun unter den gleichen Bedingungen. Am Anfang herrschte ziemliche Aufregung. Einige maulten: Wer weiß, ob die Räder überhaupt was taugen. Die Gäste aus Nordrhein-Westfalen und Baden-Württemberg fanden die Variante »irre«. Die von manchem prophezeite Inflation von Defekten blieb jedenfalls aus. Am Ruhetag in Erfurt fand die erste »Auswertung« statt: Kein einziger Rahmen- oder Gabelbruch, keine defekte Schaltung, Reifenschäden im normalen Bereich, Bremsen wurden nicht beanstandet. Moniert wurden das Fehlen der international inzwischen üblichen Schnellspannnaben und einige Lötstellen. Das zuständige Werk hatte Mechaniker mitgeschickt, die sich jeden Abend an die Arbeit machten.

Die fünfte Etappe endete in Magdeburg. Da wollte ich vorn sein. Unterwegs hatte ich öfter mal einen Disput mit Kirchhoff. Der Berliner hat ein lockeres Mundwerk und wusste, dass ich mich über seine spitzen Bemerkungen ärgerte. Als ein paar Ausreißer davongefahren waren, rollte er an meine Seite und grinste. »Du musst hinterherfahren, wenn du gewinnen willst!« Tatsächlich ärgerte mich das, und da ich wusste, dass Anstiege nicht seine Stärke waren, nahm ich mir vor, ihn am nächsten Hügel

»langzumachen«. Die Entscheidung fiel aber erst an den echten Steigungen. Als wir den Wendefurther Berg in Angriff nahmen, war er mit seinem Latein am Ende, hatte aber noch so viel Humor, uns nachzurufen: »Ich schwöre euch, hinter den Bergen sehen wir uns wieder!«

Schon ziemlich ausgepumpt kletterte die Spitze den Wendefurther hinauf. Knapp vor Bernhard Trefflich langte ich oben an, was mir eine wertvolle Minute Gutschrift eintrug. Wir waren zu fünft, als es hinunterging. Im Magdeburger Stadion der Bauarbeiter feierten sie mich als Sieger. Wollte Rudi Kirchhoff sein Gelbes Trikot verteidigen, durfte er höchstens 1:54 Minuten verlieren. Über acht Minuten vergingen, ehe er eintraf. Das Gelbe übernahm nun ich.

Man ist nervös, wenn man im Gelben Trikot fährt, weil man alle im Auge behalten muss. Man achtet vor allem auf die gefährlichsten Rivalen und schont sich für deren Attacken. Das birgt Gefahren in sich, denn im Windschatten des großen Feldes zu fahren spart zwar Kräfte, aber man verliert schnell den Überblick und lässt zuweilen im Gesamteinzelklassement schlechter Platzierte wegfahren. Das wäre auch mir beinahe passiert.

Einheit Berlin hatte auf der Fahrt nach Schwerin die Trikots gewechselt. Als ich stutzig wurde, weil sie das Feld bremsten, kam ich dahinter, dass einer von ihnen fehlte und demzufolge in der Spitzengruppe fahren musste. Ich zählte alle durch und entdeckte, dass Erwin Wittig fehlte. Zu diesem Zeitpunkt hatte die Spitzengruppe bereits zwölf Minuten Vorsprung. Das Gelbe Trikot hatte ich also faktisch längst verloren.

Nichts wie hinterher. Das Glück war auf meiner Seite, denn vor Wittigs Gruppe senkte sich in Ludwigslust eine Bahnschranke. Man muss wissen, dass die Bahnschranken damals noch eine weit gravierendere Rolle als heute spielten. Gingen sie runter, musste man warten, bis sie sich wieder hoben und die Zeit, die darüber verging, hatte man gegen die Verfolger einfach verloren. Heute stoppt ein Zeitnehmer an den Schranken die Abstände, in denen die Gruppen des Feldes die Schranke erreichen und lassen die Gruppen danach in diesen Abständen wieder losfahren. So verlor Wittig vor der Schranke das Gelbe Trikot. Im Ziel hatte er nur noch 6:20 Minuten, und die reichten nicht. Von da an ließ ich ihn nicht mehr aus den Augen, und die Berliner hätten sich Ballkleider anziehen können, um sich zu »tarnen«, sie hätten keine Chance gehabt. Ich gewann die Rundfahrt und war damit der Erste, der sie zwei Mal hintereinander für sich entschieden hatte.

Frühstück mit dem UCI-Präsidenten

Im nächsten Frühjahr beschloss die Mehrzahl der Delegierten auf dem UCI-Kongress, unseren Verband anzuerkennen. Nicht etwa, weil Bonn auf die übliche Intervention verzichtet hatte, sondern weil zu viele Delegierte die Nase voll hatten von der Strategie, die DDR zu boykottieren.

Als die Friedensfahrt in Prag gestartet wurde, kam der französische UCI-Präsident Achille Joinard zum Frühstück in das Hotel, in dem wir wohnten, und als Kapitän bedankte ich mich bei ihm im Namen aller DDR-Rennfahrer für sein Engagement. Er hatte diesmal selbst den Antrag begründet, und kein Delegierter aus Brasilien oder sonstwoher hatte sich mehr zu Wort gemeldet, um die Bonner Argumente vorzutragen. Joinard hatte meinen Namen schon gehört und wünschte mir Hals- und Beinbruch.

Dass er tags darauf die Friedensfahrt in seiner Eröffnungsrede das größte Amateurrennen des Erdballs nannte, dessen besonderer Wert in der Festigung der

Freundschaft zwischen den jungen Sportlern vieler Länder liege, mag heute wenig bedeuten, aber es bleibt ein Kapitel Radsportgeschichte. Da damals kaum jemand in der Welt die Amateure großzügig unterstützte, war die UCI über das Engagement für die Friedensfahrt und ihre beispiellose Finanzierung heilfroh. Selbst die Profimanager waren von dem Rennen angetan. Es bot glänzende Gelegenheit, schon bei den Amateuren die für eine Profilaufbahn nötige Härte kennenzulernen. Das Gerede von der »politisierten Friedensfahrt« wurde nur in der Bundesrepublik gebetsmühlenartig wiederholt, in den anderen westlichen Ländern genoss die Fahrt hohes Ansehen und ist noch heute – also lange nach ihrem Untergang – Gesprächsthema.

Die achte Fahrt begann für mich nicht gerade verheißungsvoll. Als der Belgier Maurice Boeck vor dem Prager Stadion antrat, behauptete ich mich zwar an seinem Hinterrad, aber in der ersten Kurve versuchte ich vergeblich, an ihm vorbeizukommen. Ich wurde aus der Bahn getragen und stürzte. Hier muss ich mal einfügen, dass sich kein Radrennfahrer so lange »Liegepausen« wie ein Fußballspieler leisten kann. Entweder du bist sofort wieder auf den Beinen, oder du verlierst Zeit, die du in der Regel nie wieder aufholst. Also riss ich die Pedalriemen auf und stürmte, mein Rad schiebend, zum Ziel. Inzwischen war der Engländer Stan Brittain ins Stadion gekommen und jagte mir hinterher. Das Publikum raste vor Begeisterung über das ungleiche Duell und feuerte mich an. Aber es half wenig, Brittain kam an mir vorbei, wurde Zweiter, ich aber wurde wenigstens vor dem nächsten Engländer noch Dritter. Und darauf war ich verdammt stolz. Am nächsten Morgen stieg ich verpflastert aufs Rad. Die Aschenbahn hatte ihre Spuren auf meiner Haut hinterlassen.

Das Intervalltraining und seine »Folgen«

In der Vorbereitung auf die VIII. Friedensfahrt hatten wir neue Trainingsmethoden praktiziert. Das Intervalltraining war zwar nichts völlig Neues, war aber eigentlich nur in der Leichtathletik erprobt. Werner Schiffner und Herbert Weisbrod hatten es speziell für den Radsport variiert. Das erwähne ich vor allem, weil die endlosen Vorwürfe gegen DDR-Trainer, die ihre Erfolge angeblich nur irgendwelchen Dopingpillen verdanken würden, der blanke Unsinn sind. Ich möchte behaupten, dass die Trainer nirgendwo mit so viel Initiative und Ideen Trainingsmethoden vervollkommneten wie bei uns. Der legendäre australische Leichtathletik-Trainer Arthur Lydiard hatte das Intervalltraining perfektioniert. Man lud ihn an die DHfK ein, damit er seine Methode dort erläutern konnte. Ich war unter den vielen Zuhörern im großen Saal.

Aber kehren wir zur Friedensfahrt des Jahres 1955 zurück. Auf der zweiten Etappe testete ich meine Form, als es hinter Hlinsko einen langen, waldigen Berg hinaufging. Nur der Tscheche Jan Kubr vermochte mir zu folgen. Wir waren ein gutes Gespann, lösten uns vorbildlich in der Führung ab, und so wuchs unser Vorsprung. Ungefähr 35 Kilometer vor dem Ziel Brno fühlte ich mich plötzlich matt. Was war mit mir los? Ich wollte eine »Auszeit« nehmen, stieg vom Rad und pumpte den Vorderreifen nach. Kubr hätte die Chance nutzen können, allein weiterzufahren, aber das schien ihm zu riskant. Also wartete er. Ich fühlte mich nicht viel besser, als ich wieder aufstieg. Noch mal griff ich zur Pumpe. Kubr stampfte schließlich allein weiter und wurde gefeierter Etappensieger. Ich musste auch noch die Verfolger vorbeilassen, bekam kein Bein mehr herum und trudelte mit dem Hauptfeld ins Ziel.

Das hatte ich noch nie erlebt. Hatten wir doch nicht richtig trainiert, oder war ich mit meinen Kräften schon am Ende, ehe es richtig losging? Auf den nächsten Etappen stellte sich dann bald heraus, dass nur der Übergang vom Training zum Rennen noch nicht richtig terminiert war, denn ich wurde von Tag zu Tag besser – und gewann am Ende.

Hier ist einzufügen: In jenem Jahr fuhren zwei Westdeutsche in unserer Mannschaft. Deren Übersiedlung in die DDR hatte damals viel Wirbel ausgelöst. Ich habe die Details ihres Wohnortwechsels nie erfahren, aber eines Tages trafen Emil Reinecke und Wolfgang Grupe bei uns im Klub ein, trainierten mit uns und qualifizierten sich auch für die Friedensfahrt. Der westdeutsche Radsportverband drohte mit dem Abbruch der Beziehungen zu unserem Radsportverband, wenn die beiden eine DDR-Lizenz erhalten sollten. Das ist vor allem interessant, weil man sich gut erinnern kann, dass jeder DDR-Athlet, der in die BRD wechselte, dort als »Flüchtling« empfangen und als Held, der den Weg in die »Freiheit« gefunden hatte, gefeiert wurde. Wichtiger aber ist noch die Feststellung, dass die beiden die ersten Bundesbürger waren, die an der Friedensfahrt teilnahmen, denn bis dahin waren Starts von BRD-Mannschaften bei der Friedensfahrt untersagt worden.

Amüsiert las ich viele Jahre später, nämlich 1996, die Antwort Willi Daumes auf eine Frage der »Frankfurter Allgemeinen Zeitung« zu »Sport-Übersiedlern« aus der BRD in die DDR: »Es hat da einige Fälle gegeben. Im Westen hat sich keiner darum gekümmert.« An die Drohung, wegen dieser Fälle den Sportverkehr abzubrechen, konnte er sich nicht mehr erinnern.

Wie dem auch sei. Die beiden kehrten später in die BRD zurück. Grupe, der von Beruf Maurer war, starb früh, Reinecke ist inzwischen, wie ich, Rentner.

Immerhin lernten Reinecke und Grupe bei der Friedensfahrt die Härte dieses Rennens kennen, von dem sie bisher wohl nicht die richtige Vorstellung hatten. Auf dem Weg nach Tabor fielen sie entnervt zurück. Grupe erkundigte sich als Erstes hinter dem Ziel, wo er ein Bier bekommen könnte.

In einer siebenköpfigen Spitzengruppe waren die Tschechoslowaken Zdenek Klich und Kapitän Jan Vesely gefahren, außerdem der Schwarzschopf Viktor Werschinin aus Moskau und sein Mannschaftskamerad Rodislaw Tschishikow, dazu Stan Brittain, der sich wieder einmal Hoffnungen auf das Gelbe Trikot machte, der Pole Stanislaw Królak und Detlef Zabel.

Der Vater von Erik Zabel, dem erfolgreichen Profi und Weltcupsieger von 2000, war ein schmalschultriger, aber eisenharter Rennfahrer. An diesem Tage quälte er sich verzweifelt in der Spitzengruppe, damit wir in der Mannschaftswertung nicht aussichtslos zurückfielen. Logischerweise beteiligte er sich nicht an der Führungsarbeit, was bei den Amateuren damals als weit unredlicher galt als heute bei den Profis. Seine Energieleistung rettete uns Rang drei in der Mannschaftswertung. Als ich vom Rad stieg, tippte mir Vesely grinsend auf die Schulter und ließ mir über einen Dolmetscher sagen: »Ich habe deinen ›Kleinen‹ heute mitgenommen, aber noch mal nicht, Täve. Wir wollen auch die Blauen Trikots haben!«

Zabel sah zu, dass er schnell aus Veselys Blickfeld kam. Weiter ging es nach Karlovy Vary. In der würzigen Waldluft der bergigen Straßen vor dem weltberühmten Kurort konnte ich mich vom Feld lösen und jagte einer dreiköpfigen Spitzengruppe hinterher. Eine gute Minute vor dem Feld wurde ich Vierter.

Der Händedruck im Spiegelsaal

Bei der Siegerehrung, die in Karlovy Vary immer im großen Spiegelsaal des alten Kurhotels stattfand, was man sich heute nur schwer vorstellen kann, wurde ich durch Zufall Zeuge einer der vielen Episoden, die dieses Rennen prägten.

Zuvor aber noch ein Wort zu den Friedensfahrtsiegerehrungen. Wenn ich heute bei Foren und Versammlungen oft nach dem Unterschied zwischen den Rennen der Profis und der damaligen Amateure gefragt werde, gehören auch diese Siegerehrungen dazu. Es gibt da viele Unterschiede. Kamen wir ins Ziel, wurden wir von Mädchen oder Jungen erwartet, die, damit sie uns auch schnell fanden und wir sie, unsere Startnummern groß auf Rücken und Brust trugen, uns als Erstes eine Decke umhängten und fragten: »Willst du dich erst waschen oder eine Bockwurst essen, oder soll ich dir etwas zu trinken holen?« Ein Rennfahrer gibt selten sein Rad aus der Hand. In diesem Fall hatten selbst die Misstrauischsten keine Bedenken. Sie wussten, dass das Rad nicht verschwinden, sondern beim Mechaniker der eigenen Mannschaft landen würde.

In der Regel wohnten alle im gleichen Hotel, und der Träger des Gelben Trikots verfügte über den gleichen Komfort wie der Letzte der Einzelwertung. Dazu gehörte, dass man sein Gepäck vorfand, wenn man ins Zimmer trat. Ein Beutel für die schmutzige Wäsche lag bereit, am nächsten Morgen war die gewaschene da. Auf den Tischen standen Blumen, lagen Kartengrüße und Telegramme. Ich gestehe, dass ich diese Grüße gesammelt und aufgehoben habe. Ein ganzer Seesack lag noch lange auf meinem Boden. Ich habe ihn dem Friedensfahrt-Museum geschenkt.

Höhepunkt aber war das gemeinsame Abendessen – der Mannschaftsleiter hatte einige Tage zuvor aus drei Menüs die gewünschten ausgewählt – und eben die Siegerehrung. Ich habe sonst nie ein Rennen erlebt, bei dem alle Rennfahrer abends zusammenkommen und dort auch manchen Streit beilegen konnten, der sich während der Etappe ergeben hatte. Man kam in den Speisesaal, sah sich um, bis man den Rivalen entdeckt hatte, mit dem es Probleme gab, blinzelte kurz mit einem Auge, und wenn das Signal erwidert wurde, war jede Fehde vergessen. Wenn der Augenkontakt nicht ausreichte, ging man an den Tisch und entschuldigte sich.

Und dann die festliche Preisverteilung. Heute dauert die Sekunden: Die Mütze wird mit der Werbeaufschrift nach vorn gedreht, eine Sektflasche entkorkt, die beiden Mädchen rechts und links geküsst, die Honoratioren der Stadt begrüßt, und die Zeremonie ist vorbei.

Und damals? Auf einem langen Tisch waren die Preise aufgereiht, in der Regel gab es bis zum 25. Rang welche. Vielleicht fällt es heute schwer, sich vorzustellen, was es für einen Finnen bedeutete, der als 25. nach vorn gerufen wurde, um geehrt zu werden. Vielleicht widerfuhr ihm das nur ein Mal im Leben, und deshalb blieb es für ihn unvergesslich. Das waren ungeschriebene Friedensfahrtgesetze, die dem Rennen zu dem Ruf verhalfen, einmalig zu sein.

An jenem Abend in Karlovy Vary sah ich einen Tschechen und den französischen Mechaniker, Michel Lisere, sich die Hände schütteln. Erst später erfuhr ich die Vorgeschichte. Der Franzose hatte sich nach seiner Ankunft in Prag in einer vergnügten Runde gerühmt, dass er daheim für den legendären Schweizer Hugo Koblet tätig sei und die bei der Friedensfahrt übliche tägliche Auszeichnung des hilfsbereitesten Mechanikers – nominiert von den Schiedsrichtern, die unterwegs die Hilfeleistungen für Fahrer anderer Mannschaften registrierten – für Blödsinn halte. Wo bliebe die wirksame Reklame für das eigene Rad, wenn man einem Rivalen helfe, dessen Material doch offensichtlich schlechter sei? Der Streit war an jenem Abend nicht zu Ende geführt worden, aber als der Franzose in Karlovy Vary auf der Bühne als hilfsbereitester Mechaniker des Tages eine wertvolle Uhr entgegennahm, verzichtete sein tschechischer Diskussionspartner nicht darauf, ihm herzlich zu gratulieren. »Ich weiß auch nicht, wie es kam«, sagte Lisere verlegen. Es ist garantiert keine Übertreibung, wenn ich schreibe, dass ihn die Atmosphäre des Rennens »verwandelt« hatte.

Später schlugen übrigens die Mannschaftsleiter vieler Länder bei anderen Rundfahrten vor, das Friedensfahrt-Prinzip zu übernehmen. Dass der Ursprung dieser Auszeichnung bei der Friedensfahrt liegt, ist heute kaum noch jemandem erinnerlich. So hat das Rennen viele Spuren hinterlassen.

Die Etappe über die Grenzhöhen des Erzgebirges endete in Dresden mit einem Massensturz kurz vor dem Stadion. Wir waren fast alle darin verwickelt. Auch Jan Vesely war betroffen. Seine Schaltung war hinüber, und er musste sich mühsam mit den Beinen abstoßen, um voranzukommen.

Als er so durch die Stadioneinfahrt rollte, stand Stan Brittain im Gelben Trikot am Aschenbahnrand. Er hatte das Ziel längst passiert. 88 Sekunden trennten die beiden in der Gesamtwertung, und Vesely verlor weitere Sekunden auf jedem Meter. Dennoch lief Brittain auf die Bahn und lieh Vesely sein Rad. So fuhr der im Sattel seines ärgsten Rivalen durchs Ziel.

Die Etappe nach Leipzig wurde zu einem großen Tag für uns. Zu viert fuhren wir in einer zwölfköpfigen Spitze und drückten erbarmungslos aufs Tempo. Die

Tschechoslowaken waren nur zu zweit dabei; jede herausgefahrene Minute ließ das Konto der Blauen Trikots dünner werden.

Hinten ahnte Vesely wohl schon, dass ihm heute nicht gelingen würde, was bisher jeden Tag geglückt war – die Ausreißer wieder einzufangen. Und das, obwohl Brittain das Letzte gab, um sein Gelbes Trikot nicht an den Belgier Joseph Verhelst zu verlieren, der in der Spitzengruppe fuhr.

Die Einfahrt ins Leipziger Bruno-Plache-Stadion kannte ich genau und wusste auch, wann man den Spurt anziehen musste. Lange vor dem Stadion rief ich Detlef Zabel – Spitzname »Otto« – zu, den Spurt anzuziehen. Er machte das vorbildlich. Das wurde mein erster Etappensieg, und ich rückte in der Gesamteinzelwertung auf den zweiten Platz vor, nur zwei Sekunden hinter Verhelst.

Am nächsten Tag ging es nach Berlin. Etappensiege dort waren immer heiß umstritten, aber bis dahin hatte dort noch nie ein DDR-Fahrer gewonnen. Benno Funda, dem Berliner Schornsteinfeger, wünschten am Start nicht weniger als vier seiner Berufskollegen viel Glück: »Vielleicht schaffst du es?«

Der Pechvogel des Tages war Verhelst. Zwar half ihm einer seiner Landsleute beim Reifenschaden, aber als er wieder Anschluss ans Feld gewann, war das schon in viele Gruppen zerrissen. Vor Berlin floh noch eine dreiköpfige Gruppe: Der Tschechoslowake Zdenek Klich, der Bulgare Stojan Georgiew und – Benno Funda.

Der überlegte: Sollte er es wirklich auf einen Spurt ankommen lassen? In der damaligen Stalinallee wollte er testen, wie stark die beiden noch waren. Sein Antritt riss ein Loch, die Anfeuerungsrufe trieben ihn vorwärts. Da war schon der Friedrichshain. Dann das Stadion. Er erzählte uns hinterher, wie vorsichtig er die Einfahrt zur Aschenbahn hintergefahren sei. Sein Vater stand unweit des Ziels, ein Rennfahrer von Rang und Namen, Tränen in den Augen, Wilhelm Pieck gratulierte ihm auf der Tribüne. Mit der nächsten Gruppe kam ich. Minuten später dröhnte es aus allen Lautsprechern: »Täve hat das Gelbe Trikot!«

Mein erster Friedensfahrtsieg

Nun begannen die Sorgen. Ich hatte vor allem einen Heidenrespekt vor Vesely. Den durfte ich nicht aus den Augen lassen.

Für den nächsten Tag mussten wir uns keinen Kopf machen. Was sollte schon auf den 126 flachen Kilometern bis Cottbus passieren? Das muss Vesely vorausgesehen haben, denn gerade auf dieser Etappe versuchte er, eine Vorentscheidung zu erzwingen.

Die Etappe begann nicht sehr verheißungsvoll. Lothar Meister II fiel durch Reifenschaden zurück. Schon vor Königswusterhausen hatte sich eine starke Spitzengruppe formiert, in der die Blauen Trikots von Vesely und Josef Krivka leuchten. Der einzige von uns, Emil Reinecke, hatte seine liebe Not, dem Tempo zu folgen, und verlor nach einem Reifenschaden den Anschluss. In Cottbus feierte Vesely seinen 15. Etappensieg. Die Blauen Trikots waren seiner Mannschaft sicher, und mein Vorsprung war auf 111 Sekunden geschrumpft.

In Wroclaw raste ich zwar als Erster ins Stadion, aber wieder erwies sich Vesely als der Erfahrenere. Ich wurde vom eigenen Schwung nach außen getragen, er fuhr innen zum 16. Etappensieg und gewann damit die eine Minute Gutschrift. Ich holte mir die 30 Sekunden für den Zweiten, aber nun waren es nur noch 81 Sekunden, die mich von ihm trennten.

Am nächsten Tag hatte ich plötzlich Ärger mit den Speichen meines Vorderrads, Reinecke gab mir seines, und die anderen scharten sich blitzschnell um mich. Vesely und Kubr hatten schon zum Sturm geblasen, aber ehe ihre Attacke richtig begann, waren wir wieder dran. Am Ziel der 200-km-Etappe in Katowice war das Feld zerrissen, und ich gewann zehn Sekunden gegen Vesely.

Am nächsten Tag waren 205 km bis nach Lodz zu fahren. Sauwetter, Regen und sogar Hagel. Diesmal begegnete Vesely der Defekthexe. Kubr half ihm und verlor dabei viel Zeit. Als eine Spitzengruppe eingefangen war, riskierte der Däne Wedell Östergaard einen Vorstoß. Mir ging durch den Kopf, dass man das Gelbe Trikot vielleicht nicht sehen würde, wenn ich vor ihm führe. Der Plan ging auf. Vesely »übersah« die Flucht im Regen.

In Lodz dachte ich noch einmal an alles, was ich zwei Tage vorher verkehrt gemacht hatte, und gewann. Das war eine wichtige Gutschriftminute. Als Vesely eintraf, war das Duell entschieden. Ich hatte über sechs Minuten Vorsprung und verdankte die auch meinen Mannschaftskameraden, die hinten emsig »gebremst« hatten.

Warschau empfing zum ersten Mal einen deutschen Sieger. Mir ging einiges durch den Kopf, aber der Beifall war stürmisch. Auf der Tribüne gratulierten mir der Vorsitzende des Staatsrates, Aleksander Zawadzki, und Ministerpräsident Jósef Cyrankiewicz, der bekanntlich lange Jahre in Auschwitz gelitten hatte.

Quartier beim Papst?

In Italien trainierten wir in jenem Jahr hart auf der Strecke, auf der die Weltmeisterschaft ausgetragen werden sollte. Von dort zurück, erreichte uns eine gute Nachricht aus Paris: Auf dem 50. Kongress des Internationalen Olympischen Komitees hatte wieder einmal die Anerkennung des Olympischen Komitees der DDR zur Abstimmung gestanden. Ehe diesmal jemand den nun schon traditionellen Vorschlag einbringen konnte, den Antrag um ein Jahr zu vertagen, überraschte der Präsident des IOC, Avery Brundage (USA), die Mitglieder mit dem Kompromissvorschlag, eine gemeinsame Mannschaft beider deutscher Staaten zu bilden. Der Hintergrund: Er konnte damit den Wunsch seines deutschen Freundes Karl Ferdinand Ritter von Halt – 1912 war er mit ihm zusammen im Zehnkampf gestartet – berücksichtigen, dass die DDR wenigstens nicht mit einer eigenen Mannschaft international in Erscheinung trat – eine Order, die Ritter von Halt aus Bonn bekommen hatte. Brundages Vorschlag wiederum resultierte aus seinem wachsendem Unwillen, die DDR-Athleten weiter von den Olympischen Spielen auszuschließen. Die wenigsten wissen, dass die BRD-Mitglieder des Internationalen Olympischen Komitees damals gegen diese »gesamtdeutsche« Mannschaft votiert hatten, und verständlicherweise wird öffentlich daran auch nicht mehr erinnert.

Viel Zeit, diese Entscheidung zu feiern, blieb nicht: Die Weltmeisterschaft rief. In dem malerischen römischen Stadion wurden die Startnummern ausgegeben. Tausende hockten für wenig Eintrittsgeld auf den Rängen, um Favoriten und Außenseiter zu begrüßen, allen voran natürlich den bis heute unvergessenen Fausto Coppi.

Papst Pius XII. lud die Radsportfunktionäre nicht nur zu dem üblichen Empfang, sondern stellte auch einen ganzen Flügel seines Sommerpalastes in Castel Gandolfo als Quartier zur Verfügung. Werner Schiffner hatte allerdings schon lange zuvor ein kleines Gasthaus am Rande der Straße nach Castel Gandolfo ausgesucht, auch weil er die Bedingungen in dem päpstlichen Priesterseminar nicht kannte. So zogen wir in unsere kleine Herberge. Es war ein paradiesischer Flecken. Abends tranken die Einheimischen unter Sonnenschirmen ihren Wein und erörterten die Chancen der Favoriten. Ich war bei Leipzig–Meißen–Leipzig gestürzt, hatte ein paar Tage das Bett hüten müssen und konnte alles in allem nur 360 Kilometer vor den Titelkämpfen trainieren. Der Tag, an dem die Entscheidung fiel, war ein krachend heißer Sommertag. Schon nach einigen Runden wartete Werner Schiffner an Start und Ziel vergeblich mit seinen kühlen Getränken auf uns. Wir waren allesamt abgestiegen und hatten uns ein schattiges Plätzchen gesucht. Man hat mich an diesem Tag und hinterher hundert Mal gefragt, was mich dazu bewogen hätte, aber bis heute weiß ich keine schlüssige Antwort darauf. Auch in meinem Tagebuch stand keine Erklärung, sondern nur der Satz: »Bin eingegangen wie eine Primel – eine unliebsame Sache.«

Ich schob es auf die Hitze. An diesem Tag lernte ich eine Lektion fürs Leben. Bis dahin hatte ich den Sprüchen geglaubt, trinken sei ein Zeichen von Schwäche. In dieser brütenden Hitze begriff ich, dass man viel trinken muss, auch um die Körpertemperatur zu regulieren. Jedenfalls: Ich gab auf. Bis auf eine Harzrundfahrt, die ich vorzeitig beendet hatte, war ich bislang in entscheidenden Rennen nie vom Rad gestiegen. Aber es gibt eben keine menschlichen Sicherheitsschalter, die einen vor solchen Schritten bewahren. Hinterher hörte ich, dass zum Beispiel der Saarländer Friedrich – später ein recht erfolgreicher Profi – mir wütende Grüße ausrichten ließ. Er hatte mich absteigen sehen und gedacht: »Wenn Schur aufgibt, herrscht Ausnahmezustand«, und hatte ebenfalls aufgegeben. Hinterher ärgerte er sich maßlos und gab mir die Schuld.

Wir radelten in unseren Gasthof, packten die Koffer und sahen zu, dass wir nach Hause kamen, und dort ließen wir uns erst mal nirgendwo sehen. Mit mir war in dem Jahr nichts mehr los.

Bei vielen Anlässen fragte man mich natürlich immer wieder, wie es denn zu dem »schwarzen Tag von Frascati« gekommen sei. Das es soviele »Anlässe« gab, hing damit zusammen, dass ich dauernd irgendwo eingeladen wurde. Einmal fuhr ich mit einigen Kollegen und Herrmann Erdwig in die Paten-LPG der Magdeburger und half bei der Rübenernte. Die Bauern staunten nicht schlecht, als der Rennfahrer bei ihnen auftauchte und sich daran machte, mit ihnen die Rübenblätter zu verladen, wobei ich mich bemühte, den kräftigsten Burschen nicht nachzustehen.

Ein anderes Mal sprach ich vor den Magdeburger Kollegen, die das Kraftwerk Vockerode mit errichteten. Das war ein hartes Stück Arbeit. Inzwischen hat man es längst ausrangiert.

Student mit Volksschulexamen

Eines Tages kam ein Eilbrief aus Leipzig: »Sofort Studium aufnehmen!« Die Sache hatte ihre Vorgeschichte. Der Radsportverband und die Trainer hatten sich bemüht, dass ich zum Sportklub Wissenschaft DHfK nach Leipzig wechselte. Ich war begeistert. Für die Steigerung meiner sportlichen Leistung gab es keine bessere Lösung, als dort zu starten, wo die besten Bedingungen für einen Radsportler gegeben waren. Das sah schweren Herzens auch mein väterlicher Freund Herrmann Erdwig ein. Mir wurden die Augen feucht, als er mir zum Abschied das Delegierungsschreiben überreichte, in dem mir zugesichert wurde, dass ich immer in meinen Betrieb zurückkehren könne und dort als Brunnenbaumeister ausgebildet würde. So verließ ich schweren Herzens die BSG Aufbau Börde Magdeburg.

Heute werden solche Transfers zwischen den zuständigen »Agenten« finanziell geregelt, und niemand ereifert sich darüber. Damals führten die »Delegierungen« – vor allem bei den Fußballspielern – zu endlosen Disputen. Leserbriefe wurden stapelweise geschrieben und Parteisekretäre aufgefordert, sich für den Verbleib eines Spielers zu engagieren. Ich versuchte damals, allen zu erklären, dass mit dem Studium ein neuer Abschnitt meines Lebens begann, aber man verabschiedete mich dennoch nicht mit Jubel. Wenigstens sahen die Funktionäre und Sportler von Aufbau Börde ein, worum es für mich ging, und irgendeine Brigade machte sogar den Vorschlag, in unbezahlten Stunden ein Haus für mich zu bauen. Viele Brigaden stimmten zu. Von denen, die auf entfernt gelegenen Baustellen arbeiteten, kam der Vorschlag, einen Stundenlohn zu spenden. Ich glaube, man wollte einfach nur erreichen, dass ich Magdeburger blieb. Über dieses Haus ist endlos viel geschrieben worden. Weniger in der DDR als jenseits der Grenze. Welche Aufregung: »Der Staat schenkt ihm ein Haus, damit er weiter für diesen Staat Siege herausfährt!«

Für mich war diese »Spende« der Bauarbeiter vor allem ein Beweis dafür, dass mich die Maurer als einen der ihren betrachteten.

Noch heute könnte man alle fragen, die damals Mauern zogen, Dachbalken zurechtzimmerten oder Rohre verlegten, ob sie auch nur den geringsten Zwang dabei empfanden oder ob sie das gespendete Geld hinterher reute. Aber

Der Vater mit Täve auf dem Arm

Täve als Schuljunge

Die Mutter in Heyrothsberge beim Wäscheaufhängen

DDR-Rundfahrt 1951

100-Kilometer-Zeitfahren,
Mannschaft 1951 (Kurt Hünerbein,
Horst Gaede, Täve Schur,
Bruno Schumann, Jochen Sauer,
Heinz Mähne)

»Rund um Berlin« 1951: Der 1. Sieg

Friedensfahrt 1952, Zielankunft
in Prag, Skorepa und Täve

1953, VI. Friedensfahrt, die Steile Wand von Meerane, vorn links der Däne Pedersen, rechts Schur

Friedensfahrt 1953

1955, erster Tagessieg bei der VIII. Friedensfahrt, 7. Etappe,
Karl-Marx-Stadt–Leipzig 206 km

Vater Schur
gratuliert
seinem Sohn

Friedensfahrt-
mannschaft 1955

I/7

Friedensfahrt

»Kantenjagd«

Vesely und Schur

Empfang der Friedensfahrer
in Berlin, Wuhlheide

VIII. Friedensfahrt 1955, 12. Etappe,
Katowice–Lodz 205 km, 1. Platz

Tagessieg auf der 5. Etappe der IX. Friedensfahrt 1956, Wroclaw–Görlitz 190 km

1956, nach dem Rennen

Rund um Seibnitz, der umschwärmte Schur kann sich nur schwerlich seiner Haut erwehren

Mannschaftssieger: Die Fahrer der DDR bei der X. Friedensfahrt 1957

Bergetappe nach Karlovy Vary, in der ČSSR, Schur, Cestari, Dimitrescu

DDR-Rundfahrt,
am Kyffhäuser

Berlin–Leipzig, 1958 in der
Dübener Heide

XI. Friedensfahrt, Etappe Wroclaw–Görlitz 193 km,
Schur und Hermans

Empfang des neuen Weltmeisters 1958

1958,
Schurs erster
Weltmeisertitel

Autogrammstunde mit dem Mann in Gelb in Wroclaw

Siegerehrung nach Gewinn der XII. Friedensfahrt 1959

Schur bei der 4. Etappe der XII. Friedensfahrt, Leipzig–Karl-Marx-Stadt 183 km

Täve sortiert seine Post
nach der Weltmeisterschaft

Den eisernen Willen ins Gesicht
geschrieben

1954, erfolgreiche Titelverteidigung: Schur siegt vor
dem Holländer Maliepaard

Vor den olympischen Spielen in Rom (Egon Adler, Bernhard Eckstein, Täve Schur, Erich Hagen und Günter Lörke)

Die Silbermedaillengewinner mit der Vierermannschaft von Rom: Erich Hagen, Täve Schur, Egon Adler, Günter Lörke

Schur 1960 in Rom

auch dieser Hausbau war und bleibt einer der Gründe, warum ich mein Leben lang an der Seite derer bleiben werde, die damals unser Land aufbauten.

Während sie sich in Magdeburg noch darüber stritten, wo das Haus errichtet werden sollte, plagte ich mich mit dem Studium ab. »Ich habe doch nur Volksschulbildung«, schimpfte ich oft genug, wenn ich in den Seminaren und bei den Vorlesungen mit lateinischen Begriffen konfrontiert wurde. Schon das Sitzen und Zuhören, das Niederschreiben – ich war das nicht gewohnt. Ich musste das Studieren trainieren, und das fiel mir verdammt schwer.

Langsam spürte ich, wie ich endlich auch in diesem Rennen Tritt fasste. Am 13. Dezember stand die erste Prüfung auf dem Plan: Anatomie.

Ich hatte gebüffelt wie noch nie. Diese erste Etappe durfte ich nicht verlieren, das hatte ich mir geschworen. Ich bekam ein »Gut« als Note und fühlte mich, als wäre ich Weltmeister geworden. Es war nicht nur die Note. Ich verstand immer besser, was in meinem Körper während eines Rennens vorging. Manches begriff ich auch nicht, aber die anderen halfen mir. Wer derlei nicht selbst erlebt hat, wird Mühe haben, es zu verstehen. Man half sich, was nicht heißt, dass alle Menschen Engel waren.

Eines Tages lud man mich zu einer Zusammenkunft von Sportjournalisten aus Ost und West ein, und ein Düsseldorfer stellte grinsend die Frage: »Weiß man schon, wie lange Herr Schur studieren wird?«

Was sollte ich darauf antworten? Jemand sagte ihm: »Er kann sich jedenfalls Zeit nehmen.«

»Also fragt niemand danach, wie lange er studieren wird?«

Einer aus der Runde wollte wissen, ob man an den Universitäten der BRD danach fragt, wie lange jemand studiert. Die Antwort blieb aus.

Kanadische Härte beim Eishockey

Nun musste ich also Studium und Training kombinieren. Am zweiten Weihnachtsfeiertag waren es 70 Kilometer, am 27. Dezember 100 Kilometer, und Silvester schaffte ich immerhin 120 km. Am Nachmittag addierte ich die Kilometer des zu Ende gehenden Jahres 1955 und kam auf 17 725 km!

Das neue Jahr begann ich mit einer Tour nach Magdeburg und einem Besuch bei Familie Erdwig. 24 Stunden später quälte ich mich in der Turnhalle der DHfK am Barren.

Endlich ging es nach Oberwiesenthal, wo wir auf Skiern trainierten und vor allem Eishockey spielten. Ja, wir Rennfahrer spielten unserer Meinung nach oft härter als kanadische Profis. Am ersten Tag holten wir zwanzig Hockeystöcke, und hinterher waren noch zwei zu verwenden. Der Mannschaftsarzt behandelte noch während der Friedensfahrt im Mai unter einem Auge die Folgen eines Eishockey-Zusammenpralls.

Nun bestritt ich also schon meine fünfte Friedensfahrt. Journalisten hatten ausgerechnet, dass ich irgendwo meinen 10 000sten Friedensfahrt-Kilometer absolvieren würde. Und nach dem Erfolg 1955 würde man mich wohl besonders argwöhnisch überwachen. Der Mai kam. Nie zuvor war die Zahl der Teilnehmer so groß gewesen. Italien kam mit seiner stärksten Mannschaft. Trainer Giovanni Proietti, ein Typ, den man nie vergisst, hart, aber auch gutmütig, ein wenig bullig, aber pfeilschnell, wenn er seine Schützlinge anschob, ein echter Meister des Sports mit klaren politischen Vorstellungen, die während seiner Zeit als Widerstandskämpfer im Krieg nicht nur Theorie geblieben waren, kletterte in Warschau lachend aus dem Flugzeug: »Wir wollen erst geschlagen sein!«

Sogar die BRD war in jenem Jahr mit von der Partie, nachdem man dem Verband oft genug untersagt hatte, zu starten.

Als sich im überfüllten neuen 100 000-Mann-Stadion die Startflagge zur ersten Etappe »Rund um Warschau« senkte, begann die wilde Hatz. Am Fuße des von Zehntausenden umlagerten Kulturpalastes hatten sich drei Italiener aus dem Staube gemacht. Ein Bulgare und zwei Rumänen waren ihnen reaktionsschnell gefolgt. Den Dreifach-Triumph der Squadra Azzurri konnte niemand vereiteln. Proietti strahlte. Am nächsten Abend sah er nicht ganz so vergnügt drein: Dino Bruni hatte das Gelbe Trikot verloren, allerdings an seinen Landsmann Aurelio Cestari. Es wechselte den Besitzer noch einige Male auf dieser Fahrt. Am Ende gewann der starke Pole Stanislaw Królak. Die Italiener, die in den Blauen Trikots in Warschau aufgebrochen waren, lagen am Ziel in Prag auf Rang zehn. Ich gewann Etappen in Görlitz und Brno und freute mich über den elften Platz am Ende.

Na ja, von Görlitz war ich nach Berlin im Gelben Trikot gestartet, dort aber mit einer Viertelstunde Rückstand zum Etappensieger Lothar Meister I angekommen. Wieder gab es viele Fragen und viel Gerede. Ich erinnere mich noch heute ziemlich genau an die Situation. Ich fuhr inmitten des Feldes und suchte einen Italiener, der mir sehr stark erschienen war. Ich hatte ihn mir vorgemerkt, weil ich dachte, mit ihm vielleicht einen Ausreißversuch starten zu können. Ich sah also über die anderen hinweg, und plötzlich hing ich bei einem anderen am Hinterrad. Der hatte vermutlich bremsen müssen, und da war es auch schon geschehen. Hinter mir schepperte es, ich lag ganz unten, mein Arm war lädiert, einige polterten noch auf mich drauf. Als der Haufen langsam abgetragen war, hatten sich die anderen längst aus dem Staub gemacht. Ich sollte Helmut Stolpers Rad nehmen und allein den Anschluss versuchen, während Stolper mit einem Ersatzrad nachkommen sollte. Das passte mir nicht. Ich wollte, dass er langsam weiterfährt und ich mit einem Ersatzrad zu ihm aufschließe. Man muss dabei auch bedenken, dass man anders reagiert, wenn man das Gelbe Trikot trägt. Jedenfalls hatte ich es in diesem Augenblick bereits wieder verloren.

Die Sache mit der Partei

Eines Tages fuhren Herrmann Erdwig und ich in den Harz. Wir wollten spazieren gehen und abschalten. Es wurde dunkel, aber wir wollten nicht umkehren. Wir liebten beide das Rauschen der Baumwipfel, das Ächzen der sich im Wind neigenden Äste, die Einsamkeit.

Das war die Stunde, in der ich Erdwig fragte – ich siezte ihn immer noch: »Wie sind Sie eigentlich zur Partei gekommen?«

Ich schreibe das in meinen Erinnerungen, weil auch mir oft genug nachgesagt worden ist, ich sei entweder genötigt worden, Mitglied der Partei zu werden, oder hätte diesen Schritt getan, weil ich mir Vorteile davon versprach. Ich habe mich damals von niemandem bewegen, drängen oder überreden lassen, Mitglied der Partei zu werden. Und ehe ich diese Entscheidung traf, fragte ich den Mann, zu dem ich das größte Vertrauen hatte, nämlich Herrmann Erdwig, was ihn viele Jahre zuvor bewogen hatte, diesen Schritt zu tun.

Er hatte mit dieser Frage nicht gerechnet, überlegte eine Weile, während wir durch den Wald stapften, und sagte dann: »Ich kann dir nur erzählen, was den ersten Anstoß gab. Eines Tages bat ich meinen Chef um eine

Gehaltserhöhung. Ich glaube, es waren 25 Mark. Er versuchte mir zu erklären, dass ihm das leider nicht möglich sei. Die angespannte Wirtschaftslage habe zu einer kritischen Situation geführt. Drei Tage später fuhr er mit seiner Familie für ein Vierteljahr nach Italien. Das gab mir zu denken. Als er wiederkam, schaffte er sich das neueste Mercedes-Modell an. Wir standen auf dem Hof und bestaunten das Auto. Unser Staunen begann aber erst richtig, als Sattler erschienen, die die rote Lederpolsterung herausrissen und durch eine braune ersetzten. An diesem Tag wurde ich nicht Mitglied der Kommunistischen Partei, aber es war der Tag, an dem ich begann, intensiver über die Verteilung der Güter auf der Welt nachzudenken. Ich beschaffte mir Bücher, von denen ich mir Antwort auf meine Fragen erhoffte.«

Wir kehrten um. Ich habe oft an dieses Gespräch im Harz denken müssen.

Heute kenne ich viele, die sich als Gewerbetreibende und Unternehmer durchs Leben zu schlagen versuchen. Deren Bemühungen haben nichts mit meiner Haltung zum Kapitalismus zu tun, aber auch im Bundestag habe ich Reden gehalten, in denen ich beklagte, dass die Reichen reicher und die Armen ärmer werden. Die erste Lehrstunde zu diesem Thema hatte mir Herrmann Erdwig im Harzer Wald erteilt.

Ich erinnerte mich aber auch daran, dass ich schon Jahre zuvor meine eigenen Erfahrungen mit der »Ausbeutung« gemacht hatte. Das war zu der Zeit, als ich noch Lehrling in Körbelitz war. Ich musste vom ersten Tag an harte Arbeit leisten. Offen gestanden hatte ich mir die Lehre etwas anders vorgestellt. Zum Beispiel musste ich Nitrobleche von Panzertürmen abbrennen, und der dabei entstehende Dunst machte mir sehr zu schaffen. Kopfschmerzen plagten mich, und ich hätte zum Arzt fahren sollen. Trotzdem war ich am nächsten Morgen wieder zur Stelle. Ein andermal musste ich in einer ehemaligen Flakstellung verzinkte Roste zerschneiden. Das musste mit dem Schweißbrenner geschehen, und die Wirkung war verheerend. Wieder Kopfschmerzen und Übelkeit. Und doch wagte ich nicht, mich etwa krankschreiben zu lassen. Auch sonst hatte der Meister noch manche Aufgabe für mich, die wenig mit »Lehre« zu tun hatte. Ich musste Hagebutten pflücken gehen, damit er daraus seinen Wein keltern konnte, Brunnen bis in 36 Meter Tiefe bohren. Und jeden Weg, den er mir auftrug, hatte ich mit dem Rad zu absolvieren.

Und dann kam der Tag, an dem die Volkskontrolle vom Dachboden des Hauses seiner Schwiegermutter bergeweise gehortete Geräte und Produkte holte. Es handelte sich meist um Vorkriegsware, und es waren sogar fabrikneue Fahrräder und bündelweise Fahrradreifen darunter. Da begann ich zu grübeln und fragte mich, warum er nie auf die Idee gekommen war, mir wenigstens ein paar neue Reifen zu geben?

Um nicht missverstanden zu werden: Ich habe bei diesem Meister viel gelernt, aber auch, dass soziale Gleichberechtigung nicht zu seinen Lehrthemen gehörte. Erdwig und der Körbelitzer Lehrherr waren die, die in mir den Willen entstehen ließen, mich nicht nur um Rivalen auf dem Rad zu kümmern, sondern mich auch für die Gesetze zu interessieren, die die menschliche Gesellschaft prägten – so oder so!

Kampf um Olympia-Punkte

Und damit bin ich auch schon bei der nächsten Station meines Lebenslaufs: 1952 von Olympia noch ausgeschlossen, hatte ich 1956 zumindest die Chance, daran teilzunehmen.

Nach jener gegen die Stimmen der BRD zustandegekommenen Festlegung, eine Mannschaft aus beiden deutschen Staaten zu bilden, waren die Radsportverbände übereingekommen, ihre 20 Besten in vier Läufen gegeneinander fahren zu lassen und dem Sieger jedes Rennens 20 Punkte gutzuschreiben. Die Nächstplazierten erhielten jeweils einen Punkt weniger. Am Ende sollten die vier Punktbesten nach Melbourne fahren.

Im rheinischen Fröndenberg wurde das erste Rennen ausgetragen. Ein 6,1-km-Rundkurs war zwanzigmal zu absolvieren. Unterwegs war eine gepfefferte Steigung zu meistern. Die Westdeutschen hatten sich »Matze« Schmidt als Betreuer geholt, einen alten Haudegen, der sonst gut bezahlt bei den Profis tätig war und vor allem bei Sechstagerennen sein Geld verdiente. Nachdem er 1952 die BRD-Mannschaft in Helsinki betreut hatte, engagierte ihn das westdeutsche NOK auch für 1956, und er benahm sich so, als sei für ihn selbstverständlich, dass auch in Melbourne nur Westdeutsche starten würden. Matze war kein schlechter Kerl, aber heute würde man sagen, ein waschechter »Wessi«. So stand er denn am Ziel in Fröndenberg mit fassungsloser Miene. Wir hatten das Rennen diktiert. Als es das letzte Mal die Steigung hinaufging, löste ich mich aus der Spitzengruppe und fuhr ungefährdet allein ins Ziel. Der Schweinfurter Reinhold Pommer war als Siebenter bester Westdeutscher. Matze äußerte gegenüber Journalisten über mich: »Ich hatte den noch nie gesehen. Der kann was.«

Das zweite Rennen wurde im Saaletal ausgetragen. Eine 66-km-Runde war drei Mal zu absolvieren. Die Steigungen waren anspruchsvoller als in Fröndenberg. Wir stellten uns darauf ein, dass sich Matze Schmidt taktisch etwas einfallen lassen würde. Mir gelang es wieder, mich bald aus dem Staub zu machen. Als ich mich umsah, quälte sich Horst Tüller – ein nach Grupe und Reinecke in die DDR gewechselter Westdeutscher – hinter mir. Ich hatte – nennen wir es ruhig so – in diesem Augenblick Mitleid mit ihm und wartete. Im Ziel sicherte ich mir wieder die 20 Punkte. Der Schweinfurter Pommer fuhr als einziger Westdeutscher diesmal stark und wurde Dritter. Man hatte sich wohl entschlossen, nur noch für ihn zu fahren, um seine Chancen zu wahren. Unter den ersten 14 Fahrern, die sich bislang Punkte geholt hatten, war außer ihm kein weiterer Westdeutscher.

Sturz mit bösen Folgen

Die Ausscheidungen mussten wegen der Straßen-Weltmeisterschaft in Ballerup bei Kopenhagen unterbrochen werden. Es war meine dritte WM. Werner Schiffner bangte, dass wir auch rechtzeitig zur Startnummernausgabe erschienen. Er war vom Hotel mit dem Auto gefahren, wir mit den Rädern. Ich bin selten lange vor der Zeit bei meinen Verabredungen, aber immerhin meist pünktlich. Knapp vor Toresschluss traf ich ein.

Am nächsten Morgen war es kalt und regnerisch. Ich hatte mir vorsichtshalber Ölpapier unter das Trikot geschoben.

Wir hatten uns die Strecke genau angesehen, sie hatte tückisch schmale Passagen. Schon in der ersten Runde lag ich auf dem Pflaster. Der Hacken meines Schuhs hatte sich zwischen Kettenblatt und Kette verklemmt. Die anderen waren längst davon, als ich endlich wieder im Sattel saß.

Man riet mir aufzugeben, aber ich hatte Frascati noch in zu guter Erinnerung und schüttelte den Kopf. Dabei war die Sache völlig aussichtslos. Runde um Runde wuchs mein Rückstand. Dann wurden sie in der DDR-Box laut: »Vom Rad und nach Hause!« Die Trainer hatten natürlich recht, denn immerhin standen noch zwei Olympiaqualifikationen aus, und mein linkes Knie war ziemlich lädiert.

Bei der Harzrundfahrt, die ich aus einer gewissen Anhänglichkeit fast nie versäumte, fuhr ich die letzten 45 Kilometer allein an der Spitze. Ich wollte von der Besatzung eines Begleitwagens wissen, wie groß mein Vorsprung vor den Verfolgern war, aber nach den damaligen Regeln durften sie mir keine Auskunft geben. Kurz vor Schönebeck warf ich einen letzten kontrollierenden Blick nach hinten, sah eine Staubwolke und mittendrin Rennfahrer. Mir steckte noch die Wut von Kopenhagen in den Gliedern. Also pumpte ich das Letzte aus meinem Körper und fuhr in Schönebeck auf dem Sportplatz, wo das Ziel war, sogar noch einen wilden Spurt.

Danach begann ich zu warten. Eine Minute verging, es wurden drei und fünf und sechs. Nach neun Minuten rollte die Verfolgergruppe heran. Ich fragte herum und erfuhr schließlich, dass ich eine Gruppe Jugendfahrer für die Verfolger gehalten hatte. Man lernt nie aus.

Mein Knie war vor dem Rennen zwar völlig ausgeheilt, aber dann entzündete sich eine Abschürfung zu einer bösen Furunkulose. Die Ärzte schüttelten die Köpfe: Ausgeschlossen, dass ich an der dritten Olympia-Qalifikation teilnehmen könnte. Das war übrigens ein Rennen gegen die Uhr. Pommer wurde 25 Sekunden hinter dem bulligen Leipziger Erich Hagen Zweiter und hatte damit die Fahrkarte nach Melbourne faktisch in der Tasche. Er hatte 51 Punkte, Hagen 49 und ich 40. Auf dem Lausitzer Grenzlandring fiel im vierten Rennen die Entscheidung vor 45000 Zuschauern. Mein Knie war noch immer nicht ausgeheilt, und ich musste wieder zusehen. Der in der Olympiawertung aussichtslos zurückliegende 19-jährige Westberliner Wolfgang Conrad gewann im Spurt, Tüller übernahm die Spitze der Punktwertung vor Pommer, Hagen, Teske und mir. Man einigte sich, die ersten drei zu nominieren und dazu mich an Stelle von Günter Teske.

Auf zum fünften Kontinent

Wir wurden in der Sporthalle an der Berliner Karl-Marx-Allee – sie steht schon lange nicht mehr – feierlich verabschiedet. Der Hallenser Zehnkämpfer Walter Meier trug bei der Zeremonie die Flagge, und wir marschierten hinterdrein. Walter Ulbricht erinnerte an den hürdenreichen Weg bis zu den Olympischen Spielen und wünschte uns viel Erfolg. Im Zug ging es nach Hamburg, dort bestiegen wir ein schwedisches Flugzeug und starteten zu unserer langen Reise. An Düsenjets war damals noch nicht zu denken, und die Propellerflugzeuge mussten unterwegs öfter mal auftanken. Wir lagen wie die Heringe in den engen Sitzreihen – 45 Stunden reine Flugzeit.

Alles deutete auf ein rauschendes olympisches Fest auf dem fünften Kontinent hin, als plötzlich Unfrieden die Welt bedrohte. Englische und amerikanische Fallschirmjäger waren über dem ägyptischen Port Said abgesprungen, um die Ägypter daran zu hindern, den Suezkanal in eigene Verwaltung zu nehmen. In Ungarn waren sowjetische Truppen einmarschiert, bereiteten dem Morden konterrrevolutionärer Putschisten ein Ende und setzten die Regierung unter Janos Kadar wieder ein.

So kam es, dass sich lange bevor wir in Australien landeten, in Melbourne Krisensitzungen, Pressekonferenzen, Demonstrationen und Gegendemonstrationen jagten. General Bridgeford, der sich im Zweiten Weltkrieg im Dschungelkrieg gegen die Japaner einen Namen gemacht hatte, stand an der Spitze des Olympischen Organisationskomitees. Er wurde gefragt: »Wird man die Sowjetunion von den Spielen ausschließen?« – »Wurde bereits erwogen die Spiele abzusagen?« Gelassen antwortete der General: »Ich geriet während des Krieges in japanische Gefangenschaft, und ich werde die Japaner genauso herzlich auf australischem Boden begrüßen wie die Vertreter jedes anderen Landes.« Sprach's, stand auf und ging.

Wir spürten von dem politischen Trubel allerdings nicht viel. Im Olympischen Dorf bezogen wir unsere Zimmer in kleinen Reihenhäusern. Der Stadtteil trug den Namen Heidelberg, aber an die Neckar-Stadt erinnerte dort nichts. Frischer Rasen vor den Türen und gerade gepflanzte Bäumchen. Es war November, aber das Wetter war wie bei uns mitten im Sommer.

Im riesigen Speisesaal versammelte sich die olympische Familie zu den Mahlzeiten. Dort traf ich auch bald manchen Freund und Rivalen von der Friedensfahrt. Die Verpflegung war überreichlich, an den großen gläsernen Ballons voller frischer Fruchtsäfte waren wir Stammgäste.

Ich erkundigte mich bei den Betreuern nach der Kulturszene in Melbourne: »Was spielt man hier in der Oper?«

Es stellte sich heraus, dass die Olympiastadt keine Oper hatte.

Bei einer Trainingsfahrt traf einer von uns einen ehemaligen DDR-Rennfahrer. Auch ich konnte mich an Hanusch erinnern. Er hatte gehofft, in Australien sein Glück zu machen. Bis dahin hatte er es aber nicht geschafft. Er arbeitete in einer Reifenfabrik und zeigte seine rissigen Hände. Sein Rennrad hatte er längst in die Ecke gestellt.

Oft war die Rede von der alten Radrennbahn Melbournes in Essendon. Eines Abends machten wir uns dorthin auf den Weg. Es war ein ungewöhnliches Erlebnis. Da es nach Sonnenuntergang schnell empfindlich kühl wurde, hatte man im Innenraum große Tonnen aufgestellt, in die man primitive Feuerlöcher gebohrt hatte. Sie wurden als Öfen genutzt. Eine solche Holzbahn hatte ich nie zuvor gesehen. Die Latten waren quer zur Fahrtrichtung vernagelt und verursachten höllischen Lärm, wenn das Fahrerfeld darüber hinwegrollte. An vielen Stellen waren die Lücken so groß, dass man hindurchsehen konnte. Allerdings war das Holz frisch lackiert. Man erzählte sich, der Besitzer wollte nach den Spielen die neue Bahn mitten in Melbourne übernehmen und hatte deshalb nur noch das Geld für Farbe ausgegeben. Aber eine Catcher-Show hatte mehr als er für das neue Stadion geboten, und so wurde die olympische Radrennbahn gleich nach den Spielen abgerissen, und nur die Tribünen wurden genutzt.

Das Aufregendste war der für uns völlig unbekannte hektische Wettbetrieb. Während der Rennen zogen die Buchmacher laut schreiend ihre Quoten offerierend durch die Zuschauerreihen. Plötzlich räumten die Fahrer die Bahn, und Berufsläufer starteten zu einem Rennen, bei dem es wieder vor allem um die Wetten ging. Es war kein sonderlich fairer Lauf. Die Ellenbogen wurden oft intensiver benutzt als die Beine. Der erste Preis war ein australisches Pfund, damals etwa zehn deutsche Mark. Wir radelten nach Hause und dachten: Andere Länder, andere Sitten.

Das »Friedens«-Frühstück

Im Olympischen Dorf wandelte sich die durch die politische Situation gereizte Stimmung zuweilen über Nacht. Zwar hatten Unbekannte wieder einmal sowjetische Fahnen heruntergerissen und andere die ungarische gegen die aus der faschistischen Horthy-Zeit umgetauscht, aber dann verbreitete sich plötzlich die Nachricht, sowjetische Leichtathleten hätten die US-Amerikaner zum Frühstück in ihr Quartier eingeladen.

Von da an herrschte endlich olympische Ruhe. Bei jenem Frühstück wurde vereinbart, von nun an alljährlich einen Leichtathletik-Länderkampf UdSSR-USA auszutragen. Der fand auch einige Jahre lang statt und war einer der sportlichen Höhepunkte des Jahres.

Dem Bürgermeister des Olympischen Dorfes dürfte an diesem Tag ein Stein vom Herzen gefallen sein. An den Abenden traf man sich im Klub, und wir amüsierten uns köstlich, als die farbige amerikanische Kugelstoßerin Earlene Brown – man munkelte, sie wöge zweieinhalb Zentner – den leichtfüßigen sowjetischen Weltrekord-Läufer Wladimir Kuz in die Geheimnisse afro-amerikanischer Tänze einführte.

Endlich wurden die Spiele eröffnet. Der Gatte der britischen Königin rollte im Auto auf die Aschenbahn, und der festliche Einmarsch der Nationen begann. Zum ersten Mal erlebte ich Olympia, und es war ein unvergessliches Erlebnis, zumal ich mit meinen Leistungen vielleicht auch ein wenig dazu beigetragen hatte, dass wir nun mit von der Partie waren.

Wir waren fast überall dabei, wo jemand aus dem DDR-Aufgebot an den Start ging. Sonst hockten wir auf der Radrennbahn. Lautstark feuerten wir unsere Vierermannschaft an, die aber schon bald ausschied. Danach begannen wir die Straßenrennstrecke in Broadmeadows unter die Lupe zu nehmen und dort zu trainieren. Der Kurs war hügelig, führte mitten durch den australischen Busch an riesigen Schafkoppeln vorüber. Was uns sofort unangenehm auffiel: Ständig wehte Wind. Der würde das Rennen beeinflussen.

Zwischendurch blieb Zeit, mit alten Bekannten zu plaudern. Aurelio Cestari begrüßte mich ebenso herzlich wie Dino Bruni und natürlich auch Trainer Giovanni Proietti. Schließlich rückte auch der Tag des großen Rennens heran.

Die Australier, die ein Straßenrennen von solchem Ausmaß noch nie arrangiert hatten, verloren schon vor Beginn den Überblick. Der erste Streit brach aus, als über die Reihenfolge am Start entschieden werden sollte. Erst hieß es, wir sollten uns nach dem englischen Alphabet aufstellen. Dann erinnerte sich jemand, dass die Verhandlungssprache der UCI Französisch sei. Und nach dem französischen Alphabet hätten die Engländer einen Platz in der ersten Reihe gehabt. Das aber missfiel den Australiern, und sie entschieden, die Reihenfolge auszulosen. Dann erschienen plötzlich Iren am Start, die angeblich keine Lizenz hatten, weil sie sich seit Jahren weigerten, dem britischen Verband beizutreten. Die Polizei wurde alarmiert und schleppte die Iren mit hartem Griff davon. Nun war das ganze Feld von entnervten Polizisten umringt. Endlich startete man.

Wie kommt man zur Mannschaftsmedaille?

Offen geblieben war die Frage, wie eigentlich die Mannschaftswertung entschieden werden sollte. Damals bestritt man noch kein Mannschaftszeitfahren. Man hatte bei den verschiedenen Spielen unterschiedliche Varianten zur Ermittlung der besten Mannschaft praktiziert. Welche sollte nun hier gelten? Das war ungemein wichtig, denn entweder addierte man die Zeit der drei besten Fahrer einer Mannschaft, oder man vergab Punkte für die Platzierung im Ziel. Bis wir losfuhren, konnte das nicht geklärt werden. Man rief die anwesenden Funktionäre der UCI zusammen. Die stritten lange und wurden sich endlich – wir waren schon Stunden unterwegs – einig: Punkte werden für die Platzierung der Rennfahrer vergeben, und die Mannschaften mit den niedrigsten Punktzahlen erhalten die Medaillen.

Die Nervosität der australischen Rennfunktionäre hatte sich inzwischen noch gesteigert. Wolfgang Behrendt, der damals bekanntlich als Boxer die erste Goldmedaille für die DDR holte, hatte sich von einer Koppel eine Wassertonne herangerollt, sie mühsam gefüllt und »duschte« uns jedes Mal, wenn wir an seinem Standplatz vorüberkamen. Das war erfrischend, und wir freuten uns jede Runde darauf. Ein Australier befand plötzlich, dass dies »unerlaubte Hilfeleistung« sei, sprang von seinem Begleitwagen und stieß die Tonne um. Im Nu war das Wasser im Boden versickert. Wutschnaubend suchte Wolfgang den Täter, aber der saß längst in seinem davonrollenden Wagen und ahnte nicht, dass eine persönliche Auseinandersetzung mit dem rührigen Helfer schmerzhaft für ihn hätte ausgehen können.

Ich hatte meine Schlüsse aus dem Sturz in Ballerup gezogen und hielt mich meist im hinteren Teil des Feldes auf. Der Italiener Ercole Baldini sprintete urplötzlich davon, drei Italiener bremsten das Feld mit Raffinesse. Dann trat Pommer an und sprintete, ohne sich umzusehen, etwa zweihundert Meter davon. An seinem Hinterrad, also in seinem Windschatten, fuhr der Franzose Arnaud Geyre. Ich war nicht gerade glücklich darüber, denn nun schleppte Pommer einen bärenstarken Mann nach vorne. Aber es war zu spät, noch etwas Sinnvolles zu unternehmen. Es kam, wie es kommen musste: Pommers Kräfte schwanden bald, Geyre fuhr an ihm vorbei und jagte dem Italiener hinterher.

Wenn wir wenigstens ein Wort über die Attacke vorher geredet hätten, so wie es in den DDR-Mannschaften üblich war, aber in diesem Augenblick wurde erschreckend deutlich, dass hier tatsächlich zwei Mannschaften fuhren und in der einen suchte jeder nur seinen persönlichen Vorteil.

Die gefährlichste Folge dieses Vorstoßes war, dass dadurch auch unsere Chancen in der Mannschaftswertung sanken, denn alles kam darauf an, so zahlreich wie möglich in der Spitze anzukommen.

Mir blieb nur ein Ausweg, nämlich selber anzugreifen, denn vor mir waren faktisch nur die drei Ausreißer. Ich trat an, Tüller hing sich an mein Hinterrad, ebenso der Engländer Alan Jackson. Ich fuhr mir die Lunge aus dem Hals, setzte aber darauf, dass Tüller die Aktion unterstützen würde. Ich signalisierte ihm, er möge sich an die Spitze setzen, aber er schüttelte den Kopf und sagte: »Ich kann nicht, ich habe Wadenkrämpfe.« Ich raste weiter, und plötzlich hatten wir Geyre vor uns. Alles war wieder offen. Wenn ich bei der Verfolgung wenigstens hin und wieder den Windschatten der beiden anderen hätte nutzen können. Plötzlich sprintete Jackson an mir vorbei und dann – ich glaubte an eine Halluzination – machte sich der angeblich von Wadenkrämpfen geplagte Tüller ebenfalls auf die Verfolgung. Geyre rettete sich auf den zweiten Platz, Jackson holte Bronze, Tüller wurde Vierter und ich Fünfter. Alle vier wurden wir mit der gleichen Zeit notiert.

Was ich über Tüller und seine Ausrede von den Wadenkrämpfen dachte, muss ich niemandem erklären. Ich erinnerte mich jedenfalls daran, dass ich ihn bei dem Saaletalrennen mitgeschleppt und damit zur Melbourne-Qualifikation verholfen hatte. Oder: Wenn der eigensinnige Pommer auf seinen spontanen Vorstoß verzichtet und am Ende wenigstens Zwölfter geworden wäre, hätten wir olympisches Gold geholt. Aber wie ich schon schrieb: Eine richtige Mannschaft, wie ich sie von den Friedensfahrten her gewohnt war, waren wir eben nicht. Immerhin retteten wir am Ende noch Bronze. Ich war ein wenig stolz darauf, dass uns ausgerechnet IOC-Präsident Avery Brundage die Medaillen überreichte.

Mit Tüller hatte ich nach dem Rennen verständlicherweise nichts mehr zu bereden. Wir trafen uns auch danach nicht mehr, denn ein paar Wochen später beendete er sein »Gastspiel« in der DDR. Mit dem Image des »besten Deutschen« bei Olympia bekam er in der BRD den erhofften Profivertrag.

Sprinterin pfeift Fußballspiel

Das waren damals übrigens die ersten Olympischen Spiele mit Ruhetagen. Die australische Kirche hatte durchgesetzt, dass an Sonntagen keine Wettkämpfe stattfinden durften. NOK-Präsident Heinz Schöbel, ein renommierter Verleger aus Leipzig, hatte eine gute Idee, wie wir den freien Tag mit viel Spaß verbringen könnten. Er organisierte einen Ausflug an den Pazifik. Wir packten unsere Verpflegung ein und rollten in zwei Omnibussen los. Man schärfte uns ein, keinen Meter über die im Wasser verankerten Fahnenbojen hinauszuschwimmen. Sie markierten die Grenze, bis zu der das Meer auf Haie überwacht wurde.

Wir badeten nach Herzenslust und kennzeichneten uns zwischen den Dünenbüschen ein Fußballfeld. Schöbel war ein fanatischer Fußballspieler und konnte mit dem Ball umgehen. Auf die Schiedsrichterin einigten sich beide Mannschaften mühelos: Christa Stubnick, die über 100 und 200 Meter in der Leichtathletik zwei Silbermedaillen erkämpft hatte und also auch flink genug war, um einen guten Schiedsrichter im tiefen Strandsand abzugeben. Hinterher beteiligte ich mich an einer Expedition, die eine unterwaschene Felsenhalbinsel erforschte.

Der Abschied der Mannschaft von Melbourne wurde vom Tivoli-Klub, dem dortigen Verein der Australien-Deutschen, arrangiert. Es begann sehr gemütlich, obwohl ich vor allem Autogramme schreiben musste.

Wir hatten inzwischen gelernt, dass es in Australien üblich war, überall pausenlos die Landeshymne zu spielen. Selbst im Kino erklang sie, bevor der Film begann. Wir trauten allerdings unseren Ohren nicht, als in dem Klub statt der australischen Hymne plötzlich »Deutschland, Deutschland über alles« zu hören war. Es sollte offensichtlich demonstriert werden, dass hier nur ein Deutschland präsent war. Wir fackelten nicht lange und formierten uns – von niemandem dazu aufgefordert – zu einem »Block«, der quer über die Tanzfläche in Richtung Ausgang abmarschierte. Ich kann mich noch so genau dieses Augenblicks erinnern, als wäre es gestern gewesen. In der ersten Reihe marschierten Christa Stubnick und Gisela Köhler (später Birkemeyer) – drei Silbermedaillen also vorneweg. Der schockierte Präsident des Klubs flehte uns an, zu bleiben, schon weil die Mehrheit im Saal der Meinung war, man hätte auf diese Einlage verzichten sollen, aber wir ließen uns nicht überreden.

Der IM-Bericht nach Bonn

Wie ich schon erwähnte, habe ich inzwischen die von den »Beiträgen für Sportgeschichte« veröffentlichten Berichte lesen können, die der damalige BRD-Botschafter nach Bonn geschickt hatte. Da las ich zum Beispiel: »Stöck« – der Speerwurf-Olympiasieger von 1936 bekleidete ein Sportamt in Hamburg und fungierte in Melbourne als Chef de Mission – »verlangte anlässlich eines Balles des Deutschen Vereins, zu dem auch ostdeutsche Sportler und Funktionäre geladen waren, das bei solchen Gelegenheiten übliche Deutschlandlied nicht zu spielen ...« Der Botschafter hatte aber dafür gesorgt, dass der Vorschlag ignoriert wurde.

Besonders unangenehm war dem Botschafter der Präsident des westdeutschen Leichtathletikverbandes, Dr. Danz, aufgefallen, über den er nach Bonn meldete: »Wie mir ein glaubwürdiger Augenzeuge versicherte, scheute sich Dr. Danz z. B. nicht, bei dem Schlussball des deutschen Vereins in aller Öffentlichkeit mit dem Präsidenten des NOK-Ost, Heinz Schöbel, Brüderschaft zu trinken und sich von diesem oft unterschätzten geschulten Kommunisten für alle Umstehenden gut hörbar belehren zu lassen, dass, wenn die Politiker es den Sportlern nachmachen würden, bald ein gesamtdeutsches Gespräch in Gang kommen könnte und sich dann in fruchtbarem Nebeneinander nach Beseitigung der beiderseitigen Fehler herausstellen würde, welches gesellschaftliche System das bessere sei. Diese Episode ist zwar nicht an die australische Öffentlichkeit gelangt, hat aber im deutschen Klub in Melbourne gewiss keinen günstigen Eindruck hinterlassen ... Wie mir Herr von Halt wörtlich sagte, soll Herr Dr. Danz ziemlich links stehen ... Es mag daher vielleicht von Interesse sein, seine künftige Aktivität von dort aus etwas im Auge zu behalten ... Den sowjetzonalen Offiziellen und ihrem Pressekollektiv ... ist in Melbourne gewiss klar geworden, dass es ihnen nicht gelungen ist, in der stark antikommunistischen australischen Öffentlichkeit ein Echo zu finden. Doch fragt es sich, ob dies überhaupt ihre Absicht gewesen ist. Ihr zahlreiches Auftreten bei allen Veranstaltungen der deutschen Kolonie und ihr Fernbleiben von den meisten offiziellen Veranstaltungen legen die Vermutung nahe, dass die Beteiligung der sowjetischen Besatzungszone an den Olympischen Spielen eher den Zweck verfolgte, unter den deutschen Einwanderern in Melbourne Kontakte zu gewinnen, die dann allmählich zu kommunistischen Zellen ausgebaut werden könnten ...«

Ich kann beeiden: Eine kommunistische Zelle habe ich nicht zu gründen versucht!

Am nächsten Tag endete unser Besuch auf dem fünften Kontinent. Wir stiegen in die Flugzeuge und vollendeten durch die Route über Asien faktisch unsere Weltumrundung. Zu Hause wurden wir begeistert empfangen, und bald hatte uns der Alltag wieder. Als Erinnerung blieb mir in einem kleinen Kästchen auf rotem Samt eine Medaille aus Bronze.

Aufregung an den Pyramiden

Die nächste Reise ließ nicht lange auf sich warten. Die Ägypter wollten, nachdem im Nil-Land wieder Frieden eingezogen war, zum ersten Mal eine Etappenrundfahrt veranstalten, und unser Verband sah es als seine Pflicht an, diese durch unsere Anwesenheit aufzuwerten.

Meine erste Eintragung im Tagebuch von damals lautete: »Das Essen schmeckt mir nicht.« Was half's, man musste sich daran gewöhnen. Es gab viele neue Eindrücke. Vom Hotelfenster aus sah ich das unbeschreibliche Elend, das die englische Kolonialherrschaft hinterlassen hatte. Bettler saßen an allen Ecken.

Wir trainierten hart, nahmen uns aber auch Zeit, die Sehenswürdigkeiten zu besuchen. Also fuhren wir hinaus zu den Pyramiden nach Gizeh. Als wir zur Cheopspyramide bummelten, begegneten uns westdeutsche Touristen. Uns wäre gar nicht aufgefallen, woher die kamen, aber eine Frau geriet völlig aus dem Häuschen, als sie uns in unseren blauen Trainingsanzügen entdeckte und entsetzt ausrief: »Was denn, hier ist die DDR auch schon?« Sie konnte sich gar nicht beruhigen und sagte immer wieder: »Na bitte, da haben wir's!« Wir amüsierten uns köstlich und zogen weiter.

In den folgenden drei Jahrzehnten gewöhnte sich die Welt ja daran, dass die DDR vielerorts in Erscheinung trat. Hoffentlich hat die Dame, die wir in Kairo trafen, den Schock überlebt.

Über die erste Etappe schrieb ich damals in mein Tagebuch nur vier Worte: »Lehmstraßen, Staub und Hunde.« Die zweite Etappe von Kena nach Sohag gewann mein Klubkumpel Roland Henning im Spurt. Die nächste Etappe führte nach Assiut. Ich war todmüde. Die Nacht hatten wir alle zusammen in einem Schulzimmer verbracht, und einer der Journalisten schnarchte derart, dass ich kein Auge zumachen konnte. Erst zogen wir ihm die Decke über den Kopf, dann streuten wir Vasenol-Puder auf sein Gesicht – nichts half. Schließlich griff ich zum Massageöl Nervpin und tröpfelte es unter seine Nase – augenblicklich herrschte Ruhe.

Der Berliner Werner Malitz eroberte sich durch einen Etappensieg das Gelbe Trikot, zeitgleich allerdings mit dem starken Marokkaner Ben Mohamed. Er verlor es wieder, holte es sich zurück und verteidigte es knapp bis ins Ziel. So haben wir uns auch in die Chronik dieser Rundfahrt für alle Zeiten eingeschrieben.

Das beeindruckendste Erlebnis aber war für uns der Ruhetag in Port Said. Wir stiegen über Ruinen und Trümmer, spürten noch den scharfen Brandgeruch, der über der Stadt hing, obwohl die durch die Bombenangriffe während der englisch-französischen Aggression ausgelösten Brände schon vor Wochen gelöscht worden waren.

Plötzlich standen wir vor dem Sockel des Lesseps-Denkmals. Fast 90 Jahre waren vergangen, seit der umstrittene Architekt des Suezkanals das erste Schiff von Port Said durch die Wüste nach Süden hatte schicken können. Nun, da das ägyptische Volk endlich Eigentümer des Kanals werden wollte – er führte immerhin mitten durch ägyptisches Territorium, und bei seinem Bau waren nicht weniger als 20 000 Ägypter zu Tode gekommen – und Gamal

Abdel Nasser ihn nationalisiert hatte, hatten Franzosen und Engländer mit Bomben geantwortet.

Heute ist zwar die Sowjetunion von der Landkarte verschwunden, aber in der Geschichte des vorigen Jahrhunderts kann man, wenn man nur will, überall noch positive Spuren ihres Wirkens finden. Durch ihre energische Intervention vor der UNO war der Überfall beendet worden, und die Aggressoren hatten abziehen müssen. Dass die Ägypter Lesseps von seinem Denkmal gestürzt hatten, erschien uns eine begreifliche Reaktion auf den Überfall.

Wir standen am Kai des Kanals und sahen die Masten und Schornsteine der versenkten Schiffe aus dem Wasser ragen. Es sollte fast 20 Jahre dauern, bis der Kanal wieder in Betrieb genommen werden konnte.

Die unvergessene Schlussetappe

Im Mai war wieder Friedensfahrtzeit. Wir rissen keine Bäume aus und waren nach sieben Etappen in der Mannschaftswertung Fünfter mit über 13 Minuten Rückstand. Aber als wir in Lodz anlangten, lagen die Polen in der Mannschaftswertung nur noch fünf Minuten vor uns. Es blieb noch die Schlussetappe. Für die Polen war dieser Sieg nicht mehr zu gefährden. Sie kauften die Blumenläden leer und überschütteten ihre Rennfahrer am Start mit Sträußen. Alle waren sicher, dass Polen zum ersten Mal seit neun Jahren wieder Mannschaftssieger würde.

Auch ich hatte keine Vorstellungen, wie man dieses Ergebnis noch umstülpen könnte. Außerdem war ich mit meinen Kräften fast am Ende und hatte ziemliche Sitzbeschwerden. Nur ein Rennfahrer weiß, was das heißt.

Spitzenreiter in der Einzelwertung war der Bulgare Nentscho Christow, der in jenem Jahr in Topform war. Er fuhr so stark, dass er seinen Erfolg fast ohne Hilfe seiner Mannschaft errang. Nicht, dass die nicht zu ihm gestanden hätte, aber wenn es hart auf hart ging, war meist niemand mehr in der Nähe.

Wir rollten an diesem Morgen schneller vom Ehren- zum »scharfen« Start. Alle wollten es hinter sich bringen. Am Anfang gab es ein paar Attacken, die aber niemand sonderlich ernst nahm. Der Schwede Karl-Magnus Amell und mein dänischer Rivale vieler Jahre, Eluf Dalgaard, riskierten einen Vorstoß. Der Pole Gregorz Chwiendacz folgte ihnen, damit nur ja nichts schiefging. Dann formierte sich eine Spitzengruppe. Der Moskauer Viktor Kapitonow, der drei Jahre später in Rom Olympiasieger werden sollte, machte sich aus dem Staub. Der Jugoslawe Bozidan Cvejin, der Schwede Per-Erik Bergqist und der Rumäne Georghe Serban-Radulescu fuhren ihm hinterher. Alles Leute, die weder in der Einzel- noch in der Mannschaftswertung eine Rolle spielten. Wolfgang Braune aus unserer Mannschaft schloss sich dem Haufen durch einen kraftvollen Spurt an. Jeder von uns hatte natürlich seinen polnischen »Schatten«, und kaum war Braune aus dem Sattel, stürmte der polnische Kapitän Marian Wieckowski hinterher.

Der Leser mag sich wundern, warum ich diese über vierzig Jahre zurückliegende Etappe mit solcher Akribie schildere. Ich tue es nicht nur, weil sie ein sensationelles Ende fand, sondern auch, weil sie eine der wenigen Schlussetappen war, die ich erlebt habe, bei der einiges aus den Fugen geriet.

Mancher Leser wird vielleicht auch staunen, wie ausführlich ich ausgerechnet über die Mannschaftswertung schreibe, aber die Mannschaftswertung wurde vom Millionenpublikum der Friedensfahrt mit der gleichen Aufmerksamkeit verfolgt wie die Einzelwertung. Formierte sich eine Spitzengruppe, wurde als erstes »durchgerechnet«, welches Team mit wie viel Fahrern darin vertreten war. Das lähmte zuweilen auch das Rennen, weil bei »Gleichstand« sofort jede Initiative erlosch, aber diese Konstellation schuf eben auch ein Mannschaftsgefühl, das heute nahezu abhanden gekommen ist.

Die Rennfahrer rund um die Stars sind als deren Helfer engagiert, und welchen Platz sie gemeinsam mit den Stars in der Mannschaftswertung belegen, spielt keine Rolle – bei den Preisen nicht, bei den Prämien nicht und in den Medien gleich gar nicht. Damals konnte jeder in der Mannschaft zum »Helden« werden, wenn er sich – obschon vielleicht in der Einzelwertung weit hinten – in einer entscheidenden Phase für die Mannschaft »opferte«. Heute halten die Fernsehreporter höchstens Ausschau, ob die »Wasserholer« zahlreich genug versammelt sind.

Zurück in die Vergangenheit, in der die Blauen Trikots der führenden Mannschaft noch eine Rolle spielten. Wir rollten auf Warschau zu, wo sich im Stadion Hunderttausend versammelt hatten, um den polnischen Mannschaftssieg zu feiern.

Die Ausreißer gewannen zunehmend Vorsprung. Sonst tat sich nicht viel. Im Feld träumte man schon von der Abschlussparty. Plötzlich startete der Belgier Guillaume van Tongerloo – später bei den Profis ein Spitzenmann – blitzschnell einen Vorstoß. Ich sah mich um und entdeckte meinen polnischen Bewacher Janusz Paradowski einige Meter hinter mir im Feld. Er hatte – vielleicht nur, um einen Schluck zu trinken – mein Hinterrad verlassen. Entschlossen trat ich an und brauchte etwa vierhundert Meter, um Tongerloo einzuholen. Ein Blick nach hinten: Paradowski verfolgte mich aus Leibeskräften, aber zwischen uns klaffte ein Loch.

Das war die Entscheidung!

Natürlich besorgte Tongerloo nicht meine Arbeit, aber ich sah nicht nach links und nicht nach rechts, sondern trat nur, so hart ich treten konnte. Als ich mich das nächste Mal umsah, hatte Paradowski die Waffen gestreckt. Nun waren wir also in der Mannschaftswertung im Vorteil: Die Zeit, die ich herausfuhr, reduzierte die fünf Minuten Vorsprung. Ich nahm die Kilometersteine am Straßenrand ins Visier und begann zu rechnen, wie weit es noch bis Warschau war.

Als wir 45 der 140 Kilometer hinter uns hatten, erreichten wir die Spitzengruppe. Zwei Minuten Vorsprung vor dem Feld wurde uns signalisiert.

Die Polen hatten einen rabenschwarzen Tag erwischt. Als sich eine neue Verfolgergruppe formierte, in der auch Helmut Stolper aus der DDR-Mannschaft fuhr, gesellte sich der Pole Stanislaw Bugalski hinzu. Ein paar Kilometer weiter sprang er fluchend vom Rad: Reifenschaden! So schnell er auch das Rad wechselte, er schaffte den Anschluss nicht mehr. Nun begannen sie, in allen Begleitwagen die Stoppuhren zu bedienen. Noch führten die Polen. Fünf Minuten sind so schnell nicht wettzumachen, aber der Vorsprung schmolz, und die Jungen in den Blauen Trikots wussten genau, dass sich in solchen Situationen nie viele freiwillige Gefährten für eine erfolgreiche Verfolgungsjagd finden. Die meisten waren zufrieden, dass am Horizont Warschaus Türme auftauchten.

Das Spalier rechts und links der Straße wurde dichter. Die Unglücksbotschaft war uns schon durchs Radio vorausgeeilt. Die Zuschauer suchten in der Spitzengruppe vergeblich die Blauen Trikots ihrer Mannschaft. Der sonst lärmende Beifall am Straßenrand blieb matt, zu groß war die Enttäuschung.

Die Hunderttausend im Stadion selbst wollten noch nicht an die Niederlage glauben, als wir auf die Aschenbahn rollten. Jeder hatte nur Augen für die Uhr. Als die alles entscheidenden fünf Minuten vergangen waren, ohne dass ein Pole eingetroffen war, wussten alle, dass wir ein kleines Wunder vollbracht hatten. Ich sagte in jener Minute offenherzig: »Wir haben aber auch mehr Glück als Verstand gehabt!«

Zu Hause hingen Millionen an den Lautsprechern und jubelten.

Rekord: »Ich ging als Letzter«

Nicht nur in der DDR wurde gefeiert, auch wir ließen die Korken knallen. Wie immer hatte uns der Botschafter eingeladen. Wir saßen mit den Diplomaten zusammen, und unsere Gläser waren selten leer. An diesem Abend stellte ich sogar einen Rekord auf: Ich ging als Letzter!

Am nächsten Morgen holte uns eine Chartermaschine der Deutschen Lufthansa – ja, die flog damals noch in der DDR und ging erst später in die Interflug ein – in Warschau ab. In Schönefeld stiegen wir in offene Regierungswagen, und die waren schon an der Berliner Stadtgrenze bis an den Rand mit Blumen gefüllt.

Den Abend verbrachten wir im Trainingscamp Kienbaum. Die Frauen der verheirateten Fahrer waren gekommen und die Eltern der jüngeren. Über die Stimmung in der Runde muss ich nicht viele Worte verlieren.

Da ich mich an Kienbaum erinnere, will ich auch nicht darauf verzichten, zu erwähnen, dass das DDR-Trainingscamp nach 1990 eingeebnet werden sollte, wozu es aber nicht kam, weil die Mehrheit der nunmehr bundesdeutschen Nationalmannschaften von DDR-Sportlern gestellt wurde und die auf Kienbaum nicht verzichten wollten. So wurde es eines Tages ein BRD-Leistungszentrum, und sogar Angela Merkel erschien dort und überreichte strahlend den Pokal für »Gelebte Einheit«.

Jubel in Leipzig

Am Morgen nach jener Kienbaum-Nacht rollte die Kolonne der offenen sowjetischen Luxus-Wagen in Richtung Leipzig. In den Dörfern blockierten Bauern die Straße, weil wir ihnen Autogramme geben sollten. In Treuenbrietzen sprach Roland Henning auf einer improvisierten Kundgebung, in Wittenberg war der Marktplatz bis in die angrenzenden Straßen überfüllt, vom Turm der Kirche läuteten die Glocken. Fast eine Stunde verging, ehe wir weiterkamen. In Bitterfeld hatte der Oberbürgermeister zum Mittagessen decken lassen. Endlich kamen wir nach Leipzig. Auch hier erwartete uns eine Triumphfahrt.

Sie endete im überfüllten Stadion, wo das Publikum nach unserer umjubelten Ankunft das Weltmeisterschafts-Qualifikationsspiel DDR–Wales erwartete. Als wäre ein Funke unseres Kampfgeistes auf die Fußballspieler übergesprungen, lieferten sie, von Beifallsstürmen getrieben, ein mitreißendes Spiel gegen die britischen Profis. Es wurde ein 2:1-Sieg für die Mannschaft der DDR.

Lange Pausen blieben für uns nicht. Es galt, sich auf die jährliche Weltmeisterschaft vorzubereiten. Waregem in Belgien war diesmal der Austragungsort.

Der Bahnhof erinnerte an eine märkische Kleinbahnstation. Die Veranstalter hatten die Unterbringung der Amateure kostengünstig gelöst und uns in den kargen Zellen eines Klosters einquartiert. Wir fanden uns damit ab, amüsierten uns über die schmalen Betten und die kleinen Sichtklappen in den Türen. Ein Reporter des katholischen Blattes Het Volk hatte – vielleicht war ihm an diesem Tag nichts anderes eingefallen – unsere Anwesenheit in dem Kloster eine Sensation genannt und behauptet: »Da sie Kommunisten sind, hegten sie zunächst Misstrauen gegen die Kreuzbilder und die Klosterschwestern. Es ist aber möglich, dass sie in Waregem manches gelernt haben, was nicht im Vokabular der roten Propaganda steht!« Antikommunismus damals wie heute!

Worüber Het Volk nichts schrieb: Als wir nach den Toiletten fragten, lautete die Antwort: »Dort am Eingang des Saales befindet sich eine!«

»Und die Waschräume?«

»Dort am Eingang des Saales ist einer!«

Nichts gegen die Kirche, aber in dem angeblich für uns so lehrreichen theologischen Vokabular war der Begriff der Hygiene ein wenig ins Hintertreffen geraten.

Übrigens hatte unser Verband für die »Einzelzimmer« 50 belgische Franc pro Person und Nacht zu entrichten. Hinzu kam Preiswucher im Speisesaal: Einen Liter Milch besorgten wir uns im nächsten Laden für vier Franc, im Kloster waren acht zu bezahlen. Da hatten wir tatsächlich wieder etwas gelernt.

Als es endlich losging, zeigte der Himmel eine finstere Miene. Die Strecke versank fast im Regen. Auf der Zielgeraden versuchten Besen-Kolonnen, wenigstens die größten Pfützen wegzufegen.

Noch hatte ich Ballerup in »bester« Erinnerung und sah mich vor. Wie immer bei solchen entscheidenden Rennen fährt man viele Vorstöße mit, um sich hinterher nicht vorwerfen zu müssen, den entscheidenden verpasst zu haben. Vielleicht war ich auch damals zu oft mit von der Partie, aber als es in die letzte Runde ging, war ich noch vorn dabei. Einen Vorstoß des Italieners Arnaldo Pambianco vereitelten wir mit vereinten Kräften. Dann jagte der Belgier Louis Proost los, der sein Können bei der Friedensfahrt mit drei Etappensiegen überzeugend demonstriert hatte. Die anderen Belgier bremsten. Pambianco und der Holländer Schalk Verhoef rasten hinter

Proost ins Ziel. Ich wurde Vierter. Immerhin mein bestes Resultat. Ganz am Rande: Proost kam 1996 nach Schierke, in das Hotel meines Sohnes, und dort plauderten wir über die Friedensfahrt-Zeiten.

Als die Weltmeisterschaftsrevanche auf dem Sachsenring ausgetragen wurde, wurde ich hinter dem Belgier Emile Daems und dem Briten Alan Jackson Dritter, und der Weltmeister war irgendwo hinter mir geblieben. Aber was zählt, ist nun mal die Weltmeisterschaft!

Das nächste Ziel war für mich Heyrothsberge. Die Holunderbeeren waren reif, und die Beerensuppe mit den Grießklößen meiner Mutter war unerreicht. Da stand ich so schnell nicht auf vom Tisch.

Und dann waren da noch Hunderte Einladungen zu Veranstaltungen – heute sagt man »Talkshows«, früher nannte man sie »Foren«. Aus jenen Tagen nur einige Termine: Am 22. September Jugendweihestunde in Bautzen, am 23. September Vortrag in einer Flachsröste, danach Forum in einer Zentralschule. Abends Einwohnerversammlung in Neugersdorf.

Ein paar Tage später fuhr ich nach Berlin und verkündete aus einem Rundfunkstudio, was viele überraschte: Ich würde bei der nächsten Friedensfahrt vermutlich nicht an den Start gehen. Meine Begründung für diesen Schritt: Seit der Friedensfahrt 1956 hatte ich durch die Olympischen Spiele keine Ruhepause mehr gehabt. Ich wollte mich gewissenhaft auf die Weltmeisterschaft vorbereiten und deshalb zum ersten Mal auf die Friedensfahrt verzichten.

Die Ankündigung wurde überall heftig diskutiert. Die Friedensfahrt ohne Schur? Vielen erschien das wie eine Art Majestätsbeleidigung.

In der Schweiz – der Sächsischen ...

Es hatte sich herumgesprochen, dass ich meine Aufnahme in die SED beantragt hatte. Aus Magdeburg riefen sie mich an: »Du musst in den Betrieb kommen.« Gerüchtemacher hatten verbreitet, man hätte mich gezwungen, Parteimitglied zu werden und aus Protest wollte ich nicht bei der Friedensfahrt starten. An Gerüchten herrschte in der DDR kein Mangel.

Also los in den Betrieb. Ich hatte mir einige Notizen gemacht, aber dann legte ich den Zettel zur Seite und redete drauflos: »Über mich hat man doch schon viel erzählt. Einer wollte von seinem Freund gehört haben, dass die Freundin seines Schwagers mich in der Schweiz gesehen hatte.«

Man lachte.

»Ja, ich war tatsächlich in der Schweiz, allerdings nur in der Sächsischen. Da müsst ihr auch mal hin, das lohnt sich. Nun will also einer gehört haben, sie hätten mich gezwungen, Mitglied der Partei zu werden. Kumpels, ich bin 26 Jahre alt. Da ergibt sich eine einfache Rechnung: Mit 18 Jahren hätte ich bekanntlich bereits Mitglied werden können. Also bleibt nur die Frage: Habe ich mich acht Jahre erfolgreich gewehrt, Mitglied zu werden – dann bliebe die Frage, warum ich mich denn nicht weiter wehre – oder gab es einen anderen Grund, acht Jahre damit zu warten. Ja, den gab's: Ich habe acht Jahre überlegt, ob ich da Mitglied werden soll oder nicht. Und wer jetzt behauptet, ich wäre gezwungen worden, der lügt. Ich habe mich noch nie im Leben zu irgendetwas zwingen lassen. Man sagt von mir, ich sei in sportlicher Hinsicht ein Vorbild, und ich will offen sagen, dass ich mir auch Mühe gebe, als Vorbild aufzutreten. Im täglichen Leben sind viele Mitglieder der Partei Vorbilder, und ich will als Spitzensportler nun auch in den Reihen derer stehen, die im Leben Vorbild sind.«

Am 24. Juli 1957 wurde mir die Kandidatenkarte überreicht. Seitdem bin ich Mitglied der Partei. Ich habe nie daran gedacht, sie zu verlassen. Auch nicht, als viele davonliefen und wir die PDS gegründet haben und erst recht nicht, als daraus Die Linke entstand. Und gelehrt hat mich das Leben auch, dass die, die ihrer Gesinnung treu bleiben, mehr geachtet werden als die, die sich »wenden«.

Das erlebte ich schon, als sich 1990 der Landessportbund Sachsen-Anhalt etablierte. Plötzlich erhob sich einer im Saal und schlug vor: Täve Schur soll Ehrenpräsident werden! Ich glaube, mich verhört zu haben. Ich, der Mitglied des FDJ-Zentralrats gewesen war, Abgeordneter der Volkskammer, Mitglied des Präsidiums des DTSB, sollte zum Ehrenpräsidenten gewählt werden?

Im ersten Augenblick glaubte ich, dass sich die Sache von selbst erledigen würde. Ich muss niemanden daran erinnern, wie die Stimmung damals war. Ich war sicher, da würde schon jemand aufspringen und sich gegen die »alten Seilschaften« wenden, aber niemand meldete sich zu Wort.

Also ging ich nach vorn ans Pult, blieb ganz ruhig und »warnte« die Delegierten: »Leute, ich bin noch immer der, der ich war! Ich habe weder meine Haltung noch meine Gesinnung geändert.«

Man rief zur Abstimmung und zählte fünf Gegenstimmen. Als sich der Vorstand des Landessportbundes bald darauf in der Hauptstadt Bonn vorstellen sollte, hatte niemand Bedenken, mich in die »Delegation« aufzunehmen. Schur reiste also als Ehrenpräsident des Landessportbundes Sachsen-Anhalt in die Hauptstadt!

Sorgen um einen Sattel

Zurück ins Jahr 1958. Es galt wieder einmal, die Koffer für die Weltmeisterschaft zu packen. Diesmal war das französische Reims der Schauplatz. Wir nahmen die Strecke in Augenschein, es war der berühmte Autorennkurs.

Flimmernde Hitze hing am Morgen des 30. August über der Szene, als wir unsere letzten Vorbereitungen trafen.

Erst rief der Starter die Frauen auf. Zum ersten Mal in der Geschichte des Radsports würde man in Reims eine Frau im Regenbogentrikot feiern. Mancher verfolgte herablassend grinsend den Start, aber von Runde zu Runde wuchs der Respekt auf den Tribünen und auch im Fahrerlager. Beifall wurde laut, und am Ende hoben Männer die kleine Luxemburgerin Elsie Jacobs auf ihre Schultern und trugen sie durch ein jubelndes Spalier zur Tribüne, wo man ihr das Weiße Trikot mit den sieben bunten Ringen überzog und ihr zu Ehren die Hymne Luxemburgs intonierte.

Ich hörte sie, saß aber während der Zeremonie verständlicherweise längst auf dem Rad. Nach dem französischen Alphabet radelten wir als Erste an der Tribüne vorüber zur Startlinie. Auf den Tribünen hatte man riesige Fernsehleinwände installiert, auf denen man das Rennen verfolgen konnte.

Mein entsetztes Gesicht wird allerdings wohl niemand gesehen haben, zumal ich alles tat, um niemanden merken zu lassen, was mir bereits in der ersten Runde widerfahren war: Der Sattel war gebrochen. Ein Schaden, der einem den Schock in die Glieder jagt. An einer Stelle, wo das Tempo gebremst werden musste, wollte ich mir von dem hinterherfahrenden Materialwagen ein Ersatzrad geben lassen, aber dann signalisierte mir jemand vom Straßenrand, dass ich weiterfahren sollte, weil sie an der Box schon mit einem Ersatzrad auf mich warteten. Unser »Nachrichtendienst« funktionierte exzellent. Siegfried Köhler, der bei den Bahnrennen als Verfolger startete, war nicht entgangen, dass ich an meinem Sattel hantierte, und er war erfahren genug, um zu wissen, dass ich in Nöten steckte. Also hatte er einen Mannschaftskameraden beauftragt, mir ein Zeichen zu geben, sich selbst sofort hinter das Steuer des Mietwagens der Mannschaft geschwungen und war auf einer vorher genau erkundeten Umgehungsstraße zu den Boxen gerast. Dort traf er noch vor mir ein, meldete, was er gesehen hatte, und als ich kam, standen Werner Schiffner und Herbert Weisbrod schon mit dem Ersatzrad bereit. Ich kurvte zur Seite, sprang ab und sofort auf die andere Maschine. Ich verlor keinen Meter. Vor allem hatte ich nun das Gefühl, dass man an den Boxen die Sache im Griff hatte, und das tat meiner Psyche gut.

Allerdings blieb auch noch Skepsis: Was konnte Erich Winkler, der unvergessene Mechaniker jener Jahre, mit meinem gebrochenen Sattel anstellen? Ein neuer kam nicht in Frage, denn nichts wäre gefährlicher für mein Hinterteil gewesen, als in diesem Rennen auf einem neuen Sattel sitzen zu müssen. Das wäre mit einer Ganztagswanderung in nicht passenden Schuhen zu vergleichen.

Während ich mich auf dem Ersatzrad abplagte, weil die Sitzposition auf einem anderen Rad und vor allem einem anderen Sattel nie stimmt und schnell zu Verkrampfungen führt, grübelte Erich in seiner Box. Er hatte mit einem Blick erkannt: An dem Sattel war nichts zu reparieren.

Und dann hatte er plötzlich eine Idee, und die konnte ihm nur kommen, weil wir mit allem sparsam umgehen mussten. Als die Frauenrennen aufs Programm kamen, musste Erich auch ein weltmeisterschaftstüchtiges Rad für Elly Vey aus Freiberg montieren. Devisen für einen neuen Sattel hatte er nicht, und deshalb entschloss er sich, sie auf einen meiner älteren Sättel zu setzen. Da Ellys Rad in diesem Augenblick in der Boxenecke stand, war sein Blick darauf gefallen und hatte ihn zu dem im Grunde simplen Ausweg inspiriert: Er montierte meinen alten Sattel auf mein Rad. Das Problem war gelöst und ich gerettet.

»Bummelrennen« für Gregor Gysi

Dass man selbst solche Situationen wieder vergessen kann, will ich mit einer Episode belegen, die sich vierzig Jahre später zutrug.

1998 hatte ich mich bekanntlich nach einigem Zögern bereiterklärt, für ein PDS-Bundestagsmandat zu kandidieren. Die Motive für das Zögern werde ich später erklären. Als feststand, dass ich kandidieren würde, lud man mich zum Wahlkampfauftakt nach Dresden ein. Es war ein heißer Sommertag, die Bühne stand auf dem Schlossplatz und wurde über Stunden von Heinz Quermann beherrscht. Danach stand ein Gespräch zwischen einem populären Entertainer und mir auf dem Programm. Der hatte allerdings nicht nur gezögert, bei der PDS aufzutreten, sondern in letzter Minute sogar abgesagt. Klaus Huhn sprang ein. Als wir die Talkrunde beginnen wollten, erreichte uns die Hiobsbotschaft, dass Gregor Gysi, der die Hauptrede des Nachmittags halten sollte, überraschend nach Karlsruhe bestellt worden war, wo man ihm das Urteil in einem seiner Prozesse wegen angeblicher Stasi-Tätigkeit verkünden wollte. Zwar waren die nötigen Flüge von Karlsruhe nach Dresden inzwischen gebucht worden, aber dann stellte sich heraus, dass er keinesfalls pünktlich erscheinen konnte.

Es mochten so um die 3000 Menschen sein, die sich vor der Bühne versammelt hatten, und wir bekamen Order, die Gesprächsrunde so auszudehnen, dass niemand davonlief, bevor Gregor Gysi eintraf. Klaus raunte mir zu: »Ich werde dir also ein paar Fragen stellen, bei denen du vielleicht Mühe hast, dich zu erinnern. Vergiss nicht: Alles für die Partei!«

Ich machte mir keine Sorgen, aber als er mich als Erstes fragte, ob ich dem Publikum an diesem so wichtigen Tag nicht endlich verraten wolle, welchen Anteil eine Frau an meinem ersten Weltmeisterschaftssieg in Reims 1958 hatte, war ich einen Augenblick lang sprachlos.

»Eine Frau?«, fragte ich unsicher.

Ich stolperte durch mein Gedächtnis, rief mir den Tag genau in Erinnerung, und endlich half mir Klaus auf die Sprünge: »War da nicht ein Defekt schon in der ersten Runde ...?«

Das war das Stichwort, und fast auf den Tag genau vierzig Jahre, nachdem Erich Winkler den Vey-Sattel auf meinem Rad montiert hatte, erzählte ich nun die Geschichte bis ins letzte Detail. Bis ins allerletzte sogar, denn während es mein Leben lang ja immer darum gegangen war, so schnell wie möglich ans Ziel zu kommen, galt es an diesem Nachmittag, Zeit zu »schinden«. Endlich kam das ersehnte Signal, jemand winkte uns zu: Gysi ist gelandet. Bald darauf traf er ein und hielt eine umjubelte Rede, die er mit den Worten schloss: »Liebe Freunde und Genossen, tut mir einen persönlichen Gefallen und sorgt dafür, dass ich am Morgen des 28. September von den Abgeordneten der anderen Parteien nicht mehr als ›Gruppenratsvorsitzender‹, sondern endlich als ›Fraktionsvorsitzender‹ begrüßt werde.« Man tat ihm den Gefallen.

(Bis 1998 war die PDS von der Stärke her nur als Abgeordnetengruppe im Bundestag vertreten, danach erhielt sie den Status einer ordentlichen Fraktion.)

Drehen wir meinen Lebensfilm also wieder vierzig Jahre zurück und wechseln von Dresden nach Reims. Ich tauschte eine Runde später also wieder das Rad, wusste natürlich nicht, welchen Ausweg Erich Winkler gefunden haben konnte, und warf als Erstes einen prüfenden Blick auf meinen Sattel. Er kam mir bekannt vor, und ich lachte in mich hinein: »Dieser Erich ist und bleibt ein Teufelskerl.« Guter Dinge und felsenfest davon überzeugt, dass nun eigentlich nichts mehr dazwischenkommen konnte, trat ich in die Pedalen.

Wieder einmal waren es die Italiener, die den Endkampf beherrschten und, dirigiert von Proietti, den ersten Vorstoß inszenierten. Martini stürmte davon. Der Spanier Belmonte und der Holländer van Egmond hingen sich an sein Hinterrad, und diese Spitzengruppe gewann zügig Vorsprung. Ich fürchtete bald, dass das Loch zu groß werden könnte.

Vielleicht schmunzelt der eine oder andere, wenn ich heute erkläre, warum ich mich an diesem Tag so lange zurückgehalten hatte. Der Student Schur hatte in Vorlesungen und Seminaren viel über seinen Körper erfahren, was er bis dahin nicht gewusst hatte. Da ich mir in den Tagen vor dem Rennen eine Magenverstimmung geholt hatte, also nicht normal essen und auch nicht planmäßig trainieren konnte, wollte ich meine Kräfte schonen. Ich aß und trank zwar regelmäßig, aber immer nur in kleinen Mengen. Damit wollte ich mich vor Krämpfen schützen, denn Krämpfe beenden alle Rennfahrerhoffnungen. Dem, was ich in den Vorlesungen gelernt hatte, präzise folgend, trachtete ich in der ersten Phase des Rennens danach, die Belastung gleichmäßig zu steigern, um den Körper am Schluss des Rennens auch wirklich bis an seine Grenzen belasten zu können. Aber diese Phase war noch nicht erreicht, denn die Gruppe wurde wieder eingeholt. Dann gaben die Italiener erneut das Signal zum Angriff. Die letzte Runde begann, und Martini, Venturelli und Trapé rasten los. Drei italienische Trikots in Front. War die Entscheidung schon gefallen?

Bis die Hymne ertönte

Als sich einige Verfolger auf den Weg machten, das Trio wieder einzuholen, gesellte ich mich mit wuchtigem Antritt dazu. Wir waren zu sechst. Die Italiener merkten bald, dass wir näher kamen, hoben die Beine und ließen uns aufschließen. Wenige Augenblicke später hielt ich die Situation für günstig und startete einen Ausreißversuch. Die Italiener hingen sofort wie Kletten an meinem Hinterrad. Also würde erst der Spurt die Entscheidung bringen. Und das warf die Frage auf: Wer würde zuerst antreten?

Als wir in die etwa 800 m lange Zielstrecke einbogen, blies der Wind von rechts. Noch heute erinnere ich mich genau meines Gedankens in diesem Augenblick: Du brauchst eine günstige Position. Aber ehe ich die gefunden hatte, zog ein Italiener den Spurt an. Er zog die gegen den Wind rasende Staffel auf die linke Straßenseite und damit seine eigenen Landsleute hinten fast in den Graben. Ich hatte mein Vorderrad im letzten Augenblick »freigesteuert« und fuhr mit meinen 96 Zoll mit allen Kräften rechts an den vor mir sprintenden, sich dabei auch gegenseitig behindernden Fahrern vorbei. Konzentration und Anstrengung sind in solchen Augenblicken so groß, dass die letzten Meter selten im Gedächtnis gespeichert werden. Ich weiß nur noch, dass ich das Rad nach vorn riss. Ziemlich sicher war ich mir allerdings nur, dass ich mich gegen zwei Fahrer durchgesetzt hatte, und verzichtete wohlweislich auf jeden Freudenausbruch. Ich hatte in vielen Jahren genug erlebt.

Die Belgier rissen jubelnd die Arme hoch, Betreuer hoben sie auf die Schultern und trugen sie triumphierend zur belgischen Box. Das irritierte mich nicht, denn seitdem Radrennen gefahren werden, versucht man mit solchen Gesten für Stimmung zu sorgen. Andererseits will ich nicht behaupten, dass es mich völlig kalt ließ.

Irgendjemand gratulierte mir, aber ich winkte ab. Und dann sah ich zwischen der Menschentraube am Ziel plötzlich meinen Mannschaftskameraden Egon Adler, der sich wie ein Irrer durch die Menge boxte, bis er bei mir war und mich anschrie: »Täve, Täve, du bist Weltmeister!«

Ich blieb immer noch ganz ruhig. Als ein Funktionär kam und mich zur Siegerehrung holte, keimte erste Freude: Wenigstens unter den ersten drei!

Wir gingen zum Siegerpodest. In den Lautsprechern war ein Knacken zu hören, und dann krachte Musik los: Die Hymne der Deutschen Demokratischen Republik. Ich wurde auf das oberste Podest geschoben, man zog mir das Trikot über. Ich sah Werner Schiffner heulen wie ein Kind. Vor mir auf einer Brüstung stand plötzlich eine riesige Flasche Sekt, und jemand kroch zwischen meinen Beinen herum. Er wollte das Etikett der Flasche zur Fernsehkamera drehen.

Der einzige, den ich nirgendwo sah, war Erich Winkler. Der manchmal kauzige Mechaniker räumte schon sein Material in die Kisten und sagte hinterher zu mir: »Täve, ich stand genau an der Linie und sah, dass du gewonnen hast. Dann machte ich mich wieder an meine Arbeit.«

Der Trubel, der nun losbrach, war unbeschreiblich. Journalisten stellten mir Fragen, die so einfältig waren, dass ich sie am liebsten gar nicht beantwortet hätte: »Aus welcher Stadt kommen Sie?«, »Wie alt sind Sie?«, »Wann werden Sie Berufsfahrer?«, »Haben Sie Geschwister?«, »Sind Sie verheiratet?«, »Sitzt Ihre Frau am Radio?«

Endlich brachten sie mich in einem Auto in Sicherheit. Im Hotel kannte ich die Hintertreppe. Über die kam ich in mein Zimmer. Erst mal duschen, dann hinlegen und die Gedanken sortieren.

Weltmeister!

Ich war Weltmeister! Als Erstes wurde mir klar, dass das nicht nur Anlass zum Feiern, sondern auch eine enorme Verpflichtung war. Bei jedem künftigen Rennen musste ich faktisch den Titel verteidigen.

Vieles ging mir durch den Kopf. Die Zweikämpfe mit dem Bus kamen mir wieder in den Sinn, die Kumpels, die mich mit einer Stange in meiner Krankabine aus dem Schlaf getrommelt hatten, und natürlich Herrmann Erdwig.

Mein erster Entschluss war: Ihm schenke ich das Weltmeistertrikot!

Während ich noch auf meinem Bett lag und die Ruhe genoss, füllte sich die Hotelhalle. Die Besitzerin des bescheidenen Hauses erkannte sogleich ihre Chance und begann, sich den Trubel zu Nutze zu machen. Sie zog ihr bestes Kleid an und spazierte dann durch die Halle.

»Der Weltmeister? Ja, der wohnt hier, ist aber im Augenblick nicht zu sprechen! Nehmen Sie doch an der Bar Platz, er wird jeden Augenblick erscheinen.« Bald war an der Bar kein Platz mehr, und sie empfahl das Frühstückszimmer.

Inzwischen war Fritz Naundorf zu mir gekommen und massierte mich. Dann tauchten die anderen aus der Mannschaft auf.

»Wie fühlt man sich als ein Weltmeister?«

»Ich hab's noch nicht begriffen!«

Einer mahnte: »Du musst runtergehen, sie stehen Schlange! Die Werbeverträge winken.«

»Kein Bedarf!«

Schließlich machte ich mich doch auf den Weg. Tatsächlich drängelten sie sich in der Halle und hatten Werbeverträge in den Händen. Schon ausgefüllt, nur noch zu unterschreiben.

Ich winkte ab. Die Hotelchefin wurde blass. Die Herren von den Firmen starrten mich fassungslos an. Niemand schlägt einen Werbevertrag aus. Nur die Konkurrenz konnte dahinterstecken. Hatte die etwa schon vor dem Rennen die Konditionen ausgehandelt?

Man schlug die Scheckhefte wieder auf. Vielleicht nur ein Missverständnis.

Ich winkte ab. Mancher, der das heute liest, wird den Kopf schütteln und sich fragen: Wie kann man so einfältig sein und auf Geld verzichten?

Hier ist zunächst vonnöten, einige Worte zu jener Zeit und zum Sport in jener Zeit zu verlieren. Avery Brundage, der Mann, der mir in Melbourne die Bronzemedaille überreicht hatte, wird heute noch, nach seinem Tode, von vielen als hoffnungsloser Fantast verlacht, weil er sich so konsequent für den Amateursport engagiert hatte. 1972 schrieb er in seinen Memoiren: »Man hört immer wieder, die Amateurregeln seien nicht mehr zeitgemäß, sie müssten unseren derzeitigen gesellschaftlichen Bedingungen angepasst werden. Welchen gesellschaftlichen Bedingungen, frage ich. Sie sind in den USA anders als in der UdSSR, in Indien anders in als Brasilien usw. Diejenigen, die solches fordern, suchen immer nach dem leichtesten Weg. Wenn man das aber auf allen Gebieten des Lebens gestatten wollte, hätten wir bald das Chaos auf Erden.

Die Amateurgesetze werden immer wieder verletzt, und deshalb sollen sie geändert oder am besten ganz abgeschafft werden? Was ist das für eine Logik? Die zehn Gebote werden auch immer wieder verletzt, obwohl sie schon seit zweitausend Jahren Gültigkeit haben und mit der Autorität von Kirche und Staat anerzogen werden.

Niemand denkt daran, sie abzuschaffen. Es gibt strenge Gesetze gegen Trunkenheit am Steuer. Soll man sie abschaffen, weil sie täglich gebrochen werden? Soll man sie vielleicht modifizieren, weil der eine sein Auto mit 1,5 Promille Alkohol besser in der Gewalt hat als ein anderer mit 0,5 Promille oder ein Dritter ohne Alkohol? Soll man für jeden Menschen ein eigenes Gesetz machen?

Die olympischen Amateurregeln werden kritisiert, aber noch niemand hat bessere vorschlagen können.«

Diesen Standpunkt des amerikanischen Millionärs teile ich. Allerdings unter den Voraussetzungen, die in der DDR und damals bekanntlich in einem großen Teil der Welt galten und die jedem die Möglichkeit boten, eine sportliche Laufbahn und eine solide Berufsausbildung unter einen Hut zu bringen.

Die Zeiten haben sich geändert, und geändert hat sich auch die Rolle des Sports. Er wurde endgültig zur Ware. Der Spitzenathlet liefert seine Leistung auf dem Markt ab, und sie wird ihm dort bezahlt. Zuweilen wohl sogar überbezahlt. Wir würden aber einen kapitalen Denkfehler begehen, wenn wir die Verhältnisse im heutigen Deutschland als Maßstab für den Weltsport gelten lassen würden. Und noch immer ist Brundages Frage nach den Unterschieden der Voraussetzungen für den Sport zum Beispiel in den USA oder in Brasilien aktuell. Und auch die Frage, in wie vielen Ländern dieser Erde einem sportlichen Talent die Voraussetzungen geboten werden, die nötig sind, um an Olympischen Spielen teilnehmen zu können? Hierzulande werden Fernsehgelder und die Zahlungen von Sponsoren wenigstens zu einem Teil genutzt, um jungen Athleten den Weg zu ebnen, aber es existiert kein System, das diese Förderung sichert oder gar garantiert. Und noch einmal die Frage: Wie steht es damit in Ägypten oder Brasilien? Ich will das Problem nicht überspitzen, aber müssten wir nicht auch nach den hungernden Kindern fragen, die von einer Schüssel Reis träumen und nie im Leben einen Sportplatz sehen werden?

Zwar konnten die inzwischen in Vergessenheit geratenen Amateurregeln auch nichts an den Verhältnissen ändern, aber sie sicherten – auch wenn sie ständig verletzt wurden – ein Minimum an Chancengleichheit. Dass der Einzug der Olympischen Spiele in die Kommerz-Arena ihren humanen oder moralischen Wert erhöhte, wird niemand behaupten wollen. Inzwischen kann auch niemand mehr leugnen, dass das Internationale Olympische Komitee zwar offiziell noch als Veranstalter der Spiele auftritt, die tatsächlichen Veranstalter aber die Manager der Fernsehmultis sind, die sowohl bestimmen, wann wer startet, weil das nach den Einschaltquoten entschieden wird, als auch Einfluss auf die Regeln nehmen. Dass die Fehlstarts in der Leichtathletik auf null reduziert wurden, war das Ergebnis der Forderung, die »ereignislosen« Übertragungszeiten zu verringern.

Ich wechselte damals also nicht zu den Profis und steckte auch keinen Scheck für einen Werbevertrag ein. Und – man mag mich belächeln – ich bereue es bis heute nicht!

Die verständlicherweise in anderen Maßstäben denkende Hotelbesitzerin hatte bald eine wichtige Frage an mich: »Wo werden Sie den Abend verbringen?« Die Frage war so wichtig für sie, weil ein Restaurantbesitzer in Reims im Voraus einen Weltmeister-Ball arrangiert hatte. Er war inzwischen aufgetaucht und teilte mir mit, dass ich unbedingt dort erscheinen müsse. »Wir haben die Anwesenheit des Weltmeisters auf Plakaten angekündigt.« Und etwas leiser: »Und wir zahlen natürlich auch dafür ...« Wäre ich dort hingegangen, hätte die Hotelbesitzerin nicht mit meiner Anwesenheit in ihrem Etablissement werben können.

Ich teilte dem Ball-Manager mit, dass er mit mir nicht rechnen könne: »Wir feiern hier, im kleinen Kreis, die Mannschaft, die Trainer und die Journalisten aus der DDR.«

Die DDR hatte damals noch keine Botschaft in Frankreich, aber in Paris eine »Vertretung der Kammer für Außenhandel«. Die dort Tätigen waren nach Reims gekommen, hatten meinen Triumph erlebt und wollten nun in unserem Hotel einen bescheidenen Empfang für den ersten DDR-Straßenweltmeister geben. Die Hotelchefin ließ sogleich das Frühstückszimmer herrichten und aus allen Stockwerken Stühle heranschleppen. Um acht Uhr war die Tafel gedeckt. An den zu einem Hufeisen zusammengeschobenen Tischen saß ich in der Mitte. Als Weltmeister!

Champagnerflaschen wurden geöffnet, und ich sprach ein paar Worte. Nach meiner Erinnerung etwa so: »Ich werde wohl noch zwei, drei Tage brauchen, ehe ich begriffen habe, was eigentlich geschehen ist. Aber trinken wir heute schon auf das Wohl aller, die mir die Daumen gedrückt haben.« Und ich habe sicher auch noch gesagt: »Trinken wir auch auf das Wohl der Arbeiter und Bauern der DDR, denen auch ich im Grunde genommen meine Erfolge zu verdanken habe.« Das habe ich nämlich meist gesagt und schäme mich dessen bis heute nicht.

Es klopfte an der Tür, und ein schwitzender Postbote schleppte Stapel von Telegrammen herein. Ich erinnere mich noch sehr genau: Es waren zusammengefaltete blaue Vordrucke: Die ganze Runde machte sich daran, sie zu öffnen und vorzulesen. Eines las ich selbst vor: »Herzlichen Glückwunsch zu Ihrem hervorragenden Sieg, zum Gewinn des Weltmeistertitels. Die Werktätigen Ihrer sozialistischen Heimat sind stolz auf Ihre kämpferische Leistung. Wilhelm Pieck, Präsident der Deutschen Demokratischen Republik.« Ich habe es heute noch.

Später standen französische Arbeiter in der Tür. »Wir sind begeistert, dass einer aus der DDR gewonnen hat«, übersetzte der Dolmetscher, »und wollen ihm die Hand schütteln.« Wir stießen an, und sie umarmten mich.

Eine Sektkellerei hatte die Sechs-Liter-Flasche gestiftet, die man mir bei der Siegerehrung überreicht hatte. Die wollte ich für die Runde öffnen, aber Werner Schiffner war dagegen: »Lass uns damit warten bis zu dem Tag, an dem du heiratest – und wenn wir dann noch leben, werden wir dir helfen, sie auszutrinken.«

Ich schlug vor, dass wir wenigstens alle unsere Namen auf diese Flasche schreiben sollten. In diesem Augenblick kamen neue Gratulanten. Ich traute meinen Augen nicht, als ich in ihrer Mitte auch den Vorsitzenden des Westberliner Radsportverbandes sah. Was hatte der uns das Leben schwer gemacht, als der DDR-Radsportverband um seine internationale Anerkennung kämpfte. Er war auch nicht nur gekommen, um zu gratulieren. In Westberlin sollte eine der vielen Weltmeisterschafts-Revanchen stattfinden, und er wollte mich dort am Start sehen. Ich musste ihn enttäuschen, weil mich die Italiener für diesen Tag schon Wochen vorher zu einem Rennen eingeladen hatten. »Die haben wohl damit gerechnet, dass ich Weltmeister werde«, schmunzelte ich und schlug ihm dann vor, sich wenigstens auf der Siegerflasche mit seinem Namenszug zu verewigen. Er griff zum Stift, und als jemand in der Runde witzelte: »Seien Sie vorsichtig, da steht ein Anti-Atomwaffenappell drauf«, kramte er sofort seine Brille hervor und studierte jedes Wort des Etiketts. Zu seiner Ehre sei gesagt: Danach unterschrieb er.

Schon vor der Reise zur Weltmeisterschaft hatte mir die FDJ vorgeschlagen, bei den Volkskammerwahlen am 16. November 1958 für ihre Fraktion zu kandidieren. Ich ließ mir die Sache durch den Kopf gehen und sagte zu. Die Nachricht machte die Runde und erboste aus mir unbegreiflichen Gründen Willi Daume. Der Unternehmer aus dem Ruhrgebiet und Präsident des westdeutschen Sportbundes war zwar nie ein Freund der DDR, legte aber immer Wert auf gesitteten Umgang. In diesem Fall jedoch verzichtete er auf gute Manieren und kommentierte meine Entscheidung mit den Worten: »Das ist der Gipfel des Irrsinns.«

Europäische Zeitungen zitierten ihn, und eines Tages erfuhr ich, dass man Giovanni Proietti in Italien nach seiner Meinung befragt hatte. Er konnte keinen »Irrsinn« in der Kandidatur erkennen: »Der Sport hat im modernen Staat eine bedeutende soziale Funktion, und deshalb ist es zu begrüßen, dass aktive Sportler die eigenen Interessen im Parlament vertreten. In unserem Parlament gibt es einen Sportausschuss, aber in dem sitzen nur Theoretiker des Sports, Leute, die selbst nie Sport getrieben haben und demzufolge die Probleme nur vom Hörensagen kennen. Ich kenne Schur nicht nur als erstklassigen Rennfahrer, sondern auch als eine Persönlichkeit, die von einem bemerkenswerten Charakter geprägt ist. Dass ihn jemand als Kandidaten für das Parlament vorgeschlagen hat, bestätigt nur meine Meinung. Was zu jenen negativen Kommentaren führte, ist mir unbegreiflich.«

Es gab natürlich auch unter den Rennfahrern manche Frage an mich. Der Däne Niels Baunsoe fragte mich eines Morgens beim Frühstück vor einem Rennen in Kopenhagen: »Bist du jetzt reich, Täve?«

Verblüfft fragte ich ihn: »Wie kommst du darauf?«

Er schmunzelte: »Bei uns sind alle reich, die im Rijkstag sitzen.«

Ich widersprach ihm: »Bei uns ist das eben anders.«

Niels grinste breit: »Ist euer Rijkstag so arm?«

Wir wechselten das Thema.

Bekenntnisse eines
Volkskammer-Abgeordneten

Ich war von 1958 bis 1990, also 32 Jahre lang Mitglied der Volkskammer. Man hat mich nach der Kehrtwende oft genug gefragt, ob wir in der Volkskammer nicht auch falsche Entscheidungen getroffen haben. Darauf antworte ich: Jedenfalls hat die Volkskammer nie beschlossen, dass sich die DDR an einem Krieg beteiligt! Das ist für mich das wichtigste Kriterium für die Tätigkeit eines deutschen Parlaments, und ich bin auch stolz darauf, dass ich, als ich nach acht Jahren wieder Mitglied eines deutschen Parlaments wurde, dort gegen eine deutsche Kriegsbeteiligung gestimmt habe. Aber in diesem Parlament gehörte ich damit zu einer Minderheit. Die Mehrheit der Abgeordneten war für den Krieg und für den Überfall auf ein Land, das schon Hitler überfallen hatte. Das Urteil über diese Entscheidung wird die Geschichte fällen.

Was die Volkskammer angeht, so hat man mir auch vorgeworfen, dass ich an dem Beschluss über den Bau der Mauer beteiligt war. Wie man später erfahren konnte, war die Entscheidung, diese Grenze zu befestigen, nicht in der DDR gefallen, auch wenn man es heute so darstellt. Unbestreitbar ist, dass Chruschtschow und Kennedy in Wien 1961 übereingekommen waren, für das Pulverfass Berlin eine friedvolle Lösung zu finden. Kennedy hatte seine Bedingungen klar formuliert: Keine Beschränkung der Zufahrtswege für die West-Alliierten und keine Beschränkung der Bewegung innerhalb Berlins für die West-Alliierten. Alle, die es anging, wussten über diese Vereinbarung Bescheid. Und die Dimension der Befestigung dieser Grenze war in sowjetischen Befehlen präzisiert worden. Sprüche wie »Die Mauer war der Anfang vom Ende der DDR« ignorieren schlicht die historischen Fakten.

Und wenn es um die übrigen Beschlüsse der Volkskammer geht, muss man sich schon die Mühe machen, sie gewissenhaft zu studieren, um sich dann ein Urteil zu bilden. Es waren jedenfalls viele Gesetzesvorlagen darunter, die – hätte sie je der Bundestag gefasst – heute zahllose soziale Probleme dieses Landes lösen würden.

Noch ein Wort zum Arbeitsstil der Volkskammer. Gewiss, im Bundestag werden die Gesetzesvorlagen ausgiebig diskutiert, prallen unterschiedliche Meinungen aufeinander. Aber ist das allein der Maßstab für Demokratie? Ich war fassungslos, als ich das erste Mal erlebte, wie viele Abgeordnete zu den Debatten gar nicht erst erschienen. An einem Abend habe ich mit mir 17 Abgeordnete im Bundestag gezählt, also rund vier Prozent der Gewählten. Und im Grundgesetz, wo ich eine Klausel suchte, ob man als Abgeordneter nicht anwesend sein müsste, las ich: »Zu einem Beschlusse des Bundestages ist die Mehrheit der abgegebenen Stimmen erforderlich.« An jenem Abend wären das also neun gewesen.

Auch in der Volkskammer wurde in den Ausschüssen intensiv beraten. Für diejenigen, die sich daran nicht erinnern können, will ich ein kleines Beispiel aus eigenem Erleben zum Besten geben. Es stammt aus dem Jahr 1970.

Der Jugendausschuss, in den ich gewählt worden war, hatte beschlossen, den Freizeit- und Erholungssport in Halle-Neustadt zu untersuchen. Wir fuhren also nach Halle-Neustadt, studierten dort die Bedingungen für den Breitensport und unterbreiteten hinterher eine Reihe von Vorschlägen. Einer empfahl, ein Komitee für Körperkultur und Sport zu bilden, in dem staatliche Beauftragte, Beauftragte der Betriebe, Beauftragte des Rates der Stadt, des Gesundheitswesens und der Volksbildung ein gemeinsames Perspektivprogramm bis 1975 entwickeln sollten. Ein anderer galt dem Generalbebauungsplan. Halle-Neustadt hatte damals rund 32 000 Einwohner, und die Zahl sollte sich bis 1975 etwa verdreifachen. Wir untersuchten, ob der Plan auch genügend Sportstätten auswies. Wir stießen auf ein interessantes Experiment. In einem modernen Wohnblock hatte man einen Konditionierungsraum – heute würde man Fitnesszentrum sagen – eingerichtet. Wir konstatierten, dass die Räume dafür nicht groß genug waren und kritisierten auch, dass die unmittelbar an den Wohnhäusern liegenden Kleinsportanlagen den Anforderungen nicht genügten. Es wurde den Städteplanern dringend empfohlen, großzügiger zu planen, bei der Entfernung der Sportplätze von den Wohnhäusern aber auch zu berücksichtigen, dass dort viele Schichtarbeiter wohnen würden, deren Ruhe nicht gestört werden sollte.

Wir fuhren nach Hause, brachten alles, was wir herausgefunden hatten, zu Papier und sorgten dafür, dass künftig überall, wo neue Wohnbauten entstanden, auch neue Sportstätten nicht vergessen wurden. Kurzum: Auch in der DDR entstanden Gesetze nach oft gründlichen Vorarbeiten der Abgeordneten in den Ausschüssen.

Ich breche mein Wort

Meine Ankündigung, auf die Teilnahme an der Friedensfahrt ausnahmsweise zu verzichten, hatte eine Lawine von Briefen ausgelöst. »Mensch, Täve, Friedensfahrt ohne dich, das geht nicht!« Menschen sprachen mich auf der Straße an. Das rührte mich, aber ich hatte schließlich triftige Gründe. Ich brauchte eine Pause und wollte auch im Studium einiges nachholen.

Auf dem Weg zur Arbeit: Anreise zum Rennen

Friedensfahrtvorbereitung auf dem Eis in Oberwiesenthal

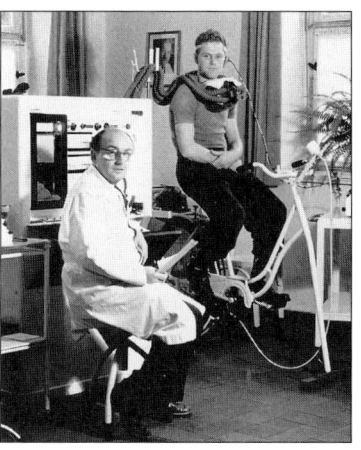

Täve bei Prof. Dr. Israel

Materialpflege

Auch an den Ringen beste Haltungsnoten

Egon Adler, Täve Schur und Bernhard Eckstein
montieren ihre Diamant-Rennräder

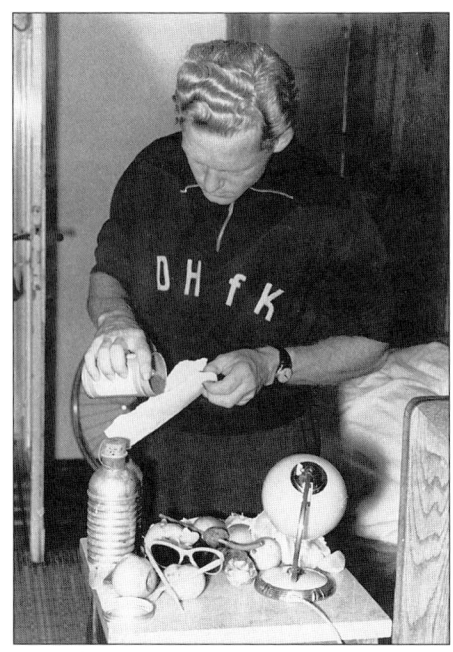

Rennvorbereitung

Kalorien und
Vitamine des
Friedensfahrers
Schur für
eine Etappe

II/4

Etappenziel Prag, Täve – laufenderweise durchs Ziel

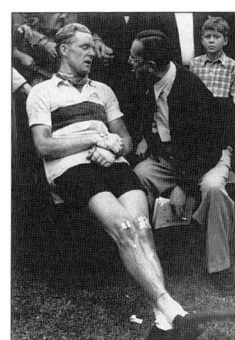

Täve völlig erschöpft in Schönebeck, bei der Harzrundfahrt, mit Herrmann Erdwig

Täve beim Start zum Zeitfahren in Erfurt

Zeit für einen Plausch

Friedensfahrtmannschaft 1954 (Benno Funda, Bernhard Trefflich, Georg Stolze, Erich Schulz, Täve Schur, Lothar Meister I)

Friedensfahrtmannschaft 1952 (Hans Tennler, Täve Schur,
Dr. Schlamm, Heinz Gleinig, Bernhard Trefflich, Paul Dinter,
Rudi Kirchhoff, Horst Gaede, Heinz Richter, Werner Scharch,
Trainer: Werner Schiffner, Kurt Ketzrich)

Mannschaftssieger 1953 (Georg Stolze, Erich Zawadski,
Täve Schur, Paul Dinter, Trainer Werner Schiffner, Bernhard
Trefflich, Erich Schulz, Lothar Meister I, Dieter Köhler)

Klaus Ampler und Täve Schur bei der Deutschen Straßenmeisterschaft 1963

Auf der Winterbahn in der Werner-Seelenbinder-Halle

Mannschaftssieger bei der XVI. Friedensfahrt 1963
(Manfred Weisleder, Manfred Brüning, Günter Lux, Klaus Ampler, Täve Schur, Lothar Appler)

Mannschaft (Günter Gleinig, Horst Gaede, Täve Schur, Bernhard Trefflich, Paul Dinter, Rudi Kirchhoff, Hans Trennler, Thiel)??? BU?

Friedensfahrtmannschaft 1958 (Rolf Töpfer, Günter Grünwald, Trainer Herbert Weisbrodt, Täve Schur, Erich Hagen, Egon Adler, Werner Schiffner, Roland Henning, Trainer Otto Busse)

Rivalen und Freunde! Schur und Vesely

Friedensfahrt, Tag der Befreiung in Warschau, Schur mit Werschinin

DDR-Rundfahrt 1962, Täve mit dem Holländer Swanefeld

Zeitfahren

Täve, Sieger bei der Straßenfernfahrt Berlin–Leipzig

Cestari und Schur, Friedensfahrt 1961, Täve gewinnt mit Reifenstärke die Etappe in Brno

Siegerrunde zu dritt

Strahlender Sieger

Täve mit seinen größten Fans

Täve als Solist ... Kletterer ...

... und im Hauptfeld; hier: Friedensfahrt 1964, 1. Etappe,
links Pavel Dolezal

Querfeldeinmeisterschaft der DDR in Halle, Ehrenrunde der Sieger, Dieter Lüder und Täve

Radschaden

Noch ein Kranz ...

Täve aus dem Sattel

1960, Weltmeisterschaft auf dem Sachsenring

Sachsenring 1960, Täve in Lauerstellung

Sachsenring 1960,
Täve mit dem neuen Weltmeister Bernhard Eckstein

Eines Tages rief man mich in das Zimmer des DHfK-Rektors. Dort traf ich Paul Verner. Der ehemalige Spanienkämpfer und damals für den Sport zuständige SED-Funktionär riet mir, die Entscheidung noch einmal gründlich zu überdenken. Auch bei der Partei seien so viele Briefe eingegangen, dass es schwerfalle, den Schritt allen zu erklären. Ich wollte nicht glauben, dass meine Ankündigung so viel Gemüter bewegt haben könnte, aber es gab mir zu denken. Ich schlief noch mal darüber, und ein paar Tage später flog ich mit Lothar Meister II ins Trainingslager nach Rumänien.

Es wurde meine achte Friedensfahrt, und die wurde zum ersten Mal in Berlin gestartet. Zum ersten Mal stand auch ein Einzelzeitfahren auf dem Programm. Es führte über 40 Kilometer von Leipzig nach Halle. Wer sich an die Straße erinnert, weiß, dass es kein ideales Pflaster war und obendrein der Wind viele freie Strecken hatte, auf denen er den Rennfahrern das Leben schwer machen konnte.

Wegen der damals noch geltenden Regeln der UCI musste das Einzelzeitfahren als »Halbetappe« ausgetragen werden, so dass wir am Nachmittag noch eine Etappe nach Karl-Marx-Stadt zu absolvieren hatten. Der Hintergrund dieser Regel: Die Veranstalter der großen Profi-Etappenfahrten sahen in der Friedensfahrt längst eine Konkurrenz und bewogen die UCI, für Amateurfahrten maximal zwölf Etappen zu genehmigen. Die Friedensfahrt-Veranstalter umgingen die Beschränkung, indem wir an einem Tag zwei Etappen austrugen, sie als »Halbetappen« deklarierten und im Grunde die Fahrt dadurch noch schwerer machten. Alle akzeptierten diese Lösung und taten so, als wäre sie höchst legitim.

Zunächst musste also das Einzelzeitfahren bewältigt werden. Ich lag in der Gesamtwertung auf dem zehnten

Rang, demzufolge starteten neun Fahrer hinter mir. Mein größter Rivale – längst auch schon mein Freund – Romeo Venturelli fuhr vor mir, also konnte man mir seine Zwischenzeiten zurufen. Mir wurde bald klar, dass er an diesem Tag kaum zu schlagen sein würde. Eine gute Minute hinter ihm wurde der Niederländer Albertus-Johannes Geldermans Zweiter, und zwei Sekunden hinter ihm kam ich auf den dritten Rang. Nachmittags rollten wir noch nach Karl-Marx-Stadt, und am nächsten Morgen zog Venturelli das Gelbe Trikot des Spitzenreiters über. Er verlor es drei Tage später auf dem 225 Kilometer langen »Kanten« von Prag nach Brno, auf dem das Feld völlig auseindergeflogen war. Es ergab sich, dass wir die Wahl hatten, unsere Blauen Trikots gegen das Gelbe für mich einzutauschen. So kam es dann auch, die Sowjets setzten sich an die Spitze der Mannschaftswertung, und ich verdrängte den Italiener in der Einzelwertung.

Aber es stand noch ein hartes Einzelzeitfahren auf dem Programm. Wieder waren 40 Kilometer zu absolvieren, und wieder gewann Venturelli. Diesmal betrug mein Rückstand allerdings nur 27 Sekunden, und Geldermans wurde Dritter.

Die letzte Etappe – es war übrigens meine 99. – führte wieder einmal von Lodz nach Warschau, und sehr bald schwante mir, dass diesmal ich der große Verlierer sein könnte. Mit einem Gewaltritt versuchte der Sieger von 1957, Nentscho Christow, das Blatt in der Einzelwertung noch zu wenden. Den sowjetischen Fahrern an seiner Seite ging es um die Blauen Trikots. Aber dann machten sich Venturelli und ich auf die Verfolgung, und der Dritte im Bunde war ein interessanter Senior: Vincent Vitetta. Oft hatten bei der Friedensfahrt erfolgreiche Amateure später Triumphe bei der »Tour de France« gefeiert. Vitetta hingegen hatte fünfmal die »Tour« bestritten – sein bestes Resultat war dort ein fünfter Rang in der Gesamteinzelwertung –, und nun, da das Ende seiner Karriere abzusehen war, erfüllte er sich den Wunsch, einmal die Friedensfahrt zu bestreiten. Um das zu ermöglichen, löste er in Monaco eine Lizenz als »Unabhängiger«. Das war eine Kategorie, die zwischen Profis und Amateuren rangierte. Unabhängige durften sowohl bei Profi- als auch bei Amateurrennen starten. Niemand hatte von dem 33-jährigen erwartet, dass er den Himmel stürmen würde, zumal er von den Profirennen gewohnt war, dass es erst auf dem letzten Drittel jeder Etappe richtig zur Sache ging. In den Bergen demonstrierte er sein Können und kämpfte sich vom 50. auf den 34. Platz. Als er sich verabschiedete, versicherte er uns, dass er mit diesem Resultat zufrieden sei und die Fahrt eines der größten Erlebnisse seiner Laufbahn bleiben werde.

Gemeinsam mit Venturelli und mir kämpfte er sich also am letzten Tag in die Spitzengruppe. In Warschau feierte ich meinen zweiten Friedensfahrtsieg, und Spötter gratulierten mir mit den Worten: »Wie gut, dass wir dich zu deinem Glück gezwungen haben ...« An diesem Tag war ich übrigens der erste Rennfahrer, der dieses Rennen zweimal hatte gewinnen können.

Zum ersten Mal ein Titelverteidiger

Am 15. August wurde die 32. Straßen-Weltmeisterschaft im niederländischen Nordseebad Zandvoort ausgetragen. Wie in Reims nutzte man die Tribünen und Boxen eines Autorennkurses. Die Strecke wies kaum Steigungen auf, also war von Beginn an mit hohem Tempo zu rechnen. Höchstens der Wind von der See her würde uns bremsen. Im Programmheft verwies man auf das Novum, dass ein Amateur-Weltmeister seinen Titel verteidigte. Bislang waren alle Amateurweltmeister Profis geworden.

Das hatte übrigens eine interessante Frage aufgeworfen: Durfte oder sollte ich im Regenbogentrikot starten? Man entschied: Nein. Während der Dauer des Rennens gab es also theoretisch keinen Weltmeister.

Bei der Vorbereitung auf die WM hatte ich auf der ersten Etappe der DDR-Rundfahrt in Güstrow das Gelbe Trikot erobert und danach noch vier Etappen gewonnen. Der Holländer Huub Zilverberg hatte am Ziel in Potsdam zwar als Zweiter zehn Minuten Rückstand zu mir, aber er hatte sich damit für die WM qualifiziert.

Ich ging das WM-Rennen ohne jede Hektik an. Meine Mannschaftskameraden Erich Hagen, Bernhard Eckstein, Manfred Weißleder, Johannes Schober und Günter Lörke hatten das Feld unter Kontrolle. Weißleder fiel durch einen Reifenschaden zurück, Eckstein hatte sogar zwei zu beheben, doch nutzte der pfiffige Leipziger sein Pech in bewundernswerter Weise für eine taktische Glanzleistung.

Nach dem Reglement der UCI konnten überrundete Fahrer bei der Weltmeisterschaft aus dem Rennen genommen werden, doch blieb die Entscheidung den Kommissären vorbehalten. Das muss ich hier erwähnen, weil uns westdeutsche Zeitungen in ihren Kommentaren des vorsätzlichen Betrugs beschuldigten, indem sie behaupteten, Eckstein hätte sich absichtlich überrunden lassen.

Rundenlang hingen an meinem Hinterrad nur Italiener. Auf der flachen Strecke gab es die Möglichkeit, eine Vorentscheidung zu erzwingen, wenn sich zu Beginn der letzten Runde einer meiner Mannschaftskameraden an meinem Hinterrad aufhielt, und die Fahrerkette reißen ließ.

Der Plan ging auf. Eingangs der letzten Runde rollten wir zu den Dünen hinauf, wo heftiger Wind wehte. Eckstein, der sich lange genug ausgeruht hatte, von den Kampfrichtern aber nicht als Überrundeter aus dem Rennen genommen worden war, raste bis zum »Anschlag«. Ich jagte hinterher, mir folgte der Holländer Bastiaan Maliepaard, und hinter uns dreien fuhr Hagen. Der ließ – wie geplant – urplötzlich zwei Tritte aus, die Verfolgerkette riss, und keiner hatte mehr die Kraft, das Loch zu schließen. Der nach dem Vorstoß restlos ausgepumpte Eckstein ließ sich zurückfallen, er hatte seine »Arbeit« erledigt. Nicht als »Wasserholer«, sondern als Kumpel.

Der Rest des Feldes lag bald gut 200 Meter zurück. Keiner wollte sich bei unserer Verfolgung für andere erschöpfen. So wuchs das Loch. Ich hielt mich an Maliepaards Hinterrad. Rechnete er sich im Endspurt gegen mich Chancen aus? Vielleicht kalkulierte er auch, dass er in meiner Nähe auf jeden Fall Vizeweltmeister werden würde. Die Rennstrecke zog sich noch einmal in langen Schleifen durch die Dünen. Plötzlich entdeckten wir, dass die Verfolger aufkamen. Da trat Maliepaard an. Ich nahm die Spitze, ließ ihn wieder vorbei, schaltete den höchsten Gang und kam dann mit jedem Tritt dem Orangetrikot näher. Ich erreichte und überholte ihn und hatte meinen Titel mit Erfolg verteidigt. Der erste Amateur, der zweimal hintereinander Weltmeister geworden war!

Ich bekam ein neues Regenbogentrikot und einen riesigen Kranz. Als erstes bedankte ich mich bei meinen Kumpels, die während des Rennens so clever taktiert und mir zu dem Sieg verholfen hatten.

In Haarlem, wo wir wohnten, bat mich der Hotelier um den Kranz und hängte ihn über die Tür. Als Fritz Naundorf mich noch massierte, tönte von der Straße schon Musik herauf. Man hatte eine riesige Orgel auf Rollen vor das Hotel geschoben und brachte mir ein Ständchen.

Am nächsten Tag endete in Leipzig das III. Deutsche Turn- und Sportfest. Strömender Regen zwang die Organisatoren, das Programm des Abschlusstages über den Haufen zu werfen. Man fürchtete sogar, dass die Schlussfeier ganz ausfallen müsste. Mit riesigen Scheuerlappen wurde die überschwemmte Laufbahn gewischt, aber dann war aller Kummer vergessen, als mitgeteilt wurde: Leipzig und das Fest empfangen den Weltmeister und die DDR-Mannschaft.

Trotz des unwirtlichen Wetters füllte sich bald das Stadion. Man feierte uns wie Helden. Es wurde im Licht der Tiefstrahler eine unvergessliche Stunde.

Einige Zeitungsausschnitte von damals habe ich aufgehoben. Die Frankfurter Rundschau schrieb: »Er ist schon ein toller Bursche, dieser Täve Schur. Es war begeisternd, ihm zuzuschauen, wie er das ganze Rennen im Blick hatte, wie er einteilte und wie er zuschlug, wenn es notwendig war. Vorausgegangen war eine Mannschaftsarbeit, wie sie in keinem anderen Team gezeigt wurde.« Und die französische Sportzeitung L'Equipe schrieb: »Schur ist für immer zum Regenbogentrikot der Amateure verurteilt. Der neue Weltmeister und seine Mannschaftskameraden bestiegen noch in der Nacht das Flugzeug, das sie nach Leipzig brachte. Schurs Anwesenheit war dort offensichtlich unerlässlich.« L'Equipe übertrieb ein wenig – wir waren mit einem Zug gefahren und an der Grenze in einen »Sonderzug« umgestiegen, der aus einer Lokomotive und zwei Wagen bestand. Das musste sich in Windeseile herumgesprochen haben, denn überall standen Eisenbahner an der Strecke und winkten mit Blumen.

Was meine ewige »Verbannung« ins Lager der Amateure betraf, so war ich dem Autor deswegen nicht gram. Ja, ich blieb mein Leben lang Amateur, auch weil ich es für wichtiger hielt, Vorbild für die Jugend zu sein, als über ein stattliches Konto zu verfügen. Der große Maxim Gorki schrieb einmal: »Für gewöhnlich findet sich das Geld erst ein, wenn das Gewissen einzutrocknen beginnt. Je mehr Geld, desto weniger Gewissen ...«, und ich finde, dass er recht hat.

Nur 16., aber hochzufrieden

Auch sportlicher Lorbeer welkt schnell. 1960 standen wieder Olympische Spiele vor der Tür, und wir begannen wie jedes Jahr mit der Vorbereitung auf die Friedensfahrt, die übrigens zum ersten Mal in Berlin enden sollte.

Ich gewann die erste Etappe vor einem bärenstarken Belgier, mit dem ich das ganze Jahr hindurch Duelle austragen sollte: Willy Vandenberghen.

Auf der vierten Etappe verlor ich fast 19 Minuten, aber immerhin übernahm Erich Hagen das Gelbe Trikot, und wir anderen fuhren in Blau.

Nach der siebenten Etappe wechselte das Gelbe Trikot zu Manfred Weißleder.

Nach der neunten trug es Egon Adler, und mir lag viel daran, dass er die Friedensfahrt gewann. Er war in meinen Augen unser bester Etappenfahrer, verlässlich, vielseitig, mit einem Wort: ein Kumpel! Sein Pech war, dass er auf der letzten Etappe von Magdeburg nach Berlin in Burg stürzte. Weil ich ihn als Sieger in Berlin sehen wollte, entschloss ich mich sofort, ihn wieder nach vorne zu fahren. Weißleder half dabei. Aber die Belgier sahen ihre Chance für Jean-Baptiste Claes und setzten alles auf eine Karte. Wir drei verloren über acht Minuten, aber Erich Hagen gewann die Etappe und damit auch die 13. Friedensfahrt.

Ich musste mich mit dem 16. Platz begnügen, aber gemeinsam feierten wir ausgiebig Hagens Sieg und unseren Triumph in der Mannschaftswertung.

Dann begannen die Olympia-Ausscheidungen. Die erste auf dem schweren Hainleite-Kurs in Thüringen. Wir hatten unseren Plan: Jeder behielt einen Rivalen im Auge, und das auch, wenn er zurückfallen sollte. So kam es, dass einige aus unserem Aufgebot schon vor dem Ziel am Hotel abstiegen, weil sie ihre Aufgabe erfüllt hatten. Ich gewann klar, und der beste Westdeutsche, Dieter Kemper, kam im Endspurt auf Rang sieben, zu 13 Punkten.

Das zweite Rennen fand in Dortmund statt. Eine Zeitung schrieb, wir seien mit einem »sowjetzonalen Salonwagen« gefahren worden. »Es war echt schlimm«, bestätigte ich die Behauptung, »denn wir durften im Zug mit niemandem sprechen.«

Als das Rennen losgehen sollte, regnete es. Wir waren gespannt, wie die Polizei auf das DDR-Emblem auf unseren Nationalmannschaftstrikots reagieren würde. Die wenigsten wissen, dass dieses Emblem erst zum zehnten Jahrestag der DDR, also 1959, unsere Fahnen schmückte. Von da an gab es ständig Ärger, weil es der BRD-Innenminister zum »verbotenen Symbol« hatte erklären lassen. Diesmal übersah man es, und so war ein wichtiger Präzedenzfall geschaffen worden.

Dieter Kemper hatte man eingeschärft, mich nicht aus den Augen zu lassen. Mein Hinterrad würde ihn in die Olympiamannschaft führen.

Als ich bereits acht Minuten verloren hatte, schrien sie ihn an, er solle sich nicht von mir verladen lassen. In einer Kurve entwischte ich dem völlig Entnervten und holte mir noch den einen Punkt für den zwanzigsten Platz. Die Olympiamannschaft war ein komplettes DDR-Aufgebot. Damit war zumindest gesichert, dass wir nach unserer Taktik fahren konnten.

»Berichterstatter«: Erik Neutsch

Vor den Spielen in Rom aber war noch die Weltmeisterschaft zu bestreiten, und die fand in der DDR statt. Ich will nicht lange darüber fabulieren, aber unsere Leistungen hatten sicher dazu beigetragen. Die Straßenentscheidung fiel auf dem Sachsenring, und was sich dort zutrug, habe ich seit jenem 13. August 1960 mindestens tausend Mal erzählen müssen. Deshalb werde ich in diesen Erinnerungen darauf verzichten und stattdessen Erik Neutsch berichten lassen. Er hat die Situation in seinem Bestseller »Spur der Steine« so beschrieben, dass ich die Frage, ob es auch so war, beantworten würde mit: »Im Prinzip ja.« Dieses Buch wird auch heute noch verlegt, aber 1990 karrte man es auf Müllhalden, von wo sie der Harzer Pfarrer Weskott rettete und in seiner Pfarrscheune stapelte. Das lehrt uns: Wahrheit setzt sich durch – bis in die Pfarrei!

So hatte Literat Neutsch die WM erlebt: »Zehntausende umlagerten bereits die Rennstrecke, als Horrath, Hesselbart und Balla am frühen Morgen den Sachsenring erreichten. An Start und Ziel, dicht vor den Tribünen, auf denen die Nationalflaggen wehten, fanden sie keine drei Fußbreit Raum mehr. Die Menschen wälzten sich gegen die Absperrung, zerdrückten einen Kiosk, der Zigaretten und Limonaden anbot. Viele waren noch eher aufgebrochen als die drei, aus den nördlichen Bezirken waren sie tags zuvor angereist, hatten in Zelten übernachtet, um sich einen guten Platz zu sichern. Den drei Männern blieb nichts anderes übrig, als den Rand des Asphaltbandes abzusuchen, sie kletterten auf einen Hügel, den sogenannten Heiteren Blick, auf dem sie endlich eine Lücke im Spalier der Zuschauer entdeckten. Dort kauerten sie sich ins Gras, unter dem Nadeldach einiger verkrüppelter

Kiefern; von hier aus konnten sie das Gefälle bis zum Ziel übersehen. Horrath, fast schon entmutigt, bemängelte: ›Wenn es eine Massenankunft gibt, sind wir trotzdem nicht im Bilde.‹ Balla bestätigte seine Befürchtung, verwies aber froh auf diejenigen, die nach ihnen eintrafen, ganze Lastwagenbesatzungen, und noch schlechtere Plätze vorfanden. Hesselbart kümmerte sich nicht um die Sorgen der beiden, gleichmütig wickelte er Brote aus und begann zu kauen. Er hatte sein Veto gegen diese Reise eingelegt und sich nur der Drohung gebeugt, daß ihn künftig keiner ins Konzert begleiten würde, wenn er nicht seinen Widerwillen gegen den Sport überwinde. Auge um Auge, Zahn um Zahn. ›Sensationshascherei‹, beharrte Hesselbart, ›Muskelprotzerei mit geistiger Schwindsucht.‹ Balla empörte sich: ›Sie haben doch selber mal Basketball gespielt, Menschenskind.‹ Der Ingenieur erwiderte: ›Mehr gezwungen als aus freien Stücken, nur weil damals Not am Mann war und ich über die geforderte Körpergröße verfügte. ...‹

... Diese Weltmeisterschaft wurde mit besonderer Spannung erwartet. Der Radsport der Republik hatte in den letzten Jahren und Monaten einen internationalen Erfolg nach dem anderen errungen. Der Große, wie er manchmal genannt wurde, ein Vorbild an Willenskraft und Bescheidenheit, Kapitän auch der Mannschaft, die am Ende des Etappenrennens im Mai die Trikots in Gelb und Blau, die Zeichen der Sieger, erobert hatte, war bereits zweimal hintereinander als Weltmeister gefeiert worden, in Frankreich und in Holland; nun traute man ihm auf dem Boden der Heimat den dritten Titelgewinn zu. Kaum einer aus der Menge, die die Strecke säumte, würde es den vier anderen Fahrern aus dem Aufgebot der Republik verzeihen, wenn sie ihren Kapitän nicht unterstützten, zumal Italien, Belgien und die Sowjetunion starke Rivalen geschickt hatten. Dementsprechend war man von vornherein eingerichtet, und solchen wie Hesselbart, die nur wenig verstanden, wurden noch kurz vor dem Start die Ansichten von Kameradschaft eingepaukt, bis sie sich den Belehrungen fügten. Danach dann überließ man sich dem Rausch, kostete ihn aus. In den Häusern am Ring liefen die Fernsehapparate, die Bewohner eilten von den Fenstern an den Bildschirm, vom Bildschirm an die Fenster, sie hätten sich am liebsten zerstückelt. Auch Balla hatte vorgesorgt, das Kofferradio mitgenommen und um den Hals gehängt. Sechs Reporter, die an verschiedenen Punkten des Rundkurses postiert waren, berichteten während der letzten Phasen des Rennens im Wechsel von zwei bis drei Minuten. Horrath, den die Jagd derart aufregte, daß seine stillen und grüblerischen Augen fiebrig zu glänzen begannen, rückte immer dichter an das Gerät heran und bat Balla unablässig, es lauter zu stellen. Hesselbart, eingedenk der Lehren, die ihm erteilt worden waren, die er offenbar aber mißverstanden hatte, sah überhaupt keinen Grund für hektische Anfälle. ›Ist doch alles schon beschlossene Sache‹, sagte er, ›der Große muß siegen.‹

Vor dem Start, auch während der ersten Runden, als die Fahrer noch nichts riskierten, sich gegenseitig nur bewachten und einen dichten Pulk bildeten, ließen die drei Männer ihre Gedanken schweifen ... Eine Spitzengruppe aus acht Fahrern hatte sich gebildet, die Runde um Runde ihren Vorsprung vergrößerte. In ihr befanden sich drei Italiener, zwei Belgier und als einziger aus dem deutschen Aufgebot der kleinste Mann des Feldes. Gegen die Übermacht der anderen würde er nicht aufkommen, die Kräfte waren ungleich verteilt. Nach den Berichten der Rundfunkreporter zu urteilen, hatte sich der Große schon mehrmals bemüht, den Schwarm dahinter zu sprengen und die Lücke zur Spitze zu schließen. Vergebens, die dort verbliebenen

Italiener und Belgier bremsten ihn, sie verteidigten die Chance ihrer Kameraden.

Horrath resignierte. Die acht Ausreißer überkletterten den Buckel der Straße. Sie schossen das Gefälle hinunter. Ihre Muskeln glänzten. Die Speichen der Räder flimmerten. Der Kleine scherte an die Seite, schaute sich um. Sein Gesicht war verzerrt. Horrath starrte auf die Uhr und zählte laut die Sekunden. Eine Niederlage, sagte er, hätte er lieber am Fernsehgerät miterlebt, das hätte er wenigstens abschalten können, hier aber bleibe ihm das bittere Ende nicht erspart.

Balla hoffte verzweifelt und drohte: ›Machst du mies, hörst du, wenn du mies machst ...‹ Der Große führte die Verfolger an. Er beugte sich tief über den Lenker.

Zwei Minuten, drei Minuten, der Abstand wuchs. In der nächsten Runde überschlug sich die Stimme des Sprechers. Irgendwo mußte es eine Schneise im Wald geben. Dort, so wollte es der Reporter gesehen haben, hatte sich der Kapitän der deutschen Mannschaft vom Felde gelöst. Erneut jagten die Fahrer heran. In der Reihenfolge jedoch hatte sich nichts geändert. Balla stoppte die Zeit. Nur um wenige Sekunden hatte sich die hintere Gruppe der vorderen genähert. Der Kleine hob sich aus dem Sattel, blickte wiederum hilfesuchend zurück. Der Große schwamm im Schweiß, doch seine berühmte Zähigkeit schien ihm nichts mehr zu nützen.

Horrath sagte: ›Viel zu spät. Laß dir das geraten sein.‹

Balla sagte: ›Zu spät ist nie was. Hab ich übrigens von dir.‹

Hesselbart riß plötzlich die Arme hoch. Die Härte des Kampfes erregte auch ihn, er spornte den Weltmeister an.

Die Meldungen aus dem Radio überstürzten sich. Eine widersprach der anderen. Die Startnummern wurden verwechselt. Kaum einer fand sich in diesem Wirbel noch zurecht. Plötzlich, in der vorletzten Runde, irgendwo in einer der vielgenannten Kurven, erreichte der Große wider Erwarten die Spitzengruppe. Es war ein unheimlich verbissenes Kräftemessen. Als der Schwarm am Heiteren Blick auftauchte, lagen die blitzenden Räder aufgefädelt wie an einer Schnur. Ausgepumpt ließen sich die Italiener einfangen, müde stampften sie in die Pedale. Einer aber war davongehetzt, ein Belgier, dessen Name gefürchtet war. Er schnellte den Abhang hinunter.

Horrath schrie zwar mit den Tausenden ringsum im Chor ... Aber seine Augen sagten: Den schafft keiner.

Balla lief während der nächsten Minuten hin und her. Hesselbart kaute nervös am Zipfel des Taschentuchs.

Wieder dröhnte eine Nachricht aus den aufgedrehten Lautsprechern. Zwei Männer im weißen Trikot jagten den Belgier. Der Kapitän und sein Kamerad.

Die Menge am Straßenrand raunte, grollte, pfiff und johlte.

Am Heiteren Blick, auf der Kuppe des Hügels, wurde der Belgier eingeholt. Ein dritter Triumph des Weltmeisters schien sich anzubahnen. Wenn er weiterfuhr, wer wußte, ob die beiden anderen ihm folgen könnten ...

Und da geschah das Unerwartete.

Balla hörte deutlich den Befehl. Der Weltmeister verzichtete auf jedes Risiko. Er rief dem Kleinen zu: ›Tritt an! Ab, ab! Ich halte ihn.‹

Der Kleine schoß davon, stürzte sich die Abfahrt zum Ziel hinunter. Für Sekunden schien der tapfere Belgier zu erstarren. Mit einem solchen Angriff hatte er nicht gerechnet. Der Kapitän setzte sich vor ihn und bewachte ihn. Er sicherte den Sieg seines Mannschaftskameraden.

Weit abgeschlagen tauchte das bunte Feld auf.

Hesselbart, soeben noch schreiend und stampfend, mitgerissen von der Begeisterung, verstummte. Er wischte sich aufgeregt mit dem Taschentuch über die Lippen, seine Hände zitterten: ›Ein wahrer Weltmeister‹, keuchte er, ›ein großer Mensch ...‹ Als besänne er sich plötzlich, zupfte er Balla am Hemd und fragte: ›Finden Sie nicht auch? Wollen wir nicht Katrin Klee besuchen?‹

Die unvermutete Frage schockierte. Balla würgte an einem Freudenruf. Er glaubte, sich verhört zu haben.

Hesselbart erklärte: ›Ich meine, wir sollten sie nicht allein lassen ...‹ Er sah den Brigadier aus kleinen, im Brillenglas gebrochenen Augen an.

Balla murrte noch ärgerlich: ›Wie kann man jetzt an die Klee denken ...‹«

Das Uwe-Johnson-Bild

Und warum sollte ich diesem »Bericht« nicht die Zeilen folgen lassen, die der schon erwähnte Uwe Johnson mir als »Achim« in dieser Situation gewidmet hatte?

»Ein Jahr vorher hatte Achim den besten Sieg sichtbar verschenkt: in der Wochenschau stehen auf hitzeweißer Zementbahn zwei Männer in Trikots, beide haben die Arme abwechselnd erhoben und bewegen sie redend, auf der Leinwand erscheint groß das aschen zitternde Gesicht des unvermuteten Siegers, der sagt ACHIM das kann ich nicht wieder GUTmachen; der Bildschnitt erinnert an steile Straßenkrümmung, über die sehr klein auf zierlichen Rädern zwei Fahrer nebeneinander in die Höhe staken, der Kleinere sackt abwärts, der Größere reißt aus unabänderlich schnellem Treten einen Arm von sich, weit ausgereckte Hand packt des anderen Sattel und reißt ihn vor und hoch und vorbei an Achim, der gemächlicher fährt hinter dem sausenden Abfall des anderen vom Gipfel der Steigung, gedankenreich springt der Film zurück in die Unterredung, Achim geht krumm wie drohend auf den Beschenkten zu, sekundenlang überdeckt sein singender Ton (QUATSCHE nicht! JETZT bist mal du Meister!) die erklärenden Worte des Kommentars, der unverzüglich schwindet unter dem Aufschrei der paukenden Musik, die zeigt beide auf dem Siegespodest aber Achim auf dem zweithöchsten Sockel, von des Kleineren Hals geht der Blick der Kamera auf das ausgefahrene Gesicht Achims, der gleich den Kopf wendet, anschließend die Neuigkeiten vom Fußball.«

Auf nach Rom

Ich konnte mich noch immer gut an den Gluttag in Frascati erinnern. Als wir die Straße nach Ostia entlangfuhren, auf der zum ersten Mal in der olympischen Geschichte ein Vierermannschaftsrennen ausgetragen werden sollte, verdichtete sich die Erinnerung. Damals säumten hohe Mauern und Bäume die Straße, diesmal krachte die Sonne schattenlos auf das Pflaster. Ich ahnte, was uns erwartete.

Keiner von uns hatte Illusionen. Ein Straßenrennen kann hart sein, ein Zeitfahren noch härter, denn es gibt keine Pausen, kein Rudel, in dem man verschnaufen könnte. Das härteste aber ist ein Mannschaftsrennen.

Vier, die sich ablösen an der Spitze, jeder gibt das Äußerste, hier wird mit höchster Konzentration im Windsog gefahren, das Vorderrad radiert fast das Hinterrad des Vordermanns. Nur Qual. Das Tempo von bis zu 50 Stundenkilometern zwei Stunden lang. Also hundert Kilometer.

Das einzige ist der Windschutz, den der Vordermann liefert. Darum war auch Eckstein nicht dabei, hinter dem kleinen Kämpfer spürte man kaum Windschutz.

Also auf in das unnachgiebigste Rennen des Radsports. Wer hier versagt, kann seine Schwäche nicht tarnen. Und drei müssen ankommen! Wir gingen als achte Mannschaft ins Rennen, die Favoriten hockten noch in den Kabinen.

Wir kamen gut voran, die Ablösungen klappten reibungslos, kein Wort fiel. Wir traten nur und hatten den Vordermann oder die vor Hitze flimmernde Straße im Auge.

Wir erreichten die Wende in der Via Colombo zum ersten Mal. Wir spürten, dass die Sonne stieg.

Die erste Runde war bewältigt. Wir waren noch guter Dinge, wenn das an diesem Tag überhaupt möglich war. Sie riefen uns zu, dass wir gut in der Zeit lägen. Ich fand auch, dass alles funktionierte. Vom Straßenrand sprühten sie Wasser, Bernhard Eckstein kommandierte Helfer, sorgte dafür, dass sie uns nichts entgegenschütteten. Die Italiener waren 17 Minuten nach uns ins Rennen gegangen, die ersten Zwischenzeiten wiesen nur knappe Unterschiede aus. Ich wusste, dass es gefährlich werden könnte, wenn wir uns übernehmen würden, die Sonne war ein erbarmungsloser Scharfrichter und dörrte unsere Körper förmlich aus.

Als »Wegzehrung« hatten wir nur jeder eine Flasche Tee mitgenommen, um Gewicht zu sparen. Wir fuhren Elektronfelgen und sehr leichte Reifen. Es waren Entwicklungen, die niemand sonst benutzte und das Ergebnis der Kooperation zwischen volkseigener und privater DDR-Industrie. Grünert stellte in Hetzdorf, im Flöhatal, die Felgen her, und die Reifen kamen von den Thüringer Spezialisten in Waltershausen.

Dann zum letzten Male der sanfte Hügel, der bei Tempo 40 zum Berg wurde. Ganz plötzlich geschah es: Günter Lörke, meist still und immer zäh, ließ plötzlich den Kopf hängen und murmelte: »Es geht nicht mehr.«

Wir hatten uns verabredet, dass Egon Adler gegen Ende länger führen sollte als jeder von uns und sich dann auf den letzten Kilometern abfallen lassen würde. Der hatte auch fest damit gerechnet, dass es bei der Verabredung blieb. Nun war eine völlig neue Situation entstanden. Keiner redete darüber, aber alle grübelten. Wir waren nur noch drei, Lörke war längst verschwunden.

Was tun? Es blieb nur, den beiden anderen Mut zu machen. Hagen und Adler. Hagen war noch bärenstark, aber Adler war am Ende. Er riss plötzlich seine Mütze vom Kopf und warf sie weg. Er musste wissen, dass dies in der krachenden Sonne fatale Folgen haben würde. Hinter der letzten Wende wurde er zunehmend langsamer. Das war auch an unserer Position abzulesen. Eben hatten wir mit unserer Zeit noch knapp hinter den Italienern gelegen, jetzt verloren wir die Zeit wie Wasser aus einem Sieb.

Ich wollte Egon demonstrieren, dass wir es vereint noch schaffen würden, und schob ihn, als es bergauf ging. Hagen löste mich ab. Das Trio rollte wieder, da brüllte plötzlich jemand hinter uns. Es war der italienische Schiedsrichter, der im deutschen Materialwagen saß.

Wir sahen uns nicht um, erfuhren aber hinterher, dass er Werner Schiffner bedrängt hatte. Der hatte nur die Achseln gezuckt. Ein Regelverstoß? Er kannte keine Regel, die das Schieben untereinander verbot. Der Italiener geriet in Wut. Ein Schiedsrichterwagen tauchte auf, der Italiener führte einen kurzen Wortwechsel, dann rollte das Schiedsrichterauto an meine Seite und jemand schrie: »Schur, das ist verboten! Finito!« Meine beiden Gefährten fuhren sofort langsamer, ich rief: »Weiter!«

Was mir in diesem Augenblick alles durch den Kopf ging! Erst blieb ich noch ruhig und kalkulierte, dass wir bei der letzten Zwischenzeit noch allerhand Vorsprung vor den auf den nächsten Rängen folgenden Sowjets, Niederländern und Schweden gehabt hatten. Für eine Medaille konnte es immer noch reichen, aber dann schwand mein Optimismus fast mit jedem Meter. Ich schwor mir aber, mir den beiden anderen gegenüber nichts anmerken zu lassen und schrie wieder: »Weiter!«

Ich sah das Velodrom, das Ziel. Noch einmal alles geben. Wir rollten über den weißen Strich und fielen in die Arme von Betreuern und Freunden und wollten nur etwas zu trinken haben.

»Und die Disqualifikation?«

Niemand wusste Einzelheiten. Ein Italiener sollte Protest gegen uns eingelegt haben. Die Italiener kamen in Sicht, Jubel und Pfiffe der Begeisterung. Ihr Sieg war ungefährdet, aber wir hatten die zweitbeste Zeit gefahren!

Der Schiedsrichter, der mir sein »Finito« zugerufen hatte, war wie vom Erdboden verschwunden.

Die Siegerehrung fand erst am Abend statt. Wir stiegen in den Bus und rollten durch das fast menschenleere Rom der Mittagsstunde ins Olympische Dorf. Dort hatte sich bereits herumgesprochen, dass zwei Dänen unterwegs zusammengebrochen und ins Krankenhaus transportiert worden waren. Wir blieben ruhig und waren überzeugt, dass wir sie spätestens am nächsten Morgen im Speisesaal wiedertreffen würden.

Uns bewegte den ganzen Nachmittag über nur die Frage: Überreicht man uns eine Medaille, oder werden wir disqualifiziert? Endlich kam die erlösende Botschaft: Olympiasieger Italien, Olympiazweiter DDR – offiziell: »Gesamtdeutsche Mannschaft« –, Olympiadritter UdSSR. Aus den Sekunden, die uns vorübergehend von den Italienern getrennt hatten waren 2:23 Minuten geworden, aber der Vorsprung, den wir vor den Sowjets hatten, betrug trotz unserer Misshelligkeiten noch knapp zwei Minuten. Das war meine zweite Olympiamedaille.

Als wir fröhlich von der Siegerehrung heimkehrten, hing eine Nachricht am Schwarzen Brett: »Das Ärztekollegium der Olympischen Spiele bedauert ...«

Der eine Däne, Knud Enemark Jensen, war gestorben.

Er und Jörgen Jörgensen waren in der zweiten Runde gestürzt und sofort ins Krankenhaus transportiert worden. Um 15:30 Uhr war Jensen gestorben. Wenn auch zunächst nichts offiziell mitgeteilt wurde, erfuhr man schon bald, dass er Opfer des Dopings geworden war. Er war der erste Dopingtote bei Olympischen Spielen!

Seinen Mannschaftskameraden Jörgen Jörgensen konnten die Ärzte retten.

Jensens Tod hätte damals schon die Sportwelt und vor allem das Internationale Olympische Komitee aufrütteln sollen. Damals steckten die Pharmakonzerne mit ihren Dopingpillen und -spritzen noch in der ersten Phase der Entwicklung. Vielleicht hätte man ihnen beikommen können, aber inzwischen ist es ein fast aussichtsloser Wettlauf geworden, der an das Duell vom Hasen gegen den Igel erinnert. Um ein Gerät zu entwickeln, mit dem man die neuesten Dopingpräparate nachweisen kann, braucht man viel Geld und natürlich auch Zeit. Können sie endlich in Betrieb genommen werden, ist die Pharmaindustrie längst beim übernächsten Präparat. Und da dieses Geschäft sehr einträglich ist, wird man auch niemanden mit beschwörenden Reden bewegen können, die Doping-Produktion eines Tages einzustellen.

Nein, nichts geschah damals. Man schrieb bewegende Nachrufe auf Jensen und berichtete, dass man auf seinem Tisch im Olympischen Dorf eine an seine Mutter adressierte Postkarte gefunden habe: »Mir geht es glänzend, Rom ist herrlich. Ich hoffe, dass wir gut abschneiden, ich habe schon Souvenirs gekauft, aber ich freue mich auf die Heimkehr. Zu Hause ist es am schönsten.« Das ist 50 Jahre her, wer erinnert sich noch an diese Tragödie?

Als ich noch im Sattel saß, war es gang und gäbe, dass irgendein Rennfahrer auftauchte und versicherte, er habe Tabletten anzubieten, die garantiert zum Sieg verhelfen würden. Ich habe auch Rivalen oft genug zu Taschenflaschen greifen sehen. Und ich habe auch Rennfahrer beobachtet, die völlig am Ende ihrer Kräfte schienen und einige Kilometer weiter frisch und munter davonrasten. Meine Beobachtungen halfen mir Schritt um Schritt, das »System« zu begreifen und den Pillenhändlern – unter uns meist »Apotheker« genannt – schon bald keinen Glauben mehr zu schenken.

Ich komme noch darauf zurück, welche Rolle das Doping im Feldzug gegen den Sport spielte, will aber an dieser Stelle schon bemerken: Der DDR vorzuwerfen, sie habe auf Weisung des SED-Politbüros die Gesundheit von Athletinnen und Athleten hemmungslos aufs Spiel gesetzt, um zu Medaillen zu kommen, die helfen sollten, das Ansehen des Staates zu fördern, ist inzwischen zur Gewohnheit geworden, dieser Vorwurf wird durch pausenlose Wiederholung nicht glaubwürdiger.

Wenn ich zuweilen Diskussionspartner daran erinnere, dass die Friedensfahrt die erste und einzige Etappenfahrt der Welt war, die von einem rollenden Dopingkontrolllabor begleitet wurde, wechseln sie in der Regel das Thema. In diesem Labor wurde auch die von unseren Funktionären geforderte internationale Kontrolle realisiert. Der von der UCI nominierte Doping-Kommissär und je ein Arzt aus Polen, der ČSSR und der DDR bildeten das Team, das die Tests vornahm. Wenn eine Mannschaft einen eigenen Arzt mitbrachte, konnte der sich jederzeit in diesem Labor vom Ablauf der Kontrolle überzeugen.

Der Chef dieses in Prag konstruierten Labors war Dr. Chundela, der mit den Rennfahrern bei den Mahlzeiten zusammensaß und die meisten von ihnen persönlich kannte. In den Resultatslisten der Friedensfahrt ist mühelos nachzulesen, welche Fahrer wegen Dopings disqualifiziert wurden. Warum sollte jemand diese aufwendigen Kontrollen arrangieren, wenn er nichts anderes im Sinn gehabt hätte, als zu betrügen?

Liebe statt Rekorde?

Das Thema Doping ist ein weites Feld. Meine Vorgängerin im Sportausschuss des Bundestages, die zweifache Speerwurf-Olympiasiegerin Ruth Fuchs, antwortete mal auf die Frage, ob sie je diese legendären Pillen genommen habe. »Ja und nein!« Und sie begründete diese Auskunft – übrigens stammte die aus dem Jahr 1991 – mit dem Hinweis: »Die Frage lässt sich beim besten Willen nicht mit ›Ja‹ oder ›Nein‹ beantworten. Ich erinnere mich sehr gut daran, dass vor langen Jahren jüngere Athletinnen plötzlich mit enormen Entwicklungssprüngen in ihren Leistungen überraschten. Stutzig machen musste allerdings, dass dieser Aufschwung bei allen zu beobachten war, ganz gleich, wer sie trainierte. Des Rätsels Lösung fand sich bald: Die Anti-Babypille war auch in der DDR auf den Markt gekommen, und diese Pille enthält hormonelle Stoffe, die denen in den sogenannten Dopingpillen sehr ähneln. Also: Waren die Mädchen nun gedopt, obwohl sie nur ihr Liebesleben ein wenig steigern wollten und nicht ihre sportlichen Leistungen? Und darum zum Beispiel antworte ich mit ›Ja‹ und ›Nein‹.

Später machte ich interessante Entdeckungen. Athletinnen anderer Länder trainierten keineswegs intensiver als ich, warfen den Speer aber weiter. Sie machten gar kein Hehl daraus, woran es lag, und amüsierten sich, wie ›prüde‹ ich war. Als ausgebildete medizinisch-technische Assistentin wusste ich über Pillen und Spritzen einigermaßen Bescheid. Nach jener Erkenntnis frischte ich mein Wissen auf und kam dahinter: Es handelte sich um eine Unterstützung des Trainings. Es gab Belastungsgrenzen, die nicht zu überwinden waren, wenn man dem

Körper nicht Hilfestellung leistete. Also nahm ich in der Trainings-Hauptbelastungszeit geringe Mengen dieser Mittel und konnte mich danach intensiver belasten. Es wäre absurd anzunehmen, dass jemand Pillen nehmen könnte, seine Muskeln damit wachsen lässt und dann seine Leistung automatisch steigert.

Übrigens konsultierte ich ständig einen Arzt und habe mir die Mittel nie spritzen lassen, denn gespritzte Anabolika haben eine Depotwirkung – sie werden vom Körper bei Bedarf abgerufen. Ich habe nie einen Wettkampf unter Einwirkung von Anabolika bestritten, aber ich habe in harten Winter-Trainingsphasen – um an die Grenze der Belastbarkeit zu gelangen – solche Mittel als Unterstützung verwendet. Sie dienten dem Körper zur Reproduktion der Kräfte und haben in der Wettkampfphase überhaupt keine Rolle gespielt.«

Warnung an Zwischenrufer

Neun Jahre nach dieser Auskunft von Ruth Fuchs hatte ich für die PDS im Bundestag zum Thema Doping zu reden. Die Debatte war mehrere Male verschoben worden, weil Innenminister Otto Schily, der für das Thema zuständig war, andere Termine wahrzunehmen hatte und zum Beispiel wegen eines Bierfestes, bei dem er unbedingt zugegen sein musste, nicht im Parlament sein konnte. Das führte auch dazu, dass die Redezeiten immer mehr reduziert wurden. Für mich blieben schließlich noch vier Minuten, und mir war klar, dass die sich durch Zwischenrufe noch reduzieren würden. Also begann ich: »Potenziellen Zwischenrufern, die schon in den Startlöchern sitzen, weil jetzt ein Ex-Weltmeister aus der Ex-DDR das Wort zum Thema Doping ergreift, möchte ich einen Tipp geben: Neulich schrieb eine Zeitung, ich sei gedopt 1972 in München zur Medaille gekommen. Zu Ihrer Information: Ich habe meine Laufbahn bereits 1964 beendet.« Ich hatte die Lacher auf meiner Seite, es gab nicht einen einzigen Zwischenruf, und ich konnte ungestört meine Rede halten. Sie befasste sich mit einem Aspekt des Dopings, dessen Gefahrendimension weit über die Pillen hinausgeht, die ein Rennfahrer während der Tour de France zu sich nimmt. (Was nicht heißen soll, dass ich das billigen würde.) Aber die wenigsten wissen – auch weil die Medien gar keine Notiz davon nehmen –, dass in deutschen Fitness-Studios jährlich über 11 Millionen Tabletten, knapp 150 000 Ampullen und mehr als 410 Kilogramm anabolikahaltiger Dopingmittel verkauft und demzufolge auch konsumiert werden. Wer diese Zahlen zur Kenntnis nimmt und weiß, wie viele junge Menschen in diesen Studios verkehren, ahnt, welch ungeheure Gefahr da droht. Ich trug das vor, und auch an diesem Tag war der Plenarsaal fast leer.

Existenzfrage Leistungssport

Leistungssport ist zu einem kaum noch kontrollierbaren Spekulationsobjekt geworden. Für einen jungen Menschen, der sich entscheidet, Hochleistungssport zu treiben, wird dieser Entschluss zu einer Existenzfrage, denn die sportliche Leistung wird nur noch auf dem Markt gehandelt. Er muss zunächst viele Jahre hart trainieren, und er braucht, wenn ich nur an den Radsport denke, teures Material. Dafür muss erst das Elternhaus aufkommen, und später braucht er Sponsoren. Er geht auch für diese berufliche Laufbahn ein beträchtliches Risiko ein. Wenn er nämlich den großen Erfolg nicht schafft, ist er ohne jegliche berufliche Ausbildung ein Nobody, ein fast hoffnungsloser Fall in dieser Gesellschaft.

Wie schaffen wir es, dass der Sport wieder die Vorbildfunktion erlangt, die er in unserer Gesellschaft haben sollte? Die finanziellen Mittel, die für die Sanierung von Sportstätten bereitgestellt werden, stehen in keinem vertretbaren Verhältnis zu anderen Ausgaben. Während beispielsweise für die Entwicklung des Eurofighters viele Milliarden DM ausgegeben wurden, diskutierten wir im Sportausschuss des Bundestages darüber, wie wir zu den 15 Millionen gelangen, die für den Goldenen Plan Ost gezahlt werden sollten. Mit Hilfe dieses Planes sollten die Sportstätten in den neuen Bundesländern eines Tages das gleiche Niveau erreichen wie die in den alten. Wenn man bedenkt, dass in der Alt-BRD für den Goldenen Plan von 1962 bis 1977 insgesamt 17,4 Milliarden DM ausgegeben wurden und von 1978 bis 1990 noch einmal 20 Milliarden, versteht man, in welcher Relation die 15 Millionen dazu stehen und wie wenig wir damit bewirken konnten.

Wie ich zur »unerwünschten Person« wurde

Aber ich bin den Ereignissen schon wieder weit vorausgeeilt. In meiner sportlichen Karriere war ich erst in dem Jahr, da man in der Alt-BRD gerade begann, über einen Goldenen Plan nachzudenken und das auch konnte, weil die wirtschaftliche Lage es zuließ.

1961 ist in den Friedensfahrt-Annalen das Jahr des ersten sowjetischen Gesamtsieges. Der schnelle Mann hieß Juri Melichow. Ich kam damals am Ende auf den achten Rang, hatte rund 20 Minuten Rückstand, aber am meisten bewegte die Kontroverse zwischen Melichow und Weißleder die Gemüter. Niemand soll von mir hier nun eine »Kronzeugenaussage« oder eine sensationelle Enthüllung zu dieser Affäre erwarten. Ich kam an diesem Tag mit knapp drei Minuten Rückstand nach Poznań und war also nicht einmal am Tatort, als sich die Rempelei zutrug. Generell muss ich allerdings anmerken, dass Radrennen noch nie etwas für sanfte Gemüter waren. Vielleicht verbanden viele Friedensfahrtfans den Namen dieses Rennens mit der Vorstellung, wir würden unterwegs noch einen Höflichkeitswettbewerb austragen. Knallhart wurde um jeden Zentimeter gekämpft, und wenn man von Straßenfahrern spaßhaft sagt, sie seien so robust, dass sie notfalls »aus der Pfütze saufen« könnten, muss man hinzufügen, dass sie auch robust genug sind, um dem Rivalen mit dem Ellenbogen zu zeigen, wo es langgeht. Wenn der Wind das Feld auf die Straßenkante zwingt – weil jeder, der in der Mitte fahren würde, dem Rivalen Windschutz bietet, was die eigenen Chancen radikal reduziert –, gibt niemand Pardon. So viel zu den Gewohnheiten unter Radrennfahrern. Dass Melichow und Weißleder ihr handgreifliches Duell vor der Kulisse eines überfüllten Stadions austrugen, musste zu Erregung führen. Die ohnehin von der Leistung der DDR-Mannschaft in jenem Jahr nicht gerade hingerissenen Radsportfans ließen ihren Unmut an sowjetischen Fahrern aus, und ich habe noch 1998 erlebt, dass mich ein uns nicht gerade freundlich gesonnener Journalist während des Wahlkampfes danach fragte, warum ich mich damals mit sowjetischen Rennfahrern geprügelt hätte, vermutlich, weil er diese »Enthüllung« für wahlkampfnützlich hielt. Noch einmal: Ich war nicht dabei, und außerdem gab es öfter Kontroversen bei Radrennen, und zwar völlig unpolitische.

Die DDR-Rundfahrt gewann ich in diesem Jahr zum vierten Mal. An der Weltmeisterschaft konnten wir nur teilnehmen, weil sie in der Schweiz ausgetragen wurde. Die NATO-Länder hatten nach dem Bau der Mauer eine »Strafmaßnahme« gegen die DDR beschlossen, die sie offenbar für besonders öffentlichkeitswirksam hielten: DDR-Sportlern wurde generell die Einreise untersagt.

Was wir Sportler mit der Mauer zu tun hatten, hielt nie jemand für nötig zu erklären, aber diese Entscheidung sorgte für eine massive Störung des internationalen Sportverkehrs. Nur zwei Beispiele – auch ins Poesiealbum derer, die gern behaupten, die DDR habe den Sport für ihre politischen Ziele missbraucht: Die Eishockeyweltmeisterschaft des Jahres 1962 fand in den USA statt. Da der DDR die Einreise verweigert wurde, erklärten sich die UdSSR und die Tschechoslowakei mit der DDR solidarisch, die Titelkämpfe gerieten zur Farce. Bei der Alpinen Ski-WM 1962 in Frankreich wurde der DDR die Einreise verweigert, woraufhin die Internationale Skiföderation (FIS) den Titelkämpfen den Status einer Weltmeisterschaft aberkannte. Später fand man zwar eine Kompromisslösung, aber zunächst war die WM annulliert worden.

Ich geriet in Westberlin auf eine Liste »unerwünschter Personen« und durfte die Halbstadt nicht mehr betreten.

Bei der Weltmeisterschaft in der Schweiz dominierten die Franzosen. Ein Trio fuhr dem Feld davon, Jean Jourden löste sich von seinen Landsleuten in der letzten Runde und gewann, die beiden anderen vervollständigten den Dreifachsieg. Ich kam mit den Verfolgern ins Ziel, fast zwei Minuten hinter dem Sieger, und begnügte mich mit Platz 23. Es war nicht unser Tag gewesen.

Begegnung mit Renate

Aber in das Jahr 1961 fiel noch ein anderes für mich ungemein wichtiges Ereignis: Ich lernte meine Frau kennen. Als der nacholympische Trubel abgeklungen war, waren wir nach Oberhof ins Trainingslager gefahren. Vielleicht sollte ich sie lieber erzählen lassen, wie alles begann, denn sie hatte die größere »Aktie« daran ...

»Ich hatte als Jungaktivistin eine Reise nach Oberhof

als Auszeichnung geschenkt bekommen. Als der Bus, mit dem ich gefahren war, vor dem Konsumhotel hielt, kamen fast zur gleichen Zeit die Friedensfahrer. In der Empfangshalle hörte ich einige über meine roten Haare flachsen. Ich war solche anzüglichen Bemerkungen gewöhnt und hatte gelernt, darüber zu lachen.

Natürlich war mir Schur ein Begriff, aber ich kannte ihn eben nur von Bildern. In natura gefiel er mir jedenfalls noch besser. Eines Tages begann er – oder ich? – ein Gespräch. Wir plauderten miteinander. Nur eben so, aber dann hörte ich hintenherum, dass er ein Faible für Rothaarige hatte. Na ja, so begann es eben.«

Ich habe nie ein Hehl daraus gemacht: Die Taktik der nächsten Etappen hat sie geschickt eingefädelt. Als sie aufbrach, erfand sie einen Vorwand, warum sie ihren großen Koffer nicht mitnehmen könne, und fragte mich, ob wir ihr den nicht nach Leipzig bringen könnten.

Ich lud den Koffer ins Auto, aber als wir in Leipzig anlangten, wollte ich sie nicht allein besuchen, um ihr den Koffer zu bringen. Also bat ich meinen Freund »Bulla« Töpfer, mich zu begleiten. In der Tür versicherte ich, dass es der reine Zufall wäre, denn Töpfer hatte just den gleichen Weg wie ich. Sie hatte auch einen »Zufall« parat: Ihre Freundin wäre gerade gekommen. Wir wurden beide zum Kaffee eingeladen, und so entwickelte sich die Sache. Ich kann sicher auf weitere Details verzichten.

Es ist müßig, heute erforschen zu wollen, welches der Hauptgrund war, warum ich 1962 die Friedensfahrt zum ersten Mal seit 1952 nicht mitfuhr – ich war bei einigen Etappen dabei und betätigte mich als Rundfunk-Kommentator –, aber fest steht, dass Renate und ich am 12. Juni 1962 geheiratet haben. Keine große Party, nur die engsten Freunde.

Renate war fortan immer an meiner Seite zu finden, in guten und in schlechten Zeiten. Und als wir nach der

Rückwende in mancherlei Turbulenzen gerieten, schuftete sie Tag und Nacht an den »Segeln«, damit unser Familienschiff auf Kurs blieb. Sie war im Laden unseres Sohnes Gus-Erik ebenso emsig wie später im Hotel, das Jan in Schierke eröffnet hatte.

Ich darf den Faden der Zeitläufe nicht aus der Hand gleiten lassen. 1963 stand ich in Prag wieder am Friedensfahrtstart.

Der Held jenes Jahres war Klaus Ampler, und ich tat alles, um ihm zu helfen. Beim 57-km-Einzelzeitfahren von Bautzen nach Dresden – wer die Topografie der Strecke kennt, weiß, was da von den Rennfahrern verlangt wurde – nahm er mir knapp drei Minuten und dem kleinen Belgier August Verhaegen das Gelbe Trikot ab. Auf der Etappe von Dresden nach Erfurt – das waren 245 Kilometer! – sollte Weißleder gleich nach dem Start das Feld durch einen Vorstoß sprengen. Niemand begriff, welche Taktik wir verfolgten, als wir auf der Marathonetappe so früh angriffen. Der Plan ging fast auf, aber das Feld kam noch einmal zusammen, ehe es endgültig gesprengt wurde. Es bildete sich eine dreizehnköpfige Spitzengruppe, in der drei Belgier fuhren. Klaus und ich waren ebenfalls mit von der Partie. In den Straßen Karl-Marx-Stadts hielten Zehntausende an den Straßenrändern den Atem an: Der Träger des Gelben Trikots musste wegen eines Defekts vom Rad. Aber er stand nur Sekunden auf dem Pflaster, dann saß er auf meinem Rad und wurde von mir angeschoben. Die Belgier, die für Augenblicke wohl gehofft hatten, die Situation nutzen zu können, begruben ihre Träume. Ich kam in Erfurt als Dritter an, den Sieg hatte Klaus Ampler errungen, und die über sechs Minuten Vorsprung, die ihn von Verhaegen trennten, waren bis Berlin nicht mehr gefährdet. Immerhin hatte sich der Belgier in Magdeburg den Etappensieg geholt.

Es sind nicht nur Siege und Niederlagen, verlorene und gewonnene Minuten, die in Erinnerung bleiben. Es sind vor allem die menschlichen Begegnungen. Die Belgier kamen seit Jahren mit einem legendären Masseur: Leon Sonnet. Der schwergewichtige Graukopf verbrachte den Winter in den Kojen der Sechstagefahrer, den Sommer beim Giro und bei der Tour, aber im Mai schlug er selbst die lukrativsten Angebote der berühmtesten Profis aus. Den hatte er sich für die Friedensfahrt reserviert. Und dort fühlte er sich wohl, massierte nebenbei auch die Kubaner, weil die keinen eigenen Masseur dabei hatten. Irgendwann hatte er sich in der DDR ein Massagegerät gekauft. Drei Jahre später versagte es den Dienst. Ein Journalist schrieb darüber. Im Bautzener Keglerheim, wo wir uns auf das Zeitfahren nach Dresden vorbereitet hatten, erschien eine »Delegation« der Kreiszeitung – der Redakteur und zwei Leser – und überreichte Sonnet ein neues Gerät. Im Jahr darauf stieg Sonnet mit einem Kinderdreirad für mich aus dem Flugzeug. Er hatte gehört, das ich das erste Mal Vater geworden war. Berliner Schüler lasen darüber und investierten den Erlös ihrer letzten Altstoff-Sammlung für ein Blutdruckgerät, das sie Sonnet im Hotel überreichten. Was würde ich dafür geben, ihm noch einmal zu begegnen!

Abschied im Harz

1964 fuhr ich meine letzte Friedensfahrt. Ich riss keine Bäume aus, aber beim 45-Kilometer-Bergzeitfahren von Erfurt nach Oberhof – weil es dort oben an Radsportfunktionären fehlte, organisierten Skisprung-Kampfrichter die Etappenankunft – kam ich immerhin noch auf den fünften Rang. Dann stand wieder einmal der Olympia-Ausscheid auf dem Programm. Das erste Rennen fand in Gießen statt, und als wir losfuhren, glaubte jemand, Pillen auf der Straße gesehen zu haben und schrie, ich hätte sie verloren. Das nur, um die Atmosphäre zu illustrieren. Beim ersten Rennen in der DDR, das bei Erfurt ausgetragen wurde, fuhr mich einer auftragsgemäß in den Graben. (Er hat sich übrigens dreißig Jahre später bei mir entschuldigt.) So wurde nichts aus meinen dritten Olympischen Spielen, aber immerhin stellte die DDR in Tokio zum ersten Mal die Mehrzahl der Athleten und damit auch den Chef de Mission.

Ich fuhr noch die Harzrundfahrt, und als ich ins Ziel kam, teilte ich mit, dass dies mein letztes Rennen gewesen sei. Ich fühlte mich wegen einer schmerzhaften Darmgeschichte ständig wie ausgebrannt, lag deshalb kurze Zeit im Krankenhaus und wusste, es war Zeit aufzuhören. Zudem hatte ich es nicht nötig, wie ein Profi des Geldes wegen bis zum bitteren Ende zu fahren. Ich war 33 Jahre alt und hatte mehrere Berufe.

Es gab wieder viele Fragen, aber bald gewöhnte man sich daran, dass der Name Schur nicht mehr auf den Startlisten zu finden war. Es gab Abschiedsgrüße von alten Freunden. Willy Vandenberghen meldete sich aus Brüssel: »Schur sorgte auf dem Sachsenring dafür, dass Eckstein Weltmeister wurde und nicht ich. Das trage ich ihm nicht nach. Ich habe ihn als einen Rennfahrer mit bewundernswertem sportlichen Geist kennengelernt. Schade, dass nicht alle Rennfahrer in der Welt so ehrlich und so fair kämpfen wie er. Ich wünsche ihm von ganzem Herzen viel Erfolg für seine weitere Laufbahn.« Ian Steel, Sieger der Friedensfahrt 1952, versicherte Journalisten: »Ich bin stolz darauf, mich zu den Freunden dieses großen Sportlers zählen zu dürfen!« Und Rudi Kirchhoff, mit dem ich so manchen Strauß ausgefochten hatte, meinte: »Täve hat viel für unseren Sport getan. Die Rennen werden ärmer werden ...«

Was noch zu erledigen blieb, war meine Diplomarbeit. In den zwei Monaten, die ich noch benötigte, beging ich einen unverzeihlichen Fehler: Ich verzichtete von heute auf morgen auf jegliche Bewegung, saß ständig am Schreibtisch und wühlte in Büchern. Und das, obwohl mir Prof. Dr. Siegfried Israel eingeschärft hatte, systematisch abzutrainieren und ich sogar einen Plan mitbekommen hatte. Das Resultat meines Fehlverhaltens: Eine Herz-Arhythmie. Das brachte man zwar an der Leipziger Karl-Marx-Universität wieder in Ordnung, aber ich war gewarnt.

Danach begann ich als Nachwuchstrainer zu arbeiten. Nun war ich nicht mehr nur mal Ehrengast bei den Spartakiaden, sondern steckte mittendrin. Deshalb will ich nicht versäumen, hier noch einige Worte über diese mit der DDR untergegangenen Jugendsportfeste zu verlieren. Ich bin in meinem Leben viel durch die Welt gekommen und behaupte guten Gewissens, dass es weltweit kein vergleichbar so exzellent und flächendeckend organisiertes Jugendsportfest gab. Und denen, die da gern behaupten, dass sie nur veranstaltet wurden, um künftige Olympiasieger zu finden, will ich zum Beispiel antworten, dass Billard noch nie zum Programm der Olympischen Spiele gehörte, ich aber oft genug Kreisspartakiaden erlebte, bei denen auch Billard gespielt wurde. Ich kann nicht sagen, wie viel Kreisspartakiaden ich erlebt habe, wie oft ich mit der Magdeburger Spartakiademannschaft zu den Zentralen Spartakiaden nach Berlin oder Leipzig gefahren bin, wie vielen Siegern ich gratuliert und wie viele Verlierer ich getröstet habe, aber ich könnte beeiden, wie sehr wir die Jugend für Spiel und Sport begeisterten und sie anderen Reizen entzogen. Ja, die Spartakiade basierte auf einem Beschluss der Partei, und wir waren alle froh darüber. Warum? Weil in dem Beschluss festgeschrieben war, dass der zweite Kreissekretär in der Regel als Vorsitzender des örtlichen Spartakiadekomitees fungierte.

Was dieses Komitee festlegte, wurde meist auch realisiert. Die Volkspolizei sperrte die Strecke ab, auf der die Radrennen ausgetragen wurden, die HO kümmerte sich um warmes Mittagessen, und der örtliche Verkehrsbetrieb übernahm den An- und Abtransport der Teilnehmer. Und in allen Kreisen des Landes rannten und sprangen hunderttausende Kinder und Jugendliche um Spartakiademedaillen.

Der legendäre Dokumentar-Filmer Andrew Thorndike bekam Anfang der 70er Jahre den Auftrag, einen Film zu drehen, der 1972 im Olympischen Dorf in München vorgeführt werden sollte. Jedes Land hatte eine solche Einladung erhalten. Die Aufgabe reizte ihn, und als Erstes stellte er die Frage, in welcher Sprache er ihn drehen sollte? Alle, bei denen er sich erkundigte, welche Sprache wohl die im Olympischen Dorf verbreitetste wäre, hoben die Schultern. Die Antwort lautete: »Man spricht im Dorf hundert Sprachen.« Das ließ ihn auf den Gedanken kommen, einen musikreichen »Stummfilm« zu drehen, in dem Schrifttafeln mit wenigen Worten die nötigen Erklärungen lieferten. Und diese Tafeln trugen Worte in zwölf Sprachen. Am längsten dauerte die Suche nach dem Motiv des Films. Dann erlebte er eine Kreisspartakiade, und die Atmosphäre begeisterte ihn derart, dass er sich entschloss, dieses Thema zu wählen. Was ihm dann noch fehlte, war das »Bühnenbild«. Das fand er im malerischen Wernigerode. Dort drehte er seinen Film, zeigte den morgendlichen Marsch der Sportler durch die winkligen Straßen zum Sportplatz, die Eröffnungszeremonie und dann die Wettkämpfe. Der Film trug den Titel »Start« und wurde zum Renner in München, auch weil sich die Spitzenathleten in den Gesten und Emotionen der Kinder wiedererkannten, sich ihrer eigenen Jugend erinnerten und vor der Kulisse alter Fachwerkhäuser eine stimmungsvolle Mini-Olympiade erlebten.

Soviel zu den Spartakiaden, die in meinem Leben eine große Rolle gespielt haben.

Und ich? Wurde ich als Trainer so erfolgreich, wie ich es als Aktiver gewesen war? Nein, ich brachte nicht sofort Spartakiadesieger hervor oder gar Nachwuchs-Weltmeister. Und obendrein gab es da ein Problem. Entweder mache ich eine Sache ganz oder gar nicht. Ein Trainer muss von früh bis spät für seine Schützlinge da sein, wenn er Erfolg haben will. Das konnte ich auf die Dauer nicht garantieren, nachdem ich 14 Jahre meines Lebens dem Radsport untergeordnet hatte. Immerhin waren da inzwischen zu Hause vier Kinder. Wie schnell konnten die Leute sagen: »Seht euch die Gören von dem Schur an, der kümmert sich nur um seinen Radsport.« Oder aber meine Schützlinge hätten gesagt: »Äh, Täve, kümmerst du dich nur noch um deine Kinder?«

Abenteuer Rennsteiglauf

Also verabschiedete ich mich wieder von den Trainern. Man wählte mich zum stellvertretenden Vorsitzenden des DTSB-Bezirksvorstandes Magdeburg. Das war nicht gerade mein Traumberuf. Maschinenbauingenieur hatte ich werden wollen und brachte dafür auch viele Voraussetzungen mit: Ich kann schweißen, bohren, hart löten, weich löten, ich kann Brunnen bohren, Autos reparieren und Fahrräder sowieso. Ich könnte heute noch Töpfe flicken, wie ich es nach dem Krieg getan habe. Aber gut, sie brauchten mich beim DTSB. Obwohl die, die mit mir zusammenarbeiteten, nicht gerade vor Freude jubelten, wenn ich ihnen riet, ein sportlicheres Leben zu führen und zum Beispiel auf das Rauchen zu verzichten und den Alkoholkonsum zu reduzieren. Meine Losung lautete: Wer was vermitteln will, muss Vorbild sein!

Ich war viel im Bezirk unterwegs, kannte viele Übungsleiter und BSG-Vorsitzende, beriet mit ihnen, wie wir ihre Probleme lösen könnten, und saß auch mal mit ihnen zusammen, um in aller Gemütlichkeit zu klönen. Meine Popularität hatte nicht gelitten. Ich saß im Präsidium des DTSB und konnte dort über die Sorgen der kleinen Betriebssportgemeinschaften verbindliche Auskünfte geben, ich war Mitglied des Präsidiums des Radsportverbandes, wo man meinen Rat ebenfalls schätzte, und ich war auch noch immer Abgeordneter der Volkskammer.

Auf dem Rad sah man mich kaum noch, obwohl ich wusste, dass ich nicht mit dem Sport aufhören durfte. Wer einmal wie ich seinen Körper belastet hat, muss ihn sein Leben lang belasten. Das ist wie eine Droge, allerdings die gesündeste Droge, die es gibt. Man spürt den Drang, sich zu bewegen, vielleicht so, wie sich ein Süchtiger nach Drogen sehnt. Auf das Rennrad stieg ich nicht mehr so häufig, auch weil ich es sonst ständig hätte putzen müssen, damit die Leute nicht sagten: »Der Schur? Der fährt mit 'ner dreckigen Karre durch die Gegend!«

Also verlegte ich mich auf das Laufen.

Ich lief erst kürzere Distanzen, dann längere und schließlich landete ich beim Rennsteiglauf. Hinzu kam, dass wir die Meilenbewegung voranbringen wollten, und da habe ich mir gedacht, mit deinem Vorbild kannst du vielleicht dazu beitragen, andere zum Laufen zu animieren.

1977 wollte ich mich beim Rennsteiglauf testen. Es war für mich eine furchtbare Strapaze, aber etwas anderes als eine Friedensfahrtetappe. Dort war ich Kapitän einer Mannschaft, hatte eine Aufgabe zu erfüllen. Wenn du da glaubst, du kannst nicht mehr, weißt du genau, an Aufgeben ist nicht zu denken. Beim Rennsteiglauf hätte ich jederzeit aufhören können. Aber mein Ehrgeiz ließ das nicht zu: Schur gibt nicht auf!

Zum Problem wurde es für mich nur, weil ich dummerweise nach zehn Kilometern Grapefruitsaft getrunken hatte, auch noch kalten. 30 Kilometer bin ich mit Magenkrämpfen gerannt. Unterwegs sah ich auf einem Holzstoß Hermann Buhl stehen, den früheren 3000-Meter-Hindernisläufer, der mittlerweile Sportarzt geworden war.

»Mensch Hermann«, rief ich ihm zu, »ich habe Magenkrämpfe, was soll ich machen?«

Er stellte eine treffende Diagnose: »Du läufst zu schnell!«

Oben auf dem Rennsteig ging ich einen Kilometer, aber die Krämpfe blieben. In Oberhof, überall standen ja Sanitätszelte, bin ich in eines gegangen und habe denen von meinen Krämpfen erzählt, ihnen aber auch gleich bedeutet: »Aufgeben kommt für mich nicht infrage.«

Die Ärztin gab mir ein krampflösendes Mittel, Baldrian oder so, aber es wurde nicht besser. Bergauf nicht und bergab, wenn es stauchte, erst recht nicht. Ich trank Haferschleim. Zehn Kilometer vor dem Ziel empfahl man mir an einer Verpflegungsstelle: »Versuch's mal mit warmem Bier!«

Mir war schon alles egal. Ich trank das warme Bier, und der Krampf war weg. Da erinnerte ich mich, was ich ja schon während des Studiums gelernt hatte: Bier löst eine alkalische Wirkung aus!

Also kam ich ans Ziel und bestand diese Prüfung vor mir selbst. Ich habe dabei aber auch eine Erfahrung gesammelt, die mir für alle Freizeitläufer von Belang scheint: Die Belastung muss sinnvoll und vernünftig sein und dazu führen, dass man sich wohlfühlt.

Dann habe ich auch das Rad wieder hervorgeholt, geputzt und habe mich etliche Berge hinaufgequält.

Die Rückwende

Jahre später kam jenes Ereignis, für das man inzwischen eine ganze Liste von Begriffen hat: Vereinigung, Wiedervereinigung, Wende, Beitritt, Rückwende, Besetzung, Kehrtwende.

Der DTSB wurde aufgelöst, die Funktionäre bis auf ein paar »Abwickler« alle »abgewickelt«, die Rennfahrer zerstoben in alle Winde, Jan bekam einen Vertrag als Profi in Italien, Gus-Erik, die kleinere Tochter und Renate waren über Nacht arbeitslos. Das war die neue Zeit.

Auch in der Volkskammer kamen harte Tage. Die Partei nominierte mich für den sogenannten Untersuchungsausschuss, der Mitglieder des Politbüros über angeblichen Amtsmissbrauch befragen sollte. Der Vorsitzende, ein lange als Richter am Obersten Gericht der DDR tätiger CDU-Jurist, meldete sich öfter mal krank, wenn er einem solchen Verhör ausweichen wollte. An die Befragung Horst Sindermanns kann ich mich noch sehr genau erinnern.

Er betrat den Raum und gab mir – vielleicht froh, ein vertrautes Gesicht zu sehen – die Hand. Man hat mir hinterher Vorwürfe gemacht, dass ich ihm die Hand schüttelte. Aber ich blieb gelassen. Hatte jemand Helmut Kohl befragt, warum er Erich Honecker die Hand gegeben hatte? Konnten die sich erinnern, wie oft Franz Josef Strauß Gast in der DDR war?

Der Untersuchungsausschuss wurde eingesetzt, der angebliche Korruption in der DDR aufdecken sollte. Natürlich gab es auch in der DDR Bestechung, aber wann spielten da Millionen eine Rolle? Und nie hatten DDR-Obere gegen Schmiergeld Panzer verkauft, mit denen Kriege geführt wurden.

Nein, ich behaupte nicht, dass man nur kluge oder richtige Entscheidungen in der DDR getroffen hat, und ich bin sicher, dass man vielleicht oft bessere hätte fällen können. Aber wer hat sich in der DDR auf Kosten anderer bereichert?

Unsere Gegenwart beweist nicht, dass man heutzutage bereit wäre, Logik, Vernunft und Menschenrechte zu berücksichtigen. Oder wie ist der Bankenskandal zu erklären, der vor zwei Jahren zu einer Weltwirtschaftskrise führte?

Irgendwann erhoben wir uns einmal im Bundestag zu einer Gedenkminute für tödlich Verunglückte. Müssten sich die Abgeordneten nicht am Beginn jeder Sitzung schweigend erheben, um der täglich im Elend sterbenden Menschen in der Welt zu gedenken?

Es gibt genügend fruchtbare Börde-Äcker, die brach liegen, und es werden noch Prämien dafür bezahlt, damit sie niemand bestellt. Da packt mich die Wut. Wenn das zu den Errungenschaften einer Gesellschaft gehören soll, dürfte es schwerfallen, jemanden davon zu überzeugen, dass das die bessere sein soll. Ja, alle vier Jahre werben Kandidaten der verschiedenen Parteien um die Gunst der Wähler. Aber wo sind sie im Parlament, wenn wichtige Fragen entschieden werden sollen? Und wer achtet auf die Grundgesetzformel, wonach jeder dieser Abgeordneten nur seinem Gewissen verpflichtet ist, wenn bei einer Abstimmung vor der Urne Vertreter der Parteien stehen und signalisieren, welche Stimmkarte abzugeben ist?

War ich zu ehrlich oder etwa zu naiv für dieses Parlament?

Ich hatte in der Volkskammer gegen den sogenannten Einigungsvertrag gestimmt. Das war am 22. August 1990. In der Debatte hatte der stellvertretende SPD-Vorsitzende Thierse gesagt: »Wir sollten nicht die schwarze Illusion erwecken, dass wir unter die Räuber fallen.«

Ob Thierse heute noch daran erinnert werden möchte? Schließlich fielen wir mit der Treuhand doch unter die ärgsten Räuber, die nicht nur Konten plünderten, sondern Millionen den Arbeitsplatz stahlen. Wer daran erinnert, wird gerügt!

Dieser sogenannte Einigungsvertrag wurde von einer Express-Lokomotive gezogen. Die Abgeordneten, die den Gesetzesänderungen zuzustimmen hatten, bekamen die Vorlagen oft erst eine Viertelstunde vor der Aussprache auf den Tisch. Ich werde nie vergessen: Als einmal die Vorlagen nicht ausreichten, empfahl man uns allen Ernstes, dass wir uns in Westberliner Buchhandlungen mit den Texten versorgen sollten. Die Wirtschaftsministerin im Kabinett von Hans Modrow, Christa Luft, prophezeite, dass diese Prozedur eines Tages ins Guinness-Buch der Rekorde eingetragen würde: Solches Tempo hatte noch kein Parlament der Welt beim Beschließen von Gesetzen vorgelegt!

Ankunft in der Marktwirtschaft

Nach der Rückwende wurde ein stellvertretender Vorsitzender des DTSB-Bezirksvorstandes nicht mehr gebraucht. Ich war arbeitslos und konnte die »freiheitliche« Demokratie und die gepriesene Marktwirtschaft vor Ort ausgiebig studieren. Als Erstes hatte ich meinen Söhnen geholfen, in Magdeburg einen Fahrradladen zu eröffnen. (Werbung ist heute sogar in Memoiren erlaubt: Über der Tür steht »Täves Radladen«.) Es begann mit einer Unternehmensberatung, die mich über 5000 DM kostete. Die bewirkte allerdings nur, dass Ladenflächen nachgewiesen wurden. Ich entschied mich schließlich für eine, die aber geteilt werden musste, weil sie zu groß war. Ich fand mich bei der Treuhand wieder, denn es handelte sich um einen früheren HO-Laden für Heimwerkerbedarf. Interessentin für die andere Ladenhälfte war eine Schuhladenbesitzerin. Man verlangte von uns, je zwei Arbeitskräfte und einen Lehrling zu übernehmen und 50 000 DM zu zahlen. Die Frau, die den Schuhladen betrieb, hatte keinen Einwand. Ich habe dann auch ja gesagt und konnte zwei Nächte nicht schlafen. Später übernahm Gus-Erik, der jüngere Sohn, allein den Laden, führt ihn bis heute erfolgreich und hat auch die 50 000 DM eingezahlt. In welche Tasche mögen sie gewandert sein? Der Schuhladen ging pleite, und heute kann man die Ladenfläche neben dem Fahrradladen ohne Treuhand-Obulus mieten.

Noch turbulenter ging es beim Bau des Hotels meines Sohnes Jan in Schierke zu. Als »Wasserholer« hatte er beim italienischen Rennstall Chateau d'Ax einen Profivertrag gehabt und fuhr die meiste Zeit an der Seite des Weltmeisters Gianni Bugno. Später wechselte er zum Rennstall Motorola und entschloss sich, jeden Pfennig, den er verdiente, in ein Hotel zu stecken. Seine sportliche Laufbahn nahm ein jähes Ende, als er – was man als Rennfahrer nicht tun sollte – im Herbst Fußball spielte und sich den Unterschenkel brach. Er hörte, dass in Schierke ein ehemaliger Kindergarten in einer Jugendstilvilla verkauft werden sollte. Für den notwendigen Kredit wurden Sicherheiten gefordert, zu denen am Ende auch ein Teil meines Grundstücks gehörte. Es stellte sich sehr bald heraus, dass sein Vorhaben die Kraft der gesamten Familie erforderte, und ich musste in allen Berufen, die ich je erlernt hatte, mit zupacken. Eines Tages konnte endlich die Eröffnung gefeiert werden, wenn auch noch längst nicht alles fertig war. Bedenklich war, dass während der Bauzeit unvorhergesehene Probleme auftauchten, die sich als sehr kostspielig erwiesen. Der Architekt hatte einen Bauunternehmer und eine Heizungsfirma mitgebracht. Gemeinsam arbeiteten sie an den Vorgaben der Statiker vorbei. Erst durch eine Anzeige von Jan beim Bauamt Wernigerode konnte das aufgedeckt werden. Die fatale Folge: Vieles musste wieder abgerissen werden, die Kosten stiegen entsprechend, denn die Projektierung musste von vorn begonnen werden. Am Ende hatten sich Schulden aufgetürmt. Hätte die Vereins- und Westbank in Braunschweig ihre Zusage für einen Unterstützungskredit eingehalten, wäre Jan sicher heute noch Besitzer von »Täves Sporthotel«.

Wieder konnte ich nächtelang nicht schlafen, denn wir waren bislang keine Schuldenmacher. Das Hotel war übrigens erfolgreich und gut ausgelastet. Aber eines Tages kam es zur Zwangsversteigerung. Der Oberkellner aus Schierke, der das Haus ersteigerte, bekam den Kredit, auf den er gehofft hatte, auch nicht, und am Ende gehörte das Hotel einem Steuerberater aus Wolfenbüttel, der sich vorher schon das ehemalige Ferienheim des Schwermaschinenkombinats »Ernst Thälmann« Magdeburg gesichert hatte. Jetzt betreibt dessen Sohn das Hotel, das allerdings nicht mehr »Täves Sporthotel« heißt.

Viele Gäste beim 60.

Ich hatte die Volkskammer mit ihrer Auflösung verlassen. Im Februar 1991 feierte ich meinen 60. Geburtstag. Überraschend viele waren nach Heyrothsberge gekommen. Das Haus war voll. Der neue Bürgermeister, neu gewählte Sportfunktionäre gratulierten mir und natürlich viele alte Freunde. Rivalen von einst, Trainer, Funktionäre, Journalisten, die Schar war kaum zu überblicken.

Ein immer-wieder-Gesprächsthema jener Zeit war: »Wie weit wärst du wohl als Profi gekommen?« Und immer gab ich die gleiche Antwort: »Das ist eine rein spekulative

Frage. Es blieben nur Papiervergleiche. Sicher wäre ich auch bei den Profis nicht der Schlechteste gewesen.«

Journalisten fragten mich am liebsten, was ich denn dazu sagte, dass Jan zu den Profis gewechselt war. Im Hintergrund klang immer die Hoffnung mit, ich würde vielleicht bekennen, dass er sich meinen sehnlichsten Lebenswunsch hatte erfüllen können, jetzt, da uns die Freiheit beschert worden war.

Ich gab zur Antwort, dass Jan an der DHfK zu studieren begonnen hatte, aber schnell verstand, dass ihm ein Studium heutzutage wenig nutzen würde.

Und ich fügte hinzu: »Sein Schritt war ein logischer Schritt in dieser Zeit. Wer heute als Rennfahrer was drauf hat, muss versuchen, daraus Profit zu schlagen. Jan hat an der DHfK studiert, was nützt ihm dieser Studienabschluss heute in Deutschland? Ein Diplom, das gestern noch in der ganzen Welt gefragt war, ist heute in Deutschland nichts mehr wert! Einen praktischen Beruf hat er nicht erlernt. Also ist das Einzige, was er wirklich beherrscht, das Radfahren, und deshalb war es richtig, wozu er sich entschlossen hat. Ich mache kein Hehl daraus, dass er in der kurzen Zeit, in der er als Profi fuhr, eine Summe verdiente, von der ich in meinem ganzen Leben nicht einmal träumen konnte. Aber ist Geld der Gipfel des Lebens?«

Gedanken an Erdwig

In diesen Monaten dachte ich oft an Herrmann Erdwig. Es gab viele Gründe dafür. Er hatte mir einmal prophezeit: »Deine Kinder werden groß, es werden Enkelkinder kommen, kaufe dir irgendwo ein Stück Land, wo du dann vielleicht leben willst.« Das war sicher nichts weiter als eine Erfahrung, die er selbst im Leben gesammelt hatte. Ich wehrte mich mit Händen und Füßen dagegen, Landbesitzer zu werden, kaufte aber doch den Acker, auf dem mein Eigenheim dann entstanden war. Und ausgerechnet dieses Stück sollte uns schließlich helfen zu überleben, als Gus-Erik den schon erwähnten Fahrradladen eröffnen wollte. Als Arbeitsloser hatte er keine Chance, einen Kredit zu bekommen. Ich aber war durch mein Grundstück plötzlich bei allen Banken kreditwürdig. Ich hatte einige Angebote bekommen, mit meinem Namen für Radsportfirmen zu werben. Es waren seriöse und unseriöse darunter. Man musste aufpassen.

Ja, und da dachte ich so manches Mal an Herrmann Erdwig. Was hätte der in dieser Situation getan?

Er blieb sein Leben lang seiner Gesinnung treu. Wenn ich Kollegen vom Spezialbau traf und wir ins Gespräch kamen, fiel immer sein Name. Alle waren überzeugt, dass er auch in der heutigen Zeit seinen Weg gehen würde. Übrigens war ich in den Vorstand des Sportvereins Börde e.V. gewählt worden. Das erinnerte mich an den Namen der BSG, die er damals ins Leben gerufen hatte, eine Art späte Ehrung für ihn.

Natürlich stellte man mir überall die Frage, ob meine Ideale nicht zertrümmert wären? Meine Antwort lautete immer: Nein! Was ich vertreten habe, gilt weiter: Es muss lebenswerte Bedingungen für alle Menschen auf der Erde geben! Wenn wir – vor allem aber unsere Kinder, Enkel und Urenkel – auf dieser Erde weiterleben wollen, dann werden nicht einige auf Kosten vieler leben können, sondern alle ihren Platz brauchen und vor allem gleiche Rechte. Und wir werden lernen müssen, bescheidener zu leben, denn wir verlangen unserer Mutter Erde zu viel ab.

Dann kam immer die Frage nach den Fehlern, die wir begangen haben sollen. Wer nicht sogleich begann, sie aufzulisten, schied aus.

Ich sagte vielen, dass ich in dem Rennen um die Nennung der höchsten Zahl an Fehlern nicht an den Start gehen würde. Und auch nicht in einem Wettbewerb, den der gewinnt, der die meisten Vorschläge erbringt, was wir hätten anders machen sollen.

Sachlichkeit bleibt oberstes Gebot. Ich habe einen Historiker zum Freund, der mir sagte: »Die bürgerliche Gesellschaft hat zwei Jahrhunderte gebraucht, ehe sie ihre Ideale verwirklicht sah. Und wie viele Rückschläge hat sie in diesen zweihundert Jahren erlebt! Und wie viel Menschlichkeit hat sie hervorgebracht und wie viel Unmenschlichkeit?«

Und auch wenn ich kein Historiker bin, fällt es mir nicht schwer, täglich festzustellen, wie viel Fehler diese Gesellschaft heute begeht. Wodurch kam es zu der Bankenkrise? Durch einen Tsunami? Oder standen die Sterne ungünstig? Die Jagd nach dem Profit hatte sie ausgelöst, und morgen wird diese eine neue Krise auslösen!

Ich bleibe dabei: Ich werde mir und meinen Standpunkten treu bleiben, weil diese Standpunkte zwar fehlerhaft sein können, diese Fehler aber nicht dadurch entstehen, dass ich Mitmenschen betrügen will. Ich könnte auch sagen, nicht ausbeuten will, aber das könnte dazu führen, dass mich der »Staatsschutz« so ableuchtet, wie er es mit meinen Genossen in der »Kommunistischen Plattform« ungerührt tut.

Der Arbeitslose Gustav-Adolf Schur

Als Arbeitsloser hatte ich am Anfang viel »Freizeit«. Die DDR war kritisiert worden, weil angeblich über alles Berichte geschrieben werden mussten. Jetzt wurde man mit Formularen zugeschüttet. Das Erste war der Antrag, um einen Antrag zu bekommen. Oder wenn ich an die Bürokratie um die Steuern denke. In der DDR hatte ich nie einen Steuerberater engagieren müssen. Heute? Ohne Beratung –

die man natürlich bezahlen muss – hat man kaum eine Chance, sich davor zu bewahren, Geld einzubüßen.

Ein cleverer Wessi engagierte mich als Trainer für Freizeitradler, die sich in Norditalien in Form brachten. Das Unternehmen war recht erfolgreich, ich wurde »Cheftrainer«, und er engagierte noch Trainer hinzu. Das war gut organisiert. Jeder Teilnehmer konnte sich eine Distanz aussuchen, und die Trainer kümmerten sich darum, dass die einzelnen Gruppen sie dann auch schafften. Dort konnte ich mich endlich fernab von all dem Geschwätz und Gekeife erholen. Und obendrein meine Erfahrungen nutzbar machen und sogar noch Erfolgserlebnisse feiern.

Begegnung bei der Tour

Und dann wurde ich auch noch »Reiseleiter«.

Ein Berliner Reisebüro organisierte jedes Jahr einen Ausflug »Mit Täve zur Tour«, und das waren vergnügliche Fahrten.

Friedensfahrtfans, auch frühere Rennfahrer wie Paul Dinter oder Eberhard Butzke, rollten im Bus mit mir nach Frankreich, und dort suchten wir uns Orte, von denen man das Rennen gut verfolgen konnte. Ich nahm das Rad mit, denn nun war ich längst wieder richtig im Training. Einmal wartete ich am Tourmalet auf den Bus. Plötzlich entdeckte ich inmitten der abwandernden Zuschauer ein Gesicht, das mir bekannt erschien. War das nicht ...?

»He, Bill!«

Der Mann in Shorts auf der anderen Straßenseite fuhr herum. Ich winkte, er stürmte ungeachtet des Verkehrs über die Straße und schrie: »Damned, Täve, Täve.« So traf ich im Toursommer 1994 den Briten Bill Bradley. Er schien es nicht fassen zu können. 36 Jahre waren vergangen, seitdem er uns 1958 auf einer Etappe nach Brno abgehängt hatte. Er war Etappensieger geworden, ich hatte fast zehn Minuten eingebüßt. Wir hockten uns ins Gras. »Was macht Stan, was Jack, was Geoffrey, was Bob?«

Dann drängte der Busfahrer. Wir ließen uns rasch noch fotografieren und nahmen Abschied. Ich erzählte zu Hause von der Begegnung und ahnte nicht, was ihr folgen würde. Monate später lag ein Zeitungsausschnitt aus der britischen Radsportwochenzeitung im Briefkasten und dazu Briefe. Ich ließ mir alles übersetzen. Die Zeitung schrieb: »Als der Eiserne Vorhang fiel, um Europa zu vereinigen, bedeutete das auch das Ende vieler Institutionen. Eine davon war die Friedensfahrt, das überragendste Amateur-Etappen-Rennen auf dem Kalender. Es brachte viele große Rennfahrer hervor. Es war das Rennen, das der Schotte Ian Steel 1952 gewann und in dem Stan Brittain mehr als einmal dem Sieg nahe war. Es war auch das Rennen, das den großen Gustav Schur hervorbrachte. Zweimal Amateurweltmeister, war er fast ein Gott in seinem Land, und als er auf die Chance, seinen dritten Titel zu erringen, zugunsten seines Freundes Bernhard Eckstein verzichtete, wuchs sein Ansehen noch mehr. Es war auch das Rennen Bill Bradleys aus Southport, der 1958 eine Etappe gewann und zehnter in der Gesamtwertung wurde. Bradley blieb ein Freund Schurs, und es gibt Gespräche, das Rennen wieder zu beleben. Mannschaftsleiter, Rennfahrer, Mechaniker und Fans sollten an Bill Bradley – 36 Cleveleys Road, Merseyside – Southport, schreiben, wenn sie dieses Vorhaben unterstützen wollen.« Und die Briefe waren beigelegt.

»Lieber Bill Bradley,
ich las, dass du dich um die Wiederbelebung der Friedensfahrt bemühst. Ich habe mich im Dezember 1993 entschlossen, die Wintermonate auf Mallorca zu verbringen, um dem Wetter in England zu entkommen. Ich sitze noch

immer im Sattel und wandere auch gern in den Bergen. Genug über die Gegenwart. Es ist gut zu wissen, dass du mit Täve Kontakt hast, auch weil ich mich mit Freude jedes Treffens während all der Jahre erinnere. Er ist ein echter Gentleman.

Ich hoffe, dass die Friedensfahrt eines Tages wiederaufersteht und für Freundschaft sorgt in der ›Radsport-Mafia‹. Ich würde das Neuentstehen der Friedensfahrt mit Freude begrüßen, aber es wird wohl sehr schwer werden, sie auf demselben Niveau zu haben wie früher. Sag bitte Täve, dass ich ihm helfen will, so gut es geht und dass ich ihm Erfolg wünsche.
Ian Steel«

»Lieber Täve,
wie geht es dir? Es ist jetzt 25 Jahre her, dass wir uns das letzte Mal sahen, als wir zusammen auf dem Rad von deinem Heimatort nach Magdeburg fuhren. An den Wochenenden fahre ich noch Rad, aber nicht so schnell. Ich treffe Bill Bradley oft. Er erzählte mir, dass du darüber nachdenkst, die Friedensfahrt auf die Straße zurückzuholen. Eine große Idee, auch unter dem Aspekt, dass es nun 50 Jahre her ist, seit der Krieg zu Ende ging. Ein guter Anlass, sie wieder ins Leben zu rufen. Ich werde dich unterstützen, wünsche dir alles Gute und hoffe, dass du Erfolg mit deiner Idee hast.
Stan Brittain«

»Hallo Täve,
als dreimaliger Team-Manager der britischen Mannschaft möchte ich dir versichern, dass ich das Vorhaben unterstütze, das Ereignis wieder zu beleben.

Schon als Kind kam ich mit der Friedensfahrt in Berührung, denn mein Vater managte das britische Team in den 50er und 60er Jahren.

1984 wurde ich das erste Mal als Manager für die Mannschaft ausgewählt, und ich erwartete – offen gesagt – ein politisches Ereignis, aber ich hätte wissen sollen, dass es vor allem ein Radrennen war. Es war perfekt organisiert, von den Mahlzeiten bis zum Gepäcktransport, mit den Jugendlichen mit den Startnummern der Rennfahrer am Ziel, und vor allem ein großartiges Rennen. Jeden Tag riesige Menschenmengen, Rennfahrer und Funktionäre wurden wie Stars behandelt, ganz gleich, aus welchem Land man kam.

Während der drei Rennen, die ich begleitete, schloss ich viele Freundschaften. Mit Mongolen, Russen, Algeriern und Amerikanern. Das Rennen wurde durch Freundschaft bestimmt, und ich kann mich keines anderen Rennens mit einer ähnlichen Atmosphäre erinnern. Das letzte Mal war ich 1989 dabei, und einer meiner Fahrer verliebte sich in unsere polnische Dolmetscherin.

Zwei Jahre später heirateten sie. Britische Rennfahrer, die dabei waren, werden noch immer ›Friedensfahrer‹ genannt, und es wäre gut für unsere jungen Fahrer, wenn sie diese Chance auch bekommen würden. Ich wünsche dir Erfolg bei der Suche nach einem Sponsor, und lass das alte Organisationskomitee wieder arbeiten.
Bob Thom jun.«

»*Lieber Gustav,*

ich war sehr froh zu hören, dass du dabei bist, die Friedensfahrt wieder ins Leben zu rufen. Ich bin sie zweimal gefahren, und ich kann nur bestätigen, dass sie einen besonderen Platz in unseren Herzen hat. Ich bin überzeugt, dass viele Fahrer der Vergangenheit die Gelegenheit nutzen werden, die Friedensfahrt zu unterstützen. Du kannst auch auf mich zählen. Ich werde mit anderen Verbindung aufnehmen und ihnen erzählen,

dass die Friedensfahrt ein Rennen mit einer ganz besonderen Atmosphäre war.
Geoff Wiles.«

»Lieber Gustav,
ich habe mit Interesse gelesen, dass die Friedensfahrt eine Chance hat, wiederzukommen. Ich war glücklich, dass ich die britische Mannschaft bei der 43. Friedensfahrt betreuen konnte, es war die letzte, zu der wir eine Mannschaft schickten. Von allen Rennen, die ich als Manager begleitete – Tour of Mexico, Milk Race, Hanson Tour of South-Afrika, Tour de l'Avenir, Tour of Marokko – war die Friedensfahrt die bestorganisierte. Ich würde vor Freude in die Luft springen, wenn ich die Chance bekäme, noch einmal eine Mannschaft zu betreuen, und ich spreche im Namen vieler Offizieller und Rennfahrer, die es begrüßen würden, wenn sie zurückkommen könnten, zu Berlin-Warschau-Prag.
Tom Barry«

»Lieber Täve,
habe mit Begeisterung gehört, dass Bill Bradley dich traf und ihr ein Gespräch über das Comeback der Friedensfahrt geführt habt. Wie schön wäre es, wenn dieses fabelhafte Rennen wieder stattfinden würde. Ohne jeden Zweifel war es das weltbeste Amateurrennen, und es war schlimm, das Ende erleben zu müssen nach all den Jahren. Ich hatte das Privileg, vier oder fünf Mal die britische Mannschaft in diesem Rennen zu betreuen, und es bleiben da viele Erinnerungen. Lebenslange Freundschaften stiftete dieses Rennen. Man fand keinen Mangel bei der Organisation. Ich kenne genug Rennfahrer in Großbritannien, die sofort wieder dabei sein würden. Übermittle all meinen Freunden in Deutschland, die ich bei der Friedensfahrt traf, meine herzlichsten Grüße.
Bob Thom«

Täve beim Wintersport

III/1

Täve als fleißiger DHfK-Student

Bei der Rübenernte

Täve mit dem Mechaniker
Erich Winkler

Täve mit »Papa« Lange
von den Diamant-
Fahrradwerken in
Karl-Marx-Stadt

Täve und der legendäre belgische Masseur Leon Sonnet

Der italienische Trainer Giovanni Proietti links neben Täve

Täve mit Hauptschiedsrichter Heinz Richter, Heiri II

Herrmann Erdwig, Täve und Minister Junker

Auszeichnungsfeier für Sportler; Walter Ulbricht neben Täve

Glückwunschtelegramm Walter Ulbrichts
zu Täves 30. Geburtstag, 1961

Spontane Siegerehrung

Wilhelm Pieck gratuliert Christa Stubnik und Täve

III/6

Eintreffen des Weltmeisters Täve Schur und seiner Kameraden beim III. Turn- und Sportfest in Leipzig

III. Turn- und Sportfest, Abschlussveranstaltung 1959
(v.l. Max Sefrin, stellv. Minister für Gesundheitswesen, Erich Mielke,
Täve Schur, Rudi Reichert, Präsident des DTSB, Paul Fröhlich,
1. Bezirkssekretär in Leipzig, Erich Honecker)

Bad in der Menge

Idol, gerade für die Jüngsten

III/8

1972, DDR-Ministerrat empfängt Friedensfahrtsieger (Täve Schur, Stanislaw Królak, Jan Vesely, Vlastimil Ruzicka)

DDR-Sportler des Jahres 1981, Täve hinten rechts

Herzlicher Empfang

Familie Schur, v. l. Gus-Erik, Jan, Frau Renate, Susanna, Gusti und Täve

Die Söhne Jan und Gus-Erik auf dem Tandem

Sohn Jan mit seiner Mutter

Täve mit seiner Frau im Radgeschäft von Gus-Erik

Glückliche Großeltern: Ehepaar Schur mit Enkelin Josephine

Die einstigen Kontrahenten Vesely und Schur
auf der Friedensfahrt 1997

Es hat ein Weilchen gedauert: Erik Neutsch und Täve bei ihrer ersten
persönlichen Begegnung 2008

Zu Täves 70. Geburtstag gratuliert Gerhard Schröder im Bundestag

Täve mit Täve

Täve im Gespräch mit Klaus Huhn

Täve kurz vor seinem achtzigsten Geburtstag

Wie die Friedensfahrt retten?

Diese Briefe motivierten mich. Ich hatte mir schon 1990 keine Illusionen über die Zukunft des Rennens mehr gemacht. Zwar wurde die 43. Fahrt noch in Berlin gestartet, aber ein Jahr später fehlten die Deutschen schon unter den Veranstaltern, die Strecke war – wie in den Gründerjahren auf Prag–Warschau reduziert worden. Dass sie 1992 wieder in Berlin stattfand, hatte mehrere Gründe. Einer war: Ich hatte mit der Hilfe vieler Freunde ein Kuratorium gegründet, das die Friedensfahrt vor dem Untergang bewahren sollte. Überraschend viele Spenden gingen ein. Wir begannen, Sponsoren zu suchen, aber das war ein hartes Brot. Mancher fürchtete, dass ein Engagement für die Friedensfahrt als ein politisches Bekenntnis zur DDR ausgelegt werden könnte, und wer wollte derlei schon riskieren?

Zudem hatte der Radsportverband bereits voreilig verkündet, dass es keine Friedensfahrt mehr geben würde, aber dann kam uns Olympia zu Hilfe. Die Olympia GmbH hoffte durch die Unterstützung des Rennens die Chancen für die Bewerbung Berlins für die Olympischen Spiele 2000 zu erhöhen.

Die erste Etappe war »Rund um Berlin«. Was wäre logischer gewesen, als die Frauen und Männer zu mobilisieren, die das Rennen schon Jahrzehnte in Berlin organisierten? Aber was wurde in jener Zeit schon logisch gehandhabt? Man wollte niemanden von »früher« dabei haben. Also mussten Leute, die die Friedensfahrt noch nie erlebt hatten, sie organisieren. Auch auf die Mitwirkung des Kuratoriums verzichtete man, ich wurde nicht einmal zum Start eingeladen. Was diese Ignoranz eintrug, beschrieb eine Zeitung so: »In Neu-Fahrland peitschte der

Regen. Danach folgte, was die Fahrt in 44 Jahren noch nie erlebt hatte – das perfekte Chaos. Über Funk forschte einer der Schiedsrichter: ›Wo sind denn die abgefallenen Fahrer?‹ Antwort von Rennleiter Gerhard Passow: ›Die sind so weit weg, dass ich es nicht weiß.‹ Ein paar Minuten der nächste Hilferuf: ›Wo sind denn die hinteren Fahrer?‹ Bündige Antwort des Rennleiters: ›Verschwunden!‹ In diesem Augenblick irrten die Verschollenen hilflos durch die Clay-Allee. Ampel rot, Ampel gelb, Ampel grün. Noch einmal nahm die Rennleitung die Suche nach den Verschollenen auf. Das hörte sich über den Fahrtfunk so an: ›Wo sind die sieben?‹ Vergnatzte Antwort des Rennleiters: ›Das sind nicht sieben, sondern zwölf.‹

20 Kilometer vor dem Ziel musste die Spitze eine andere Straße nehmen, als ursprünglich geplant worden war. Der Rennleiter wunderte sich: ›Die Polizisten hatten den Plan auf ihren Tanks. Sie müssen wissen, wo es lang geht.‹ Tatsächlich wussten sie nichts.«

Ich zitiere das hier nicht schadenfroh, sondern nur als Beleg dafür, welche Folgen die »Vereinigung der Brüder und Schwestern« konkret im Radsport hatte. Bis hin zur Organisation der Friedensfahrt.

Das bewog mich, meinen Eifer um das »Comeback« der Friedensfahrt zu verdoppeln. Der Tscheche Pavel Dolezal hatte inzwischen die Fäden in Prag in die Hand genommen, bald kamen auch Signale aus Polen, und Jahr um Jahr wurde das Rennen wieder stabiler, wenn ich mir auch klar darüber war, dass es nie wieder jenes Rennen werden würde, das es einmal war.

1997 wurde die Fahrt in Potsdam gestartet, und ich fand es bewundernswert, dass der damalige SPD-Oberbürgermeister Horst Gramlich am Vormittag am Mahnmal für die im Kampf um Potsdam gefallenen sowjetischen Soldaten einen Kranz niederlegte. In diesem Augenblick war die Fahrt zu ihren Wurzeln zurückgekehrt.

An jenem Tag begegnete ich auch Gregor Gysi, der wohl das erste Mal den Friedensfahrttrubel erlebte. Wir sprachen über dies und das, und vielleicht entstand da auch die Idee, bei der für das nächste Jahr anstehenden Bundestagwahl für die PDS zu kandidieren.

Seit der Rückwende hatte sich einiges getan. Man hatte mich – wie erwähnt – zum Ehrenpräsidenten des Landessportbundes gewählt, in die Ehrengilde des Bundes deutscher Radsportler und in den traditionsreichen Arbeiterradsportbund »Solidarität« aufgenommen.

Trubel um die Kandidatur

Na ja, und dann geriet ich fast über Nacht noch einmal an die Spitze der Schlagzeilen. Ich hatte mich bereiterklärt – immerhin schon 67-jährig –, für den Bundestag zu kandidieren. Den Schlagzeilen der bürgerlichen Blätter, in denen mein Entschluss natürlich nicht gerade gefeiert wurde, folgte ein Kampagne, die mir zuweilen den Atem verschlug. Man warf mir nicht vor, dass ich für meine Partei kandidieren wollte – was jeder bekanntlich nach dem Grundgesetz darf –, sondern, dass ich dafür »ungeeignet« sei. Das war nicht gerade eine Lehrstunde in der so sehr gepriesenen freiheitlichen Demokratie.

Den Startschuss gab die Super-Illu. Ihr Chefredakteur gestand den Lesern: »Selten hat ein Thema die Leser so bewegt wie meine Frage, ob ein ehemaliger Volkskammer-Abgeordneter wie Täve Schur für den Bundestag kandidieren soll. Deswegen ist heute meine Leserbrief-Kolumne ausschließlich diesem Thema vorbehalten.« Und dann folgten Briefe.

Hier nur einige Zitate der Briefschreiber mit verkürzten Namen. »Täve Schur macht mich stolz, DDR-Bürger gewesen zu sein. Peter K., Gotha« – »Schlitzohr Gregor

Gysi will Täve doch nur als Mittel zum Zweck für die PDS benutzen. Ursula M., Torgau« – »Auch Täve Schur sollte als ›Andersdenkender‹ respektiert werden. Irmengard V., Rostock« – »Täve Schur war in der Volkskammer nur ein Handhochheber. Mitläufer gibt es Millionen. Otto B., Hamburg« – »Täve Schur ist ein unbelehrbarer Altkommunist. Uwe T., Parchim« – »Er ist kein Wendehals, steht zu seiner Sache. Menschen wie er gehören in den Bundestag. Horst K., Dieburg« – »Täve vermittelt ein menschliches Bild von der DDR. Deshalb sehe ich nicht den geringsten Grund, warum er nicht in den Bundestag soll. Peter N., Wien« – »Es gibt schon zu viele rote Socken. Bernd H., Görlitz« – »Es war nicht alles gut in der DDR, aber die Gesellschaft war gerechter. Männer wie Täve Schur kennen unsere Probleme. Inge Sch., Rudolstadt« – »So stelle ich mir einen Abgeordneten vor: Charakter, Bescheidenheit, Mut und Bürgernähe! Helmut M., Haina«.

Mir war klar, dass die Illustrierte nicht aus Sympathie zu mir so viele positive Briefe gebracht hatte. Man wollte keine neue Lawine auslösen, wenn man zu viele »Anti«-Stimmen brachte.

Das Blatt hatte mich schon bald nach der Rückwende interviewt. Den Ausschnitt fand ich noch irgendwo zu Hause:

» – Wie wirst du mit dem neuen Leben fertig?

– Diese Gesellschaft gefällt mir gar nicht. Früher hatten die meisten weniger Sorgen. Alle jagen nur noch dem Geld hinterher.

– Schur wirkte immer als ›hundertprozentig‹ ...

– Ich tat alles aus Überzeugung. Auch die Arbeit als dritter Mann im Magdeburger Sport, obwohl das nie mein Traum war. Ich hätte lieber im Maschinenbau gearbeitet. Bin Schlosser. Wenn ich aber woanders gebraucht wurde – keine Frage.

– Hast du dich jetzt in ein stilles Eckchen zurückgezogen?
– Keineswegs ...
– Also immer noch der Multi-Funktionär Schur.
– Ich bleibe dem guten Teil unserer Sache treu und werde immer darum kämpfen.«

Die LVZ steigt ein

Als nächstes meldete sich die Leipziger Volkszeitung zu Wort, wohl weil ich in Leipzig kandidierte. Die startete mit einem Leserbrief, den ein gewisser Hansjörg Heller geschrieben hatte. Die Überschrift verriet den Kurs: »Schur sollte sich entschuldigen«. Dann ging's los: »32 Jahre lang gehörte der ehemalige Radweltmeister Gustav-Adolf Schur der DDR-Volkskammer an. Er war als Parlamentarier Repräsentant eines Staates, der 17 Millionen Deutsche ihrer elementarsten Freiheiten beraubte, viele Millionen bespitzelte und kritische Bürger unter enormen Druck setzte. Schur stand für einen Staat, dessen Führung und Nomenklatur eine ganze Volkswirtschaft inklusive Natur, Straßen und Gebäuden ruinierte und in dessen Namen hunderte Menschen an der innerdeutschen Grenze ermordet wurden.

Wer einen Staat, der jahrzehntelang Verbrechen an der Menschlichkeit begangen hat, 32 Jahre lang als Volkskammer-Abgeordneter trägt, von dem müsste man eigentlich eine Entschuldigung erwarten; zumindest jedoch, dass er sich künftiger politischer Aktivitäten enthält. Schur hingegen denkt laut über eine Bundestagskandidatur für die PDS nach ...«

Das Echo auf diese Attacke schien recht massiv ausgefallen zu sein, denn die Redaktion bekannte bald: »Die mögliche Bundestagskandidatur hat heftige Reaktionen ausgelöst.«

Eine Frau Gerda U. schrieb: »Im Brief zu Schur kein Wort zur Friedensfahrt zu verlieren, ihm aber eine angebliche Mitverantwortung für die Mauer-Toten anzudichten, ist eine demagogische Meisterleistung von Herrn Heller. Folgt man ihm, scheint Täve nach Honecker und Mielke der mächtigste Mann der DDR gewesen zu sein. Er denunziert aber auch hunderttausende Radsportanhänger, die zu DDR-Zeiten keinesfalls an die Rennstrecken getrieben werden mussten.«

Eine Gerda W. meinte: »Der Briefschreiber steht nicht allein mit seinen Betrachtungen. Sind sie ein Ventil der Verbitterung oder eine chronische Art, Tatsachen zu verdrängen? An die, die chamäleonartig ›andere‹ Bürger wurden, die ihre Fahnen wie Bettlaken wechselten, die unterschiedlichste Parteizugehörigkeit locker austauschten, kann oder will man sich nicht erinnern. Da nur Erfolg, sprich Durchsetzungsvermögen, zählt, werden andere Bemühungen bereits im Ansatz niedergemacht. Deshalb ›Rübe ab‹ bei denen, die stets ehrlich zu ihren Ansichten standen. Besonders besorgniserregend daran ist, dass leistungsstarke, geradlinige Menschen wie Täve Schur erniedrigt werden sollen. Interessant wäre zu erfahren, ob und wie jene, die heute lauthals Sachkenntnis und Durchblick bekunden, früher mit diesem Wissen Zivilcourage bewiesen und heute nutzbringend für alle einsetzen.«

Angemerkt wurde: »Die Briefe geben die Meinung der Absender wieder und stimmen nicht in jedem Fall mit der der Redaktion überein.«

Bald darauf traten auch Berliner Tageszeitungen der Anti-Schur-Phalanx bei. Zum Beispiel die Berliner Morgenpost. Die überraschte ihre Leser mit der alarmierenden Schlagzeile »Rotkäppchen hat Bedenken« und behauptete, die Sponsoren der Friedensfahrt würden sich zurückziehen, wenn ich für die PDS kandidieren sollte. Immerhin bescheinigte man mir: »1993 war es dem legendären Radsportler gelungen, die Internationale Friedensfahrt, einst größtes Amateurradrennen der Welt, nach zweijähriger Pause wieder nach Deutschland zu holen. Als lebender Klingelbeutel für das Radsportereignis war er seither oft unterwegs. Und das erfolgreich. Jetzt – davon gehen nun Organisatoren, PDS und Sponsoren aus – geht Täve in die Politik. Schurs Sprache ist einfach, nicht immer wohlfeil überlegt, aber floskelfrei. Und wenn er sagt, sein soziales wie politisches Engagement für die PDS stamme auch daher, weil auf die Partei ›ständig so unerhört eingedroschen‹ werde, dann glaubt man ihm das. ›Der Täve ist zu gut‹, sagen seine Freunde. ›Der Täve will überall helfen‹, sagen seine Komitee-Kollegen. ›Ich kann nicht anders‹, sagt Schur.«

Das Blatt berief sich auf Auskünfte des Rotkäppchen-Direktors Krieger: »Wir sponsern nur ein Sportereignis.«

Die konkrete Rückfrage eines Freundes beim Rotkäppchen-Chef wurde mit der in seinem Namen abgegebenen Presseerklärung beantwortet: »Er möchte sich lediglich dahingehend äußern, dass die Rotkäppchen Sektkellerei die Friedensfahrt um der Friedensfahrt willen unterstützt und dieses Engagement auch fortsetzen wird, wenn Herr Schur politisch aktiv wird.«

Kurzum, ich hatte damals zu tun, jeden Tag nachzulesen, was sie über mich schrieben. Und sie schrieben mehr als in den Zeiten, da ich Weltmeister geworden war. Das gilt für die Morgenpost auf alle Fälle.

Dann kam eines Tages ausgerechnet die Super-Illu und bat mich, die an Jan Ullrich vergebene »Goldene Henne« – ein Pokal, der in Erinnerung an die unvergessene Helga Hahnemann alljährlich vergeben wird – für den verhinderten Rennfahrer entgegenzunehmen. Als ich die Bühne des Berliner Friedrichstadtpalastes betrat, schlug mir eine Woge des Beifalls entgegen, als sei mir und nicht Ullrich die Trophäe verliehen worden. Ich war aufrichtig gerührt, bedankte mich und versprach, die Trophäe mit den besten Wünschen bei Ullrich abzuliefern. Ich erwähnte bei dieser Gelegenheit auch, dass der Jungstar einst in Rostock für den Radsport begeistert worden war.

Ein paar Tage später fand ich im Briefkasten einen Ausschnitt aus dem Spiegel vom Jahr 1990: »Täve kann sagen, was er will – Jubel ist ihm sicher. Denn Täve ist so, wie der Sozialist immer sein wollte. Täve fährt Trabi, Täve trinkt nicht, raucht nicht. Täve isst jeden Morgen warme Haferflockensuppe, um die Magenwände zu stärken, Täve ist bescheiden, immer fröhlich, sieht aus wie eine Mischung aus Hans Modrow, Fred Astaire und Sepp Herberger und redet auch so.« Das konnte man sich aufheben und vielleicht auch mal in einer Wahlveranstaltung zur Erheiterung vorlesen.

Interview-Marathon

Es folgten Interviewtermine in Serie. Günter Gaus lud mich ins Fernsehstudio ein und konstatierte als Erstes: »Man kann an dem unterschiedlichen Bekanntheitsgrad von Gustav-Adolf Schur in Ost und West ablesen, wie sehr sich die Deutschen auseinandergelebt haben. Sie verkörperten eine wichtige Facette des real existierenden Lebens in der DDR. Und Sie verkörpern es noch immer. Dass Sie dieses Idol waren und für viele in Ostdeutschland noch immer sind, was empfinden Sie dabei heute?«

Ich antwortete, was ich auch in vielen Wahlversammlungen gesagt hatte: Sportliche Erfolge sind verpflichtend. Man kommt nicht irgendwie zu Erfolgen, da helfen einem viele. Und mir haben also viele im Umfeld geholfen ...

Darauf Gaus: Das, was man im Westen vorwurfsvoll

Staatsamateur nannte, aber ich wollte jetzt wissen, was empfindet Gustav-Adolf Schur, genannt Täve, heute im Rückblick. Er war ein Idol der DDR-Bevölkerung, und er ist es noch immer. Also was ist das?

Ich: Sportliche Erfolge sind das Höchste, was ein Sportler erreichen kann. Ja. Das ist heute mit Geld verbunden. Aber damals konnte man den Menschen etwas zurückgeben, woran sie Freude hatten.

Gaus erwartete, dass ich Antwort geben könnte auf die Frage: Was glauben Sie, warum es mit der inneren Einheit so schlecht funktioniert?

Ich versuchte es: Ich habe aus den alten Bundesländern schon früher – bei Radrennen und so – hervorragende Menschen getroffen. Aber politisch gibt es heute ein Riesenproblem, weil die aus den alten Bundesländern alles besser wissen. Und was sie wissen, wissen sie aus den Zeitungen. Dadurch sind sie über viele Dinge in der DDR auch falsch informiert. Man muss sich da nicht wundern. Hier wird ja immer sehr mit der Stasikeule gedroschen. Ich wäre dafür, dass beide Geheimdienste ihre Akten offenlegen, da kommt sicher 'ne Menge raus.

Und dann fragte er rundheraus: Die DDR ist aus der Welt verschwunden. Sehen Sie sich als einen Leichtgläubigen? Fühlen Sie sich betrogen?

Ich: Ich fühle mich nicht betrogen.

Gaus: Welchen Sieg möchten Sie noch einmal erleben?

Ich: Auf dem höchsten Treppchen der Popularität zu stehen. Das ist nur möglich, wenn Hunderttausende zu einem stehen.

Hinterher fällt einem immer noch dies und jenes ein.

Manchmal hatte ich bei Interviewpartnern den Eindruck, sie sahen in mir den Rennfahrer, der eine Kurve zu nehmen weiß und wie ein Irrer rast, um eine Schleife oder einen Scheck zu gewinnen. Hans-Dieter Schütt zum Beispiel, den ich noch aus der Zeit kannte, als er mir in seiner

Funktion als Junge-Welt-Chefredakteur die Trophäe für den populärsten DDR-Sportler aller Zeiten überreichte, interviewte mich fürs Neue Deutschland. Hier einige Kostprobefragen und -antworten:

Schütt: Täve, du hast die DDR mal als dein größtes Erfolgserlebnis bezeichnet.

Ich: Stimmt. Sage ich heute noch.

Schütt: Kein Wunder, du bist ein Weltmeister gewesen. Da geht einem so was leicht von den Lippen.

Ich: Erstens gibt es eine Menge prominenter Leute, denen geht das inzwischen gar nicht mehr so leicht von den Lippen.

Schütt: Das kann ein Zeichen von Nachdenken sein.

Ich: Nachdenken ist immer gut. Nicht ganz so gut ist Gedächtnisschwund. Und wenn ich von DDR rede, meine ich ja nicht unbedingt das Politbüro. Zweitens: Man musste nicht erst Weltmeister werden, um sich in der DDR wohlzufühlen. Ich kannte jedenfalls weit mehr glückliche Menschen, als es Weltmeister gab.

Schütt: Verzweifelst du, wenn du siehst, was aus dem Ideal einer sozialistischen Gesellschaft geworden ist?

Ich: Die Verzweiflung ist nicht mein Thema, weißt du.

Schütt: Vom Marxismus hast du jedenfalls nichts in den Müll geschmissen.

Ich: Die Idee ist doch weiter brauchbar. Der Marxismus ist so was wie ein Werkzeugkasten, weißt du. Da liegt Verschiedenes drin, aber nicht jedes Ding taugt für alles. Wenn ich einen Nagel in die Wand schlagen will, brauche ich einen Hammer. Aber wenn ich den Nagel wieder rausziehen will, nützt mir der Hammer gar nichts.

Schütt: In der DDR warst du kein bescheidener Arbeiter im Weinberg. Du warst unser Idol, du warst Werbeträger, du warst Staatsmacht, weil der Sport Staatsmacht war.

Ich: Und ich bin nach wie vor stolz darauf.

Schütt: Du warst also nie einfach nur Mitläufer?

Ich: Mitläufer? Nein. Ich bin doch immer nur Rad gefahren. Im Ernst: Beim Sport siehst du ja nicht nur den Sieg. Du siehst die Anstrengung, den Schweiß, das Zusammenarbeiten vieler Leute, du siehst, wie Niederlagen überwunden werden, du siehst den Gegner, mit dem man die Kräfte misst. Das gibt dem Sport was Glaubwürdiges, was Handfestes. Und natürlich ist er Werbeträger, und er sollte für das Schönste werben: Herzensbildung. Sport ist dafür da, dass der Mensch den Unterschied lernt zwischen Fleiß und Überfleiß, zwischen Wettbewerb und eiskalter Rivalität, zwischen Selbstverwirklichung und Egoismus. Ich habe gelernt, dass alles, was man von anderen erwartet, erst mal an der eigenen Leistung gemessen werden muss.

Schütt: Jetzt könnte es heißen: Er will noch immer nicht einsehen, dass der Sport in der DDR missbraucht wurde.

Ich: Ja, und die Unmenge an Post, die ich zum Beispiel an Geburtstagen erhalte, ist eine Karten-Kampagne der geschlossenen PDS! Sich für Frieden einzusetzen, für Freundschaft zwischen den Völkern – dafür hab ich mich gern in die Pflicht nehmen lassen. Bindung an so einen etwas größeren Gedanken war mir immer lieber als die Verpflichtung einer Firma gegenüber, deren Logo ich noch am Schlafanzug tragen muss – falls auch noch nachts ein Fernsehteam vorbeikommt. Oder hör hin, was heute Klubpräsidenten sagen: In unserer Region ist der Fußball wichtig, weil es so viele Arbeitslose gibt, Fußball schafft Identität. Hat das nichts mit Politik zu tun? Da soll der Sport ganz kräftig helfen, eine miese Realität zu ertragen.

Schütt: Du sprachst von Herzensbildung ...

Ich: Ach so, weil du vom Missbrauch geredet hast: Der DDR-Sport ist doch auch in eine bestimmte Situation hineingedrängt worden. Die drüben wollten immer nur eins: uns ausbooten. 1954 gab's in einem WM-Rennen bei Solingen einen Pokal für den »Besten Deutschen«. Das war ich. Na, das war ein Theater, bis sie endlich den Pokal rausrückten. 1964 dann waren sie inzwischen schon so stark, dass von BRD-Seite aus die Weltmeisterschaften in ein NATO-Land gedrängt wurden, damit wir nicht teilnehmen konnten.

Schütt: Was unterscheidet dich von einem Sportlertyp wie Boris Becker?

Ich: Ich konnte nie so gut Tennis spielen wie er. Ganz klar.

Schütt: Was wäre das Schlimmste, was deine Kinder über dich sagen könnten?

Ich: Jetzt hebt er ab, der Alte, jetzt hat er vergessen, wo er herkommt. Ich halte deshalb das Streben nach Bescheidenheit für einen wichtigen Charakterzug. Ich sage: danach streben. Es ist nicht einfach, das zu erreichen. Erfolg hat seine Tücken: Der nimmt dir die Unbekümmertheit.

Schütt: Während du eben von Bescheidenheit sprachst, hast du deinen Enkel angeguckt.

Ich: Ja, den Juscha, den Jüngsten. Man kommt ja in das Alter, in dem man was weitergeben will. Ich würde meinen Enkeln unbedingt sagen wollen: Leute, lebt gesund, sportlich und bescheiden. Das hat die Welt am nötigsten. Wo die Menschen ungesund leben und allzu viele Bedürfnisse gegenüber der Welt entwickeln, verlieren sie den Boden unter den Füßen. Man sollte sinnvoll leben wollen, nicht nur gut. Wenn sich das nicht durchsetzt, geht die Welt krachen.

Schütt: Und es gibt ja durchaus Dinge im neuen Deutschland, die auch Täve Schur gut findet.

Ich: Und ob. Nimm nur die herrlichen Radwege, die jetzt im Osten entstehen.

Die Entscheidung

Auf einer Pressekonferenz in Berlin übergab ich die Erklärung, die alle Zweifel beseitigte: Ich kandiere für die PDS! Und das war meine Begründung: »Zeit meines Lebens war ich ein politischer Mensch und stand als solcher in der Öffentlichkeit. Ein Spitzenamt habe ich allerdings nie angestrebt, denn unter den einfachen Menschen fühlte und fühle ich mich stets wohler. Gerade aus diesem Kreis erreichte mich in den letzten Wochen aber eine enorme Bestärkung, den gewiss nicht leichten Schritt zu wagen, das heißt zu kandidieren. Unter den vielen ermunternden Briefen und Anrufen, die mich erreichten, waren beileibe nicht nur PDS-Mitglieder, sondern auch zahlreiche Bürger, die keiner Partei angehören oder sogar Mitglied in anderen Parteien sind. Das vielleicht wichtigste Erlebnis in dieser Hinsicht war vor einigen Wochen die Fernsehsendung zur Überreichung der ›Goldenen Henne‹. Mir standen die Tränen in den Augen, als das Publikum spontan aufstand und mir Riesenbeifall spendete.

Mit meinen bescheidenen Mitteln möchte ich einen Beitrag dafür leisten, dass ein wirkliches Zusammengehen von Ost und West stattfindet. Ich bin der Letzte, der in DDR-Nostalgie verfällt, mein differenziertes, durchaus auch kritisches Urteil über die Vergangenheit habe ich auch in dem Leserbrief an die Leipziger Volkszeitung geäußert. Ich habe früher sicher nicht alle Möglichkeiten genutzt, auf Unzulänglichkeiten, Missstände oder gar Menschenrechtsverletzungen aufmerksam zu machen.

Dieses Versäumnis möchte ich nicht noch einmal begehen: Zu Massenarbeitslosigkeit, Sozialabbau und Verarmung vieler Menschen kann ich nicht schweigen.

Ebenso verbittert mich, wie teilweise achtlos mit den Biografien vieler ostdeutscher Menschen umgegangen wird. In Zukunft möchte ich noch viel lauter meine Stimme gegen diese fatale gesellschaftliche Entwicklung erheben, um den Menschen, die zu mir und meinem bisherigen Lebensweg stehen, ein wenig mehr Kraft zum Widerstand zu geben.

Es liegt sicher nahe, dass ich der Sportpolitik besondere Aufmerksamkeit widmen würde. Wir müssen gerade in den neuen Bundesländern bessere Voraussetzungen für den Breitensport schaffen und dafür Sorge tragen, dass Sporttreiben auch künftig für jeden bezahlbar bleibt. Traurig stimmt mich daher immer wieder, wie der DDR-Sport demagogisch auf das Dopingthema verkürzt wird und die hervorragenden Erfahrungen bei der Ausbildung und Förderung des Nachwuchssports einfach ignoriert werden. Noch heute nenne ich die Abwicklung der Leipziger DHfK einen Skandal.

Ein zweites Sachgebiet, dem ich mich im Falle einer Wahl verstärkt zuwenden würde, ist die Umweltpolitik, die in der PDS immer noch ein wenig stiefmütterlich behandelt wird. Meine Liebe zur Natur hat natürlich viel mit meinem Sport zu tun.

Wer hunderttausende von Kilometern auf dem Rennrad bewältigt hat, wer stets Wind und Wetter ungeschützt ausgesetzt war, der hat zur Natur ein spezielles Verhältnis und dem tut es weh, dass wir Menschen immer noch so sorglos mit ihr umgehen.

Weil mir vom ersten Augenblick an klar war, dass mein Engagement im Wahlkampf für die PDS mit der politischen Unabhängigkeit der Friedensfahrt im Widerspruch stehen könnte, habe ich mich schweren Herzens zu folgender Entscheidung durchgerungen: Mit dem heutigen Tag werde ich meine Funktionen als Präsident des ›Vereins Internationale Friedensfahrt e.V.‹ und als

Vorsitzender des Organisationskomitees zunächst bis zur Bundestagswahl am 27. September 1998 nicht mehr ausüben, um jeglichem Verdacht der parteipolitischen Instrumentalisierung dieses großartigen Sportereignisses aus dem Wege zu gehen.

An meiner inneren Verbundenheit mit der Friedensfahrt ändert sich mit diesem Schritt nichts: Ich bin mit ihr gewachsen, sie war und ist mein Leben. Außerdem konstatiere ich mit großer Freude, dass es inzwischen eine Vielzahl profilierter Sportler, wie beispielsweise Thomas Barth und Klaus Ampler, qualifizierte Manager sowie potente Sponsoren gibt, die sich mit viel Kompetenz für den Fortbestand der Friedensfahrt einsetzen.«

Wahlkampf pur!

Danach begann der Wahlkampf. Übrigens nicht nur in Leipzig und rundum. Die Veranstaltungen jagten sich. Ich will nicht übertreiben, aber wir schufteten hart und gaben unser Bestes. Es gab nirgends giftige Zwischenrufe.

Aber es gab merkwürdige »Zwischentöne«. Kaum war bekannt geworden, dass ich für meine Partei kandidieren würde und in den Wahlkampf eingestiegen war, bekam ich von der Rentenrechnungsstelle in Berlin den Bescheid, dass ich »überzahlt« worden sei und 9400 DM zurückzahlen müsse. Der Rentenspezialist, dem ich den Fall übertrug, kostete 1800 DM. Ich brauchte keinen Pfennig zurückzuzahlen und bekam meine Rente wie bisher. Entschuldigt hat sich bis heute niemand bei mir. Übrigens riet mir der Spezialist noch, die Affäre an die Sendung »Ein Fall für Escher« weiterzuleiten, und fragte mich, ob ich da mitmachen würde. Ich hatte keine Bedenken, aber nach einer Woche ließ er mich wissen, dass das Herrn Escher zu heiß sei.

Turn-Olympiasieger Klaus Köste hing sich ans Telefon und mobilisierte Unterschriften für eine parteiübergreifende Schur-Initiative, die nicht dazu aufrief mich zu wählen, aber mich zu unterstützen, wenn ich mich dafür engagierte, dass Sport für alle bezahlbar bleiben sollte. Die erste Liste trug 56 Namen, und einige sollen hier wiedergegeben werden, schon damit der Appell und die Namen nicht in Vergessenheit geraten:» ›Sport für alle – ein garantiertes Grundrecht‹:

Klaus Ampler (Radsport), Brita Baldus (Wasserspringen), Andreas Behm (Gewichtheben), Wolfgang Behrendt (Boxen), Barbara Petzold-Beyer (Skilanglauf), Gisela Birkemeyer (Leichtathletik), Dr. Steffi Biskupek-Kräker (Turnen), Falk Boden (Radsport), Peggy Büchse (Schwimmen), Waldemar Cierpinski (Leichtathletik), Jens Doberschütz (Rudern), Peter Frenkel (Leichtathletik), Dr. Ruth Fuchs (Leichtathletik), Barbara Helbig (Handball), Martina Hellmann (Leichtathletik), Olaf Heukrodt (Kanurenn-sport), Dr. Birgit Heukrodt-Meineke (Schwimmen), Gisela Hill-Jäger (Rudern), Achim Hill (Rudern), Silvia Hindorff-Hafemeister (Turnen), Jan Hoffmann (Eiskunstlauf), Wolfgang Hoppe (Bobsport), Ute Kahlenberg-Starke (Turnen), Gert-Dietmar Klause (Skilanglauf), Dr. Thomas Köhler (Rennschlittensport), Klaus Köste (Turnen), Erwin Koppe (Turnen), Kerstin Knabe (Leichtathletik), Peter Kretzschmar (Handball), Waltraud Kretzschmar (Handball), Astrid Kumbernuss (Leichtathletik), Klaus-Dieter Kurrat (Leichtathletik), Kerstin Kurrat-Gerschau (Turnen), Barbara Lässig (Rudern), Marita Lange (Leichtathletik), Lutz Lötzsch (Radsport), Wolfgang Mager (Rudern), Manfred Matuschewski (Leichtathletik), Walter Meier (Leichtathletik), Petra Meier-Felke (Leichtathletik), Lothar Milde (Leichtathletik), Thomas Munkelt (Leichtathletik), Meinhard Nehmer (Bobsport), Angelika Noack (Rudern), Dr. Helmut Recknagel (Skispringen), Sabine Rogge (Senioren-Leichtathletik), Christina Rost (Handball), Peter Rost (Handball), Dietmar Schauerhammer (Bobsport), Jan Schur (Radsport), Dieter Speer (Biathlon), Helmut Stolper (Radsport), Lothar Thoms (Radsport), Peter Weber (Turnen), Thomas Weiß (Skislalom/Paralympics), Erika Zuchold (Turnen).«

Es war eine Versammlung von 31 Olympiasiegern und 70 Welt- und Europameistern!

So wurde ich auch noch der Kandidat des seit 1990 so geschundenen DDR-Sports.

Und dann kam der Wahlabend. Das Rennen um das Direkt-Bundestagsmandat im Wahlkreis 310 verlor ich. Meine Rivalen im Kampf um den Stuhl in Bonn waren hartgesottene Politprofis.

Für Bündnis 90/Die Grünen stand der bisherige Fraktionsgeschäftsführer Werner Schulz auf der Liste, für die CDU Gerhard Schulz, ein Maschinenbauunternehmer – im Bundestag seit 1990 –, dazu noch Dr. Wolfgang Lingk von der FDP und der Gewinner Gunter Weißgerber von der SPD. Der kam auf 47 408 Stimmen und damit auf 36,7 Prozent. Rang zwei ging an mich mit 33 810 Stimmen (26,1 Prozent), Rang drei an den CDU-Schulz (32 928 – 25,5 Prozent), Rang vier an Werner Schulz (8382 – 5,5 Prozent) und Letzter wurde mit 2471 Stimmen (1,9 Prozent) Dr. Lingk. Fazit: Jeder vierte Wähler, der zur Abstimmung gegangen war (Wahlbeteiligung 77 Prozent) hatte sich für die PDS entschieden. Bei den PDS-Zweitstimmen erhöhte sich die Zahl noch um 0,5 Prozent, also rund 700 Stimmen.

CDU-Schulz war nicht eben der beste Verlierer: Seinen Satz, dass »Politik doch wirklich mehr als Radfahren« ist, zitierte ich bereits.

Die ersten Erfahrungen

Zur Konstituierung der Fraktion fuhr ich nach Bonn. Von nun an bekam der Alltag für mich ein neues Gesicht. Vorlagen waren zu studieren, in den Zusammenkünften der Fraktion lernte ich, wie man hier Probleme analysierte.

Im Sportauschuss saß ich Ex-Minister Klaus Kinkel gegenüber, der in seiner Begrüßungsrede an den 15. Deutschen Richtertag am 23. September 1991 in Köln gesagt hatte: »Ich baue auf die deutsche Justiz. Es muss gelingen, das SED-System zu delegitimieren, das bis zum bitteren Ende seine Rechtfertigung aus antifaschistischer Gesinnung, angeblich höheren Werten und behaupteter absoluter Humanität hergeleitet hat, während es unter dem Deckmantel des Marxismus-Leninismus einen Staat aufbaute, der in weiten Bereichen genau so unmenschlich und schrecklich war wie das faschistische Deutschland, das man bekämpfte und – zu Recht – nie mehr wieder entstehen lassen wollte.«

Er saß nun plötzlich ein paar Schritte entfernt, begann mich schon bald in Sportfragen zu respektieren und nahm sich vor allem des von uns zuerst und dann immer wieder angesprochenen Problems Schulsport an. Wir hatten gemeinsame Pläne – wenn es um das Anliegen ging, den Sport für alle zu fördern. Während der letzten Debatte zum Schulsport im Bundestag waren unsere Argumente fast deckungsgleich und in den Medien las man am nächsten Tag alle Namen – bis auf meinen.

Stimme gegen den Krieg

Ich will nicht die Prioritäten durcheinanderbringen. Die Begegnung mit dem ehemaligen deutschen Außenminister Kinkel und Erfahrungen, die ich als Bundestagsabgeordneter sammelte, sind zweitrangig im Vergleich zu dem Augenblick, da ich meine Stimme nutzte, um gegen einen Krieg zu votieren. Als der deutsche Bundestag die unselige Entscheidung traf, dass sich die BRD am Überfall auf Jugoslawien beteiligen sollte, stimmte die PDS-Fraktion dagegen. Sie blieb zwar in der Minderheit, aber das Urteil, ob diese Stimmen-Minderheit nicht tatsächlich eine Mehrheit im deutschen Volk vertrat, wird die Geschichte fällen.

Wie man sich vielleicht erinnert, wurde bald darauf sogar ein sportlicher Boykott gegen Serbien erörtert. Ich hielt es für angeraten, dem mit allem Nachdruck zu widersprechen und schrieb auch der Leipziger Volkszeitung meine Meinung.

Friedhelm Julius Beucher, den ich als Vorsitzenden des Sportausschusses des Bundestages persönlich geschätzt habe, schrieb nun zu der Boykottforderung: »Wir haben doch nicht mit frohem Herzen der Bombardierung eines europäischen Landes zugestimmt ...« Ich las das fassungslos. Ging es darum, ob man frohen oder traurigen Herzens für einen Krieg stimmt? Die Abgeordneten der PDS hatten dagegen gestimmt! Schlimm genug, dass jemand dafür votiert, politische Ziele mit Bomben erreichen zu wollen. Und nun wollte er den Bomben noch einen Boykott folgen lassen, weil »der Sport kein politikfreier Raum« sei.

Sport soll Völker verbinden und nicht zum Druckmittel gegen unliebsame Politiker umfunktioniert werden.

Solange ich die Möglichkeit hatte, mit meiner Abgeordnetenstimme meinen Standpunkt zu bekräftigen, habe ich es getan!

Diesmal wirklich in die Schweiz

Mein Terminkalender, der selten Lücken hatte, wurde nun als Abgeordneter regelrecht zugeschüttet. Mein wackerer Mitstreiter Klaus Köste hatte viel zu tun, um ihn immer wieder ins Gleichgewicht zu bringen. In Coswig feierte man den 50. Jahrestag der Gründung der Betriebssportgemeinschaft, und man lud mich ein, dabei zu sein. Die Volkssolidarität traf sich auf dem Petersberg bei Halle. Über 2000 strömten wandernd zusammen. Den Ministerpräsidenten des Landes Sachsen-Anhalt lud man ein und auch mich.

Eines Tages flatterte ein Brief ins Haus, in dem man mich bat, bei einer Zusammenkunft der Schweizer Friedensgesellschaft zu reden. Ich erinnerte mich der Legende über meine angebliche »Flucht« in die Schweiz, als ich in der Sächsischen Schweiz meinem Klettervergnügen nachgegangen war. Man bat mich, zum Thema »Friedensbewegung und Friedensfahrt« zu sprechen. Als ich mich hinsetzte, um mir einige Notizen zu machen, fielen mir natürlich als erstes Schweizer ein, die zum Erfolg der Friedensfahrt beigetragen hatten. Hans Weder war 1958 dabeigewesen, und für ihn war damals die Reise hinter den Eisernen Vorhang ein unvergessliches Erlebnis. Das sollte ich hier vielleicht mit einem Satz einflechten: Die Friedensfahrt hat enorm dazu beigetragen, mit Gerüchten und Legenden über das Leben hinter dem Eisernen Vorhang aufzuräumen. Als Weder wieder nach Hause kam, bat ihn die europaweit verbreitete Züricher Zeitung Sport über seine Erlebnisse zu berichten. Man räumte ihm fast eine halbe Seite ein. Noch nie hatte Weder einen so stimmungsvollen Auftakt eines Rennens erlebt.»100 000 Zuschauer füllten die Ränge. Als 17. Nation betraten wir die Aschenbahn des Stadions. Bestimmt wird keiner jenen Augenblick vergessen, als der Name ›Szwajca‹, dann der Name jedes Fahrers aus dem Lautsprecher ertönte. Von der Ehrentribüne winkte uns ein Herr mit leicht angegrauten Schläfen. Ja, wir sahen recht, es war der Präsident der Sportkommission des Schweizer Radsportbundes, Walther Stampfli. Wir drehten zwei Runden. Fernsehen, Wochenschau und viele Pressereporter hatten alle Händevoll zu tun, um jede Mannschaft aufs Bild zu bekommen. Unter Kanonenschüssen und dem Aufflattern von unzähligen Friedenstauben verließen wir dann das Stadion zum Start der ersten Etappe.«

Weder war kein berühmter Rennfahrer, gewann keine Etappe und rangierte auf einem hinteren Platz. Aber detailliert schilderte er den Züricher Journalisten, wie er sich auf der letzten Etappe selbst besiegt hatte. Das Rennen hatte ihn verändert und zu dem Entschluss gebracht, auf keinen Fall aufzugeben. Er wollte von sich sagen können, die Friedensfahrt beendet zu haben. Und er schilderte sein Erlebnis mit den Worten: »Am Ende fuhr ich mutterseelenallein am Schluss des Feldes. Mehrmals kam der Schlusswagen zu mir herangefahren. Meine Landsleute Gilbert Beuchat und Aldo d'Agostino forderten mich ständig auf, aus dem Rennen zu steigen. Ich rief ihnen erbittert zu: ›Habe ich schon mehr als 2000 km gelitten, so kann ich es auch noch auf den letzten 150 Kilometern!‹ Plötzlich bekam ich Flügel, ich erreichte eine Gruppe, mit dieser gemeinsam beendete ich dann auch die Friedensfahrt ... ich habe sehr viel gelernt bei diesem Rennen. Was wir während dieser 2200 km erlebten, werde ich nie vergessen.«

Das wollte ich den Schweizern erzählen. Und dann fiel mir Vico Rigassi ein. Der sprachgewandte Genfer Rundfunkreporter war eine Legende in seiner Branche und dem Radsport so verbunden, dass er viele Jahre auch offizieller Sprecher aller Weltmeisterschaften war. Er bekannte mir einmal: »Wenn ich alle Gelegenheiten aufzählen sollte, bei denen ich in Freundeskreisen von der Friedensfahrt berichten musste, so würde eine vierstellige Zahl kaum genügen. Mit dem Tour-de-France-Generaldirektor Jacques Goddet in Paris, mit Direktor Dr. Giuseppe Ambrosini in Mailand, dem Schöpfer der Italienrundfahrt, mit Direktor Dr. Bruno Roghi in Rom, den Chefredakteuren der größten europäischen Tagessportzeitungen, mit Kollegen aus allen Ländern, mit führenden Persönlichkeiten der UCI, mit dem Kanzler des Internationalen Olympischen Komitees in Lausanne, Herrn Otto Mayer, mit dem Friseur, mit dem Straßenbahnschaffner, mit dem Briefträger, mit älteren und jüngeren Fahrern (Ferdi Kübler zeigte großes Interesse für alle Einzelheiten der Friedensfahrt), habe ich unzählige Male von den unvergesslichen Eindrücken der Fahrt von Warschau über Berlin nach Prag erzählen müssen.«

Und die Zukunft?

Es war uns tatsächlich gelungen, das Rennen wiederzubeleben. Wir fanden Sponsoren, die weniger aus Sympathie für das ursprüngliche Motiv des Rennens ihre Summen überwiesen, sondern weil nach wie vor Hunderttausende die Strecke säumten und damit der Werbeeffekt gesichert war. Die Strecken änderten sich zwar rapide, aber noch immer war das Rennen – inzwischen auch für Profis offen – eine Prüfung, deren Sieger zur Elite des Radsports gezählt wurden. 1996 gewann zum ersten Mal Steffen Wesemann auf dem Kurs Brno-Zywiec-Leipzig, im nächsten Jahr (Potsdam-Zywiec-Brno) wiederholte er seinen Erfolg, dann trug sich Uwe Ampler in die Siegerliste ein und wurde 1999 wieder von Wesemann abgelöst. 2001 (Lodz-Plzen-Potsdam) gewann nach 47 Jahren mit Jakob Piil wieder ein Däne, 2003 (Olomouc-Walbrzych-Erfurt) feierte Steffen Wesemann seinen dritten Sieg. Die letzten beiden Friedensfahrten, von denen die des Jahres 2004 in Brüssel begann, gewannen zum ersten Mal in der Geschichte der Rundfahrt die Italiener.

Inzwischen war das Rennen endgültig auf die Holperstraße des Kommerz gelangt. Geschäftstüchtige Tschechen hatten sich 2004 die juristischen Rechte an dem Begriff »Course de la Paix« gesichert und gerieten in Schwierigkeiten, als die Internationale Radsportföderation (UCI) die Friedensfahrt nicht mehr in die höchste Kategorie der Etappenrennen (Pro Tour) aufnahm. Ich verzichte auf die übrigen Details. 2007 zog sich der Hauptsponsor Skoda zurück, nachdem er 500 000 Euro zugesagt hatte, dann aber die Summe an die Tour de France überwies, nachdem sich dort der Hauptsponsor Fiat zurückgezogen hatte.

Es blieb schließlich nur noch die Zuständigkeit des BDR (Bund deutscher Radfahrer) für die Bewahrung der Friedensfahrt. Der Radsportverband der DDR gehörte fast 40 Jahre zu den Mitveranstaltern der Friedensfahrt, die von beiden deutschen Radsportverbänden 1990 getroffenen Vereinbarungen über die »Vereinigung« sah in keinem Punkt den Verzicht auf die Friedensfahrt vor. Mein Freund Wolfgang Taubmann, zu DDR-Zeiten Leiter des Wissenschaftlichen Zentrums des Radsportverbandes, hatte am 11. Mai 2005 in einem Brief an den BDR-Präsidenten Rudolf Scharping moniert, dass der Verband nicht nur wenig unternommen hätte, um das Rennen zu retten, sondern »zugelassen hatte, dass die Veranstalter anderer

Rennen (Deutschlandrundfahrt und Henninger Turm) in die zeitliche Nähe der Friedensfahrt gelangten. Es entsteht der Eindruck, dass der BDR daran interessiert ist, dass diese Fahrt verschwindet.«

Fünf Tage später hatte er eine Antwort des BDR-Generalsekretärs Karsten Schütze erhalten, in der es hieß: »Schon kurz nach der Wende hat sich der BDR mit seinem Präsidium für den Erhalt und Fortbestand der Friedensfahrt ausgesprochen. Daran hat sich bis heute nichts geändert.«

2005 fiel die Fahrt dennoch aus. 2006 wurde noch einmal eine ausgetragen, die sogar in Hannover endete.

2007 unternahm ich einen weiteren Anlauf, um die Friedensfahrt vor dem Untergang zu bewahren und schrieb noch einmal an Scharping:

»Sehr geehrter Herr Präsident Scharping, lassen Sie mich diesen Brief – wenn auch schon einige Tage des Jahres 2007 ins Land gegangen sind –, mit den besten Wünschen für Sie und alle Mitglieder des BDR beginnen. Ich verzichte auf die bei solchen Gelegenheiten üblichen Floskeln und beschränke mich darauf, allen Gesundheit zu wünschen, Wichtigeres gibt es aus meiner Sicht nicht!

Ich wende mich an Sie, nachdem sich schon mein Freund Wolfgang Taubmann vor knapp zwei Jahren mit der dringenden Bitte an Sie wandte, sich um die Zukunft der Friedensfahrt zu bemühen. Was zu diesem einst großartigen Rennen zu sagen war, hatte er Ihnen mitgeteilt. Vielleicht sollte ich noch hinzufügen, dass die Fahrt jedes Jahr vom Präsidenten der UCI eröffnet worden war, eine Gewohnheit, die außer dieser Fahrt nur für die Weltmeisterschaften galt.

Nun ist die Fahrt 2007 abgesagt worden, und jeder wird verstehen, dass ich mich nicht nur, weil ich sie zwölfmal bestritt und zweimal gewinnen konnte, jetzt zu Wort melde, sondern vor allem, weil ich mich bereits einmal nach 1990 in einer kritischen Phase engagierte und ein Kuratorium ins Leben rief, das die Fahrt rettete. Die Gefahr scheint mir groß und die Stunde gekommen, alle Freunde des Rennens zu mobilisieren. Sie hatten Wolfgang Taubmann nicht selbst antworten können, vielleicht fehlte dem Briefschreiber Ihres Verbandes damals der Überblick, aber die Behauptung ›Schon kurz nach der Wende hat sich der BDR mit seinem Präsidium für den Erhalt und Fortbestand der Friedensfahrt ausgesprochen‹, war zumindest gewagt. Als noch gewagter empfand ich die Feststellung: ›Festhalten müssen wir jedoch, dass die Friedensfahrt eine tschechische Veranstaltung ist.‹

Es trifft zu, dass die Funktionen der Veranstalter in den letzten Jahren durch die verschiedensten Umstände einige Male wechselten und die ›Privatisierung‹ der Fahrt Probleme mit sich brachte, aber wenn in Deutschland eine Instanz kompetent und zuständig wäre, sich um das Überleben der Friedensfahrt zu bemühen, wäre es der BDR, und wenn ein renommierter Politiker der BRD mit seiner Autorität in Frage käme, dieses Anliegen zu befördern, wären Sie es. Man mag darüber streiten, ob eine Deutschland-Rundfahrt förderungswürdiger sein sollte als die in der DDR beheimatete Friedensfahrt, aber wer solche Debatten führen will, sieht sich mit der Tatsache konfrontiert, dass DDR-Rennfahrer 1950 zum ersten Mal an diesem Rennen – damals führte es noch durch Polen und die Tschechoslowakei – teilnahmen und damit im Sport erste Brücken nach Polen schlugen. Mit denen, die damals in der Mannschaft fuhren, habe ich noch manches Rennen bestritten und mir oft von ihnen erzählen lassen, wie diffizil diese Tage für sie waren – die Fahrt führte ziemlich nahe an Auschwitz vorbei. In einer Zeit, da jeder für ein gutes Verhältnis mit Polen plädiert, sollte die Erinnerung daran doch wohl gepflegt werden. Um nicht einen Ihrer Briefschreiber zu motivieren, mir wieder mitzuteilen, der BDR ›selbst kann und wird keine Organisation übernehmen. Dies machen wir auch bei anderen Rundfahrten nicht‹, appelliere ich an Sie, mir mitzuteilen, welche Möglichkeiten Sie als welterfahrener Mann sehen würden, die Friedensfahrt wieder zu beleben – aus radsportlichen und auch ein wenig aus politischen Gründen. (Um nicht missverstanden zu werden: Die Polen sollten nicht vermuten, dass das 1950 Begonnene 2007 in Deutschland in Vergessenheit geraten ist ...)

Mit den besten Wünschen, Ihr Gustav-Adolf Schur.«

Auf diesen Brief erhielt ich nie eine Antwort. Und so verschwand die Friedensfahrt endgültig von der Bildfläche – als eine von vielen Folgen der deutschen Einheit. Wenn ich die – in Anwesenheit von Bundesministern – geäußerten Meinungen der Vertriebenen-Verbände heute lese und von einer führenden CDU-Politikerin belehrt werde, dass Polen eine größere Schuld am Ausbruch des Zweiten Weltkriegs tragen soll als Hitler-Deutschland, befällt mich Entsetzen. Haben wir uns mit der Friedensfahrt – welches Echo sie im Ausland fand, dürften auch die Briefe der Briten überzeugend genug nachgewiesen haben – über Jahrzehnte umsonst bemüht, auch die Freundschaft zwischen Polen und Deutschen zu fördern? Sind wir so oft vom Rad gestiegen, um an Gräbern mit Blumen ermordeter Polen zu gedenken, und sind wir an Ruhetagen nach Auschwitz gefahren, um heute die Möglichkeit, den Sport als Friedensfaktor zu nutzen, wortlos zu begraben?

Ich wollte mich damit nicht abfinden, und als mir klar wurde, dass ich es nicht verhindern konnte, unterstützte ich mit allem Nachdruck die Initiative eines Friedensfahrtfans in Kleinmühlingen bei Magdeburg, ein Friedensfahrtmuseum zu errichten. Wo immer sich eine Chance bot, Freunde der Friedensfahrt zu treffen, appellierten wir an sie, die Einrichtung des Museums mit Spenden zu unterstützen, und so können wir einigermaßen sicher sein, dass unsere Enkel noch erfahren, welche Ziele dieses Rennen verfolgte, warum der Spitzenreiter kein Reklametrikot, sondern eines mit der Taube Picassos trug, und eine Vorstellung davon gewinnen, wie viele Freundschaften auf dieser Fahrt geboren wurden. Ja, auch die Briefe der Engländer kann man dort lesen!

Eine Abschweifung: Unlängst traf ich in Gießen einen 20-Jährigen, der erfahren hatte, woher ich kam und wer ich war und der mir erzählte, dass er mit seiner Abiturklasse eine Fahrt nach Berlin unternommen hatte, wo er vormittags den Reichstag gesehen hatte und nachmittags in ein früheres Stasi-Gefängnis geführt worden war. Wäre nicht zu empfehlen, solche subventionierten Berlin-Reisen so zu arrangieren, dass sie in Kleinmühlingen eine Mittagspause einlegen?

Der Friedensappell

Der Untergang der Friedensfahrt beendete nicht meine – korrekt formuliert: unsere – Bemühungen, den Sport für weltweite Bemühungen um den Frieden zu nutzen. Die frühere Mittelstreckenläuferin Gunhild Hoffmeister war es, die mich mobilisierte, als wir uns bei der alljährlichen Liebknecht-Luxemburg-Kundgebung in Friedrichsfelde trafen: »Wir müssen wieder von uns hören lassen!«

Also formulierten wir 2003 einen kurzen, knappen Appell: »Es ist zwanzig Jahre her, dass deutsche Sportlerinnen und Sportler aus Ost und West eine Initiative für den Frieden gründeten. Der Ruderolympiasieger von Mexiko, Horst Meyer, stand an ihrer Spitze. NOK-Präsident Willi Daume bekannte sich zu ihr, Willy Brandt schickte eine Grußbotschaft an das 1985 arrangierte ›Sportler-fürden-Frieden‹-Sportfest in der Dortmunder Westfalenhalle: ›Mein Wunsch ist, dass es mit dieser Veranstaltung gelingt, ein Beispiel dafür zu geben, wie Sportler und sportinteressierte Bürger über sonst Trennendes hinweg friedlich und freundschaftlich einander begegnen und miteinander diskutieren.‹ Uns dieses Ratschlags erinnernd und darauf verweisend, dass der deutsche Sport Gastgeber für die Olympischen Spiele 2012 sein wollte, plädierten wir dafür, dass möglichst viele deutsche Sportlerinnen und Sportler ihre Stimme gegen einen drohenden Krieg im Irak oder sonstwo auf der Welt erheben. Gerade weil auch der Sport seit jeher ein Symbol für friedliches Miteinander ist, gilt unser ganzes Engagement auch heute noch dem Frieden in der Welt.

Gunhild Hoffmeister (Zweifache Silbermedaillengewinnerin im 1500-m-Lauf in München 1972 und in Montreal 1976, Bronzemedaillengewinnerin über 800 m in München 1972), Gustav-Adolf Schur (Zweifacher Radweltmeister 1958 und 1959, Silbermedaillengewinner in Rom 1960 im 100-km-Mannschaftsfahren, Bronzemedaillengewinner in Melbourne 1956 in der Mannschaftswertung), Klaus Köste (Olympiadritter im Mannschaftsturnzwölfkampf in Tokio 1964, in Mexiko-Stadt 1968, Olympiasieger im Pferdsprung in München 1972).«

Das Echo war enorm. Zustimmung kam nicht nur aus den neuen Bundesländern, sondern auch aus dem Westen. Der vierfache Profi-Weltmeister Rudi Altig sandte seine Zustimmung, die gesamte Bundesliga-Fußball-Mannschaft von Alemannia Aachen, Friedhelm Beucher (SPD), Vorsitzender des Sportausschuss im Deutschen Bundestag, Katarina Witt, Klitschko-Trainer Fritz Sdunek und der Turn-Olympiasieger von 1936, Walter Steffens.

Wir waren zufrieden und schickten die Liste der Unterzeichner an die UNO in New York, die den Eingang umgehend bestätigte.

Da einige nicht einverstanden waren, kam es zu einer Kontroverse, die durch ein Interview des Präsidenten des bundesdeutschen NOK, Klaus Steinbach, mit dem Berliner Tagesspiegel (19. 2. 2003) losgetreten worden war.

In dem Gespräch hatte Steinbach mitgeteilt, dass er den Appell nicht unterschrieben hatte und nannte dafür folgende Gründe: »In dem Aufruf heißt es, dass Sportler ihre Stimme gegen einen drohenden Krieg im Irak erheben sollen – bis hierhin einverstanden. Aber der Aufruf wendet sich gegen die USA. Ich frage mich: Wer ist der Problemverursacher für die Krise am Golf, die Amerikaner oder das irakische Regime? Ich muss da klar sagen, dass Saddam Hussein verantwortlich ist. Er kommt der Aufforderung, sein Land zu entwaffnen, nicht nach und gewährt den Waffeninspektoren nur zögerlich Zugang. Er stellt eine potenzielle Gefahr dar.«

»Sind Sie also für einen Krieg im Irak?«

»Nein, natürlich nicht. Der Krieg darf nur das allerletzte Mittel sein. Es ist aber wichtig, eine Drohkulisse zu haben, um Saddam Hussein zum Einlenken zu zwingen. (...) Ich muss mich daran halten, dass das NOK eine überparteiliche Organisation ist. Ich bin klar für Frieden. Aber wenn ich mir die Initiatoren des jetzigen Aufrufs ansehe, etwa den einstigen PDS-Abgeordneten Gustav-Adolf Schur und einige seine Parteifreunde, dann muss ich feststellen: Diese Initiative ist zwar vordergründig eine Initiative von Sportlern, aber sie ist in erster Linie parteipolitisch motiviert. Deshalb werde ich mich als NOK-Präsident dafür nicht vereinnahmen lassen.«

Das konnte ich nicht so stehen lassen und schrieb deshalb einen Brief an Steinbach:

»Sehr geehrter Herr Steinbach, Sie werden es mir sicher nicht verübeln, wenn ich Ihnen offenherzig meine Meinung und meine Bedenken zu Ihrer Erklärung vom

19. Februar 2003 im Interview mit dem ›Tagesspiegel‹ über die ›parteipolitische Motivation‹ unseres Friedensappells mitteile. Der Sachverhalt ist mühelos überschaubar: Gunhild Hoffmeister, Klaus Köste und ich initiierten einen Appell, den Sie jetzt unter Verzicht auf jegliche Begründung als ›antiamerikanisch‹ und ›politisch motiviert‹ bezeichnen. Wir drei Genannten gehören noch der Kriegsgeneration an und erkämpften gemeinsam neun olympische Medaillen, darunter drei in gemeinsamen deutschen Olympiamannschaften.

Ich muss Ihnen nicht aus der Olympischen Charta zitieren, welche moralische Verpflichtung Sie mit der Übernahme der Funktion eines NOK-Präsidenten übernommen haben, doch ich wage zu bezweifeln, dass Ihre Erklärung damit in Übereinstimmung zu bringen ist. Das für alle verbindliche Grundgesetz der Bundesrepublik Deutschland bietet dafür ebenfalls keine Handhabe. Es heißt dort: ›Niemand darf wegen ... religiöser oder politischer Anschauungen benachteiligt werden ...‹ (GG Art. 3). Sie werden sich erinnern, dass sich in den 80er Jahren eine Friedensbewegung unter den deutschen Sportlern aus West und Ost formierte, die von zahlreichen Politikern unterstützt wurde. Ich darf darauf hinweisen, dass das zweite Fest dieser Initiative in der überfüllten Dortmunder Westfalenhalle unter der Schirmherrschaft des heutigen Bundespräsidenten Johannes Rau stand und von Willy Brandt begrüßt wurde. Zudem sollten Sie wohl auch zur Kenntnis nehmen, dass der damalige NOK-Präsident Willi Daume an diesem Fest teilnahm und sich zu dessen Zielen bekannte. Es ging damals, wie Sie sicher wissen, um das Problem der Stationierung von Atomraketen auf deutschem Boden. Unser Appell beruft sich ausdrücklich auf diese Traditionen und betont: ›Uns dieses Ratschlages erinnernd und darauf verweisend, dass der deutsche Sport Gastgeber für die Olympischen Spiele

2012 sein will, plädieren wir dafür, dass möglichst viele deutsche Sportlerinnen und Sportler ihre Stimme gegen einen drohenden Krieg im Irak oder sonstwo auf der Welt erheben. Gerade weil auch der Sport seit jeher ein Symbol für friedliches Miteinander ist, gilt unser ganzes Engagement dem Frieden in der Welt.‹ Die von Ihnen getroffene Feststellung, dass Saddam Hussein der Alleinschuldige sei, bewegt uns deshalb nicht so sehr, weil wir weder zu entscheiden haben noch entscheiden wollen, wer die entstandene Situation zu verantworten hat, ganz zu schweigen davon, dass so manche internationale Persönlichkeit – ich denke nur an den Papst – anderer Ansicht ist. Wir sehen als Sportlerinnen und Sportler die Verpflichtung, alle Bemühungen um den Frieden zu unterstützen. Doch sollten Sie uns weiterhin vorwerfen, dass eine Antikriegshaltung in jedem Falle als antiamerikanisch zu bewerten ist, so würden Sie logischerweise alle Bemühungen um den Frieden in den Vereinigten Staaten generell ignorieren und den USA bewusst jegliche Friedensbemühungen absprechen. Ich darf Sie davon in Kenntnis setzen, dass bislang nahezu 700 namhafte deutsche Sportlerinnen und Sportler, Trainer, Sportwissenschaftler, Sportjournalisten und Sportpolitiker den Appell unterschrieben haben und wir fest darauf hofften, dass auch Sie uns wissen lassen, sich daran zu beteiligen. Wenn ich in diesem Zusammenhang darauf verweise, dass das auch sicherlich im Sinne des Begründers der Olympischen Bewegung, Baron Pierre de Coubertin, gewesen wäre, der sich stets zum Frieden bekannt hat, dürfte das die Ernsthaftigkeit unserer Bemühungen wohl nur unterstreichen.

Abschließend noch ein ganz persönliches Wort. Sie schrieben: ›Der Krieg darf nur das allerletzte Mittel sein.‹ Ich möchte Ihnen in dieser Frage energisch widersprechen: Krieg sollte überhaupt kein Mittel der Politik sein! Letzteres schreibe ich Ihnen auch im Namen von Gunhild

Hoffmeister, die ihren Vater im Zweiten Weltkrieg verloren hat. Glauben Sie uns, wir wissen, wovon wir sprechen! Mit sportlichen Grüßen Gustav-Adolf Schur«

Steinbach beeilte sich mit der Antwort und führte einige Gründe ins Feld, denen er die »Missverständnisse« zuschrieb:

»Sehr geehrter Herr Schur,
zuerst einmal möchte ich mich für Ihre kritischen Zeilen bedanken. Ich habe Verständnis für Ihre Reaktionen, da durch die zum Teil verstellten Darstellungen meiner Äußerungen ein so nicht gewollter Eindruck entstehen konnte, der sich mit Ihren Intentionen verständlicherweise nicht deckt. Ich danke für Ihren geschichtlichen Rückblick, der mir genauso bekannt ist wie Ihnen. Selbstverständlich ist mir auch der Art. 3 des GG bekannt. Mir liegt es fern, Sie oder andere zu benachteiligen. Meine Eltern gehören der Kriegsgeneration an. Ich bin in der Bundesrepublik Deutschland aufgewachsen und war als Sportler immer auch ein Friedensbotschafter. Auch in Zeiten des ›Kalten Krieges‹ habe ich meine Meinungsfreiheit als aktiver Sportler genutzt, um mich für Frieden unter den Menschen einzusetzen. Welche Initiative wird offiziell vom NOK unterstützt: Die Dachorganisation des NOK, das IOC, hat zusammen mit der Generalversammlung der UNO zuletzt im Januar 2002 mit der Friedensresolution 56175 ›Building a peaceful and better world through sport and the Olympic Ideal‹, frühere Resolutionen (z. B. 48111 vom 25. Oktober 1993) überarbeitet und aktualisiert. Dieser Friedensaufruf wird vom NOK für Deutschland unterstützt und vertreten. Unter diese Resolution setzt das NOK seine Unterschrift. Dafür haben Sie sicher Verständnis und tragen diese Initiative von NOK und IOC mit.

Im Zuge des Autotelefon-Interviews mit ständigen Unterbrechungen und wohl daraus resultierenden Missverständnissen habe ich zu verschiedenen Sachverhalten meine Meinung geäußert. Ich habe mich unmissverständlich für den Frieden ausgesprochen. Ich habe auch gesagt, dass Sport im weiteren Sinne bereits selbst eine gelebte Friedensbewegung ist und sich so versteht. Auch habe ich mich für die Friedensbewegung ausgesprochen und gesagt, dass ich mich darüber freue, dass sich Sportler für den Frieden einsetzen. Wie bereits oben ausgeführt fühlt sich das NOK der Friedensinitiative von IOC und UNO verpflichtet und unterstützt dort.

In einem anderen Zusammenhang, der nicht direkt mit Ihrem Friedensappell im Zusammenhang steht, haben wir dann über unterschiedliche Friedensbewegungen und ihre unterschiedlichsten Motivationen gesprochen, von denen ich in den letzten Tagen ebenfalls zur Unterschrift aufgefordert wurde.

In diesem Interview habe ich meine persönliche Meinung dahingehend geäußert, dass ich wünschte, dass sich die Bemühungen um Frieden nicht schwerpunktmäßig an die Nationen richten sollten, die einen möglichen Krieg in ihrer Drohkulisse vorhatten, sondern an den Irak und insbesondere an Saddam Hussein, die UNO-Resolution zu erfüllen und durch konsequentes Abrüsten den Krieg zu verhindern. Hierbei habe ich nicht explizit Ihre Initiative angesprochen, vielmehr haben wir allgemein über die verschiedensten Sichtweisen geredet.

Es ist richtig, dass ich gesagt habe, dass ich einseitig parteipolitisch motivierte Initiatoren als Präsident des NOK nicht unterstützen kann, da das NOK sich überparteilich verhält. Ich habe den mittlerweile rund 700 Unterzeichnern nicht parteipolitische Initiative unterstellt. Das möchte ich nochmals deutlich betonen.

Ohne Zweifel bin ich ein friedliebender Mensch, der keinen Krieg will. Ich akzeptiere Ihre Auffassung, dass Krieg überhaupt kein Mittel der Politik sein sollte. Bitte akzeptieren Sie dann auch im Zuge der Meinungsfreiheit meine Auffassung, dass die theoretische Möglichkeit des Krieges in die Drohkulisse mit aufgenommen werden kann. Ob dann das Mittel des Krieges tatsächlich zum Einsatz kommen sollte, ist noch mal eine ganz andere Entscheidung, die separat entschieden werden muss. Nur wenn schon im Vorhinein dieses Instrument bei der Drohung ausgeschlossen werden soll, schwächt dies die Durchsetzbarkeit von Abrüstungsforderungen.

Bitte akzeptieren Sie meine Sichtweise, so wie ich ihre akzeptiere. Uns allen wünsche ich, dass sich die Situation am Golf doch noch in letzter Minute ohne kriegerische Maßnahmen löst und befriedet werden kann.«

Ich will hier keine Haltungsnoten verteilen, aber allzu überzeugend klangen mir seine Erklärungen nicht. Dass überhaupt ein öffentliches Streitgespräch zwischen dem Präsidenten des Nationalen Olympischen Komitees und dem Ehrenpräsidenten des Landessportbundes Sachsen-Anhalt entstanden war, ergab sich aus unterschiedlichen politischen Haltungen. Machen wir kein Hehl daraus: Die Meinungen des »Wessis« und des »Ossis« hatten den Disput ausgelöst. Und es ging dabei nicht darum, ob die DDR ein Unrechtsstaat gewesen war oder nicht, sondern wie die beiden deutschen Staaten den Krieg bewerteten! Ob Krieg oder nicht, wollte Steinbach separat entscheiden, ich nicht! Also schrieb ich noch einen Brief an Klaus Steinbach:

»Sehr geehrter Herr Steinbach,

vielen Dank für Ihre zügige und vor allem so sachliche Antwort. Ich war nie ein sonderlich guter Schwimmer, über Ihre Stärken oder Schwächen im Rennsattel weiß ich nichts – entscheidend scheint mir zu sein, dass wir uns als deutsche Sportler auch außerhalb des Bassins und der Rennstraße verstehen. Ich kann mir dank Ihrer ausführlichen Schilderung des Zustandekommens jenes so ausgiebig zitierten Interviews nun ein Bild machen und akzeptiere vor allem Ihre Feststellungen: ›Ich habe den mittlerweile rund 700 Unterzeichnern nicht parteipolitische Initiative unterstellt. Das möchte ich nochmals deutlich betonen‹ und ›Auch habe ich mich für die Friedensbewegung ausgesprochen und gesagt, dass ich mich darüber freue, dass sich Sportler für den Frieden einsetzen.‹ Damit wären unsere durch die unglücklichen Zitierungen entstandenen Meinungsverschiedenheiten eigentlich ausgeräumt, nur hielt es die CDU/CSU-Bundestagsfraktion leider für angeraten, unseren sachlichen Disput mit einer Erklärung zu stören, die Ihnen vermutlich ebenso bedenklich erscheint, wie mir. Ich weiß nicht, wer Herrn Riegert ermächtigt hat, der Öffentlichkeit mitzuteilen: ›Der Präsident des NOK, Klaus Steinbach, hat überzeugend und im Sinne des Sports den parteipolitisch motivierten Friedensappell ... entschieden zurückgewiesen. Es war ein plumper und vordergründiger Versuch einiger Sportlerinnen und Sportler, die parteipolitische Instrumentalisierung des Sports zu missbrauchen. Diese Sportlerinnen und Sportler haben dem Sport geschadet, nicht aber dem Frieden genützt ... Die CDU/CSU-Bundestagsfraktion begrüßt die klaren, deutlichen ... Worte des Präsidenten des NOK ...‹ Wie Sie an diesen Formulierungen mühelos erkennen können, sind parteipolitische Interventionen tatsächlich vorhanden, nur nicht dort, wo die Medien sie ursprünglich entdeckt haben wollten. Noch einmal: Ich danke Ihnen für ihre ausgiebige Antwort und respektiere Ihre Haltung, so wie Sie – wie von Ihnen angedeutet – meine respektieren. Wir haben vielleicht ein kleines Beispiel dafür geben können, wie Deutsche miteinander umgehen sollten. Hochachtungsvoll Gustav-Adolf Schur«

Hatten wir ein Beispiel gegeben? Der Leser mag es mir nicht verübeln, wenn ich leise Zweifel anmelde.

Geburtstagspartys

Inzwischen näherte sich mein 70. Geburtstag, und ich begann zu überlegen, wo ich diesen runden Geburtstag feiern könnte. Man empfahl mir die alte Dynamohalle, ich hielt das für übertrieben.

Dann fragte einer meinen alten Freund Klaus Huhn, und der antwortete: »Was hat der mit der Dynamohalle zu tun? Wir feiern im Velodrom!«

Das hielten viele – auch ich – für eine Schnapsidee, aber Klaus, der in seinem Leben nicht nur die Friedensfahrt organisiert, sondern auch manches andere arrangiert hatte, hielt denen, die meinten, die Miete wäre unerschwinglich, vor, dass jeder, der zu meinem Geburtstag kommen wollte auch bereit sein würde, einen bescheidenen Eintritt zu bezahlen, und wenn Täves Geburtstag irgendwo gefeiert werden sollte, dann auf einer Radrennbahn. Er behielt Recht und hatte dazu noch einen anderen glänzenden Vorschlag.

5000 kamen an jenem Abend in die Halle, die auf den Fundamenten der legendären Werner-Seelenbinder-Halle errichtet worden war. Und das ohne große Ankündigungen. Es muss sich wie ein Lauffeuer verbreitet haben.

Auf einer provisorischen Bühne gratulierten mir viele. Gregor Gysi, einer von ihnen, versicherte, dass er mir schon als Schuljunge zugejubelt hatte, dass er aber noch mehr Achtung gewann, als ich ihm 1990 in der Volkskammer mitteilte, die Friedensfahrt wieder beleben zu wollen und diese Achtung noch wuchs, als ich das dann gegen alle Widerstände schaffte.

Und dann ließen wir ein Kapitel DDR-Vergangenheit wiederauferstehen. Lange hatten wir in Belgien suchen lassen müssen, bis wir Willy Vandenberghen aufstöberten und ihn einluden, nach Berlin zu kommen. Er war begeistert, mich wiederzusehen und auch von der Idee, das WM-Finale vom Sachsenring nach 41 Jahren noch einmal auszutragen. Wir erschienen in den Trikots wie einst auf der Bahn und drehten dann unsere Runden. Diesmal gewann Willy Vandenberghen und die Halle raste vor Begeisterung. Und auch die Radsportler waren begeistert: Rudi Altig und Hennes Junkermann vertraten die westdeutsche Radsportelite, Paul Dinter, Detlef Zabel, Manfred Weißleder die Stars aus der DDR, der Box-Olympiasieger Wolfgang Behrendt demonstrierte, dass er noch immer die Trompete beherrscht, und die Turn-Olympiasiegerin Erika Zuchold, die schon früher durch ihre Kunst die Vielseitigkeit der DDR-Olympioniken demonstrierte, gab diesmal eine exzellente Probe ihrer Sangeskünste. Am Ende begeisterte Frank Schöbel. Und unter den Gratulanten waren viele, die ich nie erwartet hätte. Nur ein Beispiel: Peter Hussing, der für die BRD in München 1972 die Bronzemedaille der Schwergewichtsboxer erkämpfte, hatte von meiner Party gehört und sich auf den Weg gemacht. Und dann noch zahllose Journalisten, von denen viele bedauerten, dass ihre Zeitung leider keine Zeile von der Feier drucken würde.

Den 75. Geburtstag feierte ich in einer Halle der DHfK, und wieder waren sie aus nah und fern angereist, und ich kam zu dem Schluss, dass diese runden Geburtstage eigentlich eine glänzende Gelegenheit sind, wenigstens alle fünf Jahre fast alle Freunde wiederzusehen.

Besuch an Seelenbinders Grab

Als ich unlängst zu meinen Töchtern nach Berlin fuhr, natürlich auch, um mit den Enkeln wieder mal eine Runde zu spielen, erinnerte ich mich unterwegs, dass mich jemand gefragt hatte, wer mir als Sportler am meisten imponiert hätte. Ich hatte auf Anhieb keine Antwort gewusst, nannte dann aber den Zehnkämpfer Walter Meier und begründete das auch. Auf der Fahrt nach Berlin nahm ich mir vor, die erste freie Stunde zu nutzen, um nach Neukölln zu fahren. Ich erinnere mich daran, dass man mich vor Jahr und Tag eingeladen hatte, am Grab Werner Seelenbinders bei einer Gedenkfeier eine kurze Rede zu halten. Am 29. Juli 1945 war seine Urne am Eingang zum Stadion Neukölln beigesetzt worden. Das Stadion erhielt an diesem Tag seinen Namen, aber schon bald warf der Kalte Krieg seine Schatten bis auf die schlichte Grabstätte, das Stadion wurde umbenannt, die letzte Ruhestätte eingezäunt, und wer ihn ehren wollte, musste einen Antrag stellen, damit man ihm den Gatterschlüssel aushändigte.

Am 24. Oktober 2004, auf den Tag genau 60 Jahre nach Werner Seelenbinders Hinrichtung, ließ Neuköllns Bezirksbürgermeister alle Zäune beiseite räumen und gab dem Stadion wieder den Namen zurück, den man ihm 1945 verliehen hatte. Für mich ein Beweis dafür, dass auch die Vernunft zuweilen triumphiert.

Ich fuhr also nach Neukölln und stand vor dem wieder zugänglichen Grab mit dem mahnenden Gedenkstein. Ich kannte nur Bilder von Seelenbinder und das Buch über ihn. Aber ich hatte keine Mühe, mir unter den mächtigen Baumkronen vorzustellen, wie er bei den Olympischen Spielen 1936 die Matte in der Deutschlandhalle betreten hatte, grübelnd, ob nicht Genossen irgendwo säßen, die ihn für einen Verräter halten könnten, weil er nun mit dem Hakenkreuz auf der Brust startete. Dieses Grübeln – hatten seine Freunde später erzählt – hatte ihm den Sieg in jenem Kampf gekostet und eine Medaille, die er nur hatte erringen wollen, um dann vor Rundfunk-Mikrofonen die Wahrheit über Hitler-Deutschland sagen zu können.

Als ich vor dem Stein stand, blieb kein Zweifel mehr, wo ein Sportler sein Vorbild suchen sollte. Dieser Kommunist hatte seine Liebe zum Sport und die Treue zu seiner Gesinnung mit dem Leben bezahlt!

Man mag älter werden, aber man sollte sich bemühen, nie vergesslich zu werden!

Ein Interview mit Täve Schur zum 80. Geburtstag

Huhn: Täve, du hast dein Leben in diesem Buch Jahr um Jahr und Seite für Seite beschrieben. Am Ende aber blieben ein paar Fragen, die du im Vorfeld Deines 80. Geburtstags sicher noch stracks beantworten kannst.
Auf die Plätze, fertig ...
Wie viel Kilometer dürftest du im Leben etwa auf dem Rad zurückgelegt haben?

Schur: Das weiß ich nicht nur etwa, sondern ziemlich genau: Es waren 340 000.

Huhn: Penibel gezählt?

Schur: Doch schon. In den ersten acht Monaten des Jahres 2010 waren es zum Beispiel 2695.

Huhn: Das hieße, du hättest jetzt die Hälfte deiner neunten Erdumrundung zurückgelegt. Schaffst du die noch?

Schur: Da bin ich zuversichtlich, vielleicht starte ich sogar in die zehnte!

Huhn: Gibt es jemanden, der mehr auf dem Zweirad geschafft hat?

Schur: Vom Hörensagen weiß ich, dass mein alter, pardon, mein langjähriger Rivale Hennes Junkermann noch mehr abgestrampelt haben soll. Aber wir tragen kein Duell aus. Er hat vielleicht auch ein wenig mehr »Freizeit« als ich.

Huhn: Tour-de-France-Fans wissen, dass der Tourmalet mit seinen 2115 Metern der härteste Pyrenäen-Gipfel ist. Würdest du den heute noch hochfahren können?

Schur: Ich bemühe mich darum, in Form zu bleiben, und deshalb antworte ich mit gutem Gewissen: Ja! Das mit der Form will ich zu erklären versuchen. Ich profitiere noch immer davon, dass ich einst an der DHfK – den Jüngeren muss man wohl heute schon erklären, dass das die DDR-Sportuniversität war, die man 1990 abwickelte – studiert habe und noch immer ziemlich genau einschätzen kann, welche Forderungen ich auch mit 80 noch an meinen Körper stellen kann. Ich habe zum Beispiel nie eine Pulsuhr benutzt, sondern mich immer instinktiv auf die Reaktionen meines Körpers verlassen. Und deshalb bin ich ziemlich sicher, dass ich auch heute noch den Tourmalet hinaufkäme. Voraussetzung wäre, dass ich mir meinem Alter angemessene Mengen Verpflegung und Getränken, in die Trikottaschen stecke und den Anstieg vor allem richtig einteile.

Huhn: Das ist dein voller Ernst?

Schur: Ich würde das nicht behaupten, wenn ich es nicht im vorgeschrittenen Alter schon ein paar Mal versucht und geschafft hätte. Ich habe in den letzten Jahren oft Touristen zu ein paar Tour-Etappen begleitet und immer mein Rad mitgenommen. Da bin ich dann nicht nur spazieren gefahren, sondern habe auch einige Gipfel in Angriff genommen. Und dann fällt mir ein, dass man mich Mitte der 90er Jahre mal als Trainer für radsportbegeisterte Erwachsene mit großen Ambitionen engagiert hatte. Unter denen haben wir Interessenten für die Bewältigung der härtesten Tour-de-France-Gipfel ausgesucht und diese dann Tag für Tag bewältigt.

Huhn: Aber ist der Tourmalet nicht ein besonders steiler Hügel, bis hinauf zum Denkmal des langjährigen Tour-de-France-Chefs Jacques Goddet?

Schur: Die Steigung ist schon gewaltig, aber jede Steigung ist zu meistern, wenn man das richtige Tempo wählt. Und wenn es gar nicht mehr gehen sollte, ziehst du die Handbremse, bleibst stehen, erholst dich und fährst dann weiter.

Huhn: Du hast so viele Rennen gewonnen, aber nie die Senioren-Weltmeisterschaft. Du warst auch 2010 als Zuschauer in Österreich dabei. Hättest du dort nicht irgendwann deinen dritten WM-Titel holen können?

Schur: Einmal bin ich da mitgefahren, habe aber schnell gemerkt, dass das nicht meine Welt war. Die waren alle – bei aller Zurückhaltung muss ich sagen – verrückter, als es die Teilnehmer bei normalen Weltmeisterschaften sind und obendrein auch noch vollgeschüttet, wenn man weiss, was ich damit meine. Die wollten um jeden Preis – ich wiederhole: um jeden Preis – Alte-Herren-Weltmeister werden und nahmen alles in Kauf. Der Preis aber ist mir zu hoch. Ich kann mich für den Rest meines Lebens gut und gerne mit zwei Weltmeistertiteln begnügen.

Huhn: Ganz was anderes: Wie viel Einladungen bekommst du jede Woche?

Schur: Das ist sehr unterschiedlich, da kann ich keine Zahl nennen. Es sind auch nicht nur Einladungen, die in meinem Briefkasten stecken, sondern viele Briefe und immer noch Autogrammwünsche.

Huhn: Von Leuten, die so alt sind wie du, oder?

Schur: Auch das ganz unterschiedlich. Natürlich viele Ältere ...

Huhn: Und was ist deren Motiv?

Schur: Auch da käme eine ganze Liste zusammen. Die meisten sehen in mir jemanden, dessen politische Haltung sie teilen. Ob das jemand als Nostalgie oder Ostalgie ausdeutet, ist mir schnuppe. Es sind Menschen, die ein Autogramm von mir haben wollen, weil sie sich mit meiner Haltung indentifizieren.

Huhn: Auch Jüngere?

Schur: Auch Jüngere, und dann gibt es auch noch – ganz simpel gesagt – Autogrammsammler, und bei denen scheine ich auch noch ziemlich hoch im Kurs zu stehen. Manche schreiben, dass ihre Eltern von mir schwärmen und das bewegt sie, um ein Autogramm zu bitten.

Huhn: Noch mal zu den Einladungen: Wer lädt dich wohin ein?

Schur: Ganz offen, da bin ich ein wenig am bremsen. Ich werde weiter Rad fahren, aber ich möchte mir auch noch einiges ansehen und nicht nur immer zu Versammlungen fahren. Aber dann sind da wieder die Einladungen, die man nicht so leicht absagen kann, ganz zu schweigen von denen, die man überhaupt nicht absagen kann. Zum Beispiel, wenn der Gemeinderatsausschuss Umwelt tagt oder wenn die Kreis- und Stadtsportbünde angeleitet werden müssen. Das ist so ein Fall: Ich wollte dort über die Notwendigkeit reden, Ehrenamtliche im Sport auszuzeichnen, aber dann hat die Juristin des Landessportbundes völlig zu Recht gesagt: »Lass das mal die Jüngeren machen, die müssen das lernen!«

Huhn: Würdest du dich als Kommunisten bezeichnen?

Schur: Ganz komplizierte Frage, weil man von einem Kommunisten wohl mehr erwartet, als man von mir in dieser Hinsicht erwarten konnte. Ich habe mir diese Frage oft selbst gestellt und kam immer zu der Antwort: Da kommst du nicht in die Wertung. Aber: Zehn Gebote der sozialistischen Moral und Ethik waren schon ein hochgestecktes Ziel und Norm meines Lebens, aber Kommunist sein heißt so zu leben, dass Mensch und Welt in Eintracht überleben. In dieser Hinsicht war ich mit mir zufrieden. Ich musste nie das schnellste oder modernste Auto fahren. Als die Abwrackprämie gezahlt wurde, haben mir einige Autohändler Wagen angeboten. Kam für mich nicht in Frage, weil ich immer mit dem Gefühl hätte leben müssen, dass die, die sich nie ein Auto leisten können, meines mitbezahlt hätten.

Huhn: Du warst Mitglied der Volkskammer, Mitglied im Bundestag und als sich der Landessportbund Sachsen-Anhalt gründete, wurdest du zum Ehrenpräsidenten gewählt. Wie viel Gegenstimmen gab es da?

Schur: Ich glaube fünf. Mehr auf keinen Fall.

Huhn: Du bist von Hause aus ein gutmütiger Mensch. Wo hat diese Gutmütigkeit Grenzen?

Schur: Diese Grenze wurde manches Mal auch zu meiner aktiven Zeit tangiert. Meine Gutmütigkeit endet da, wo es um die Aufrichtigkeit und Verlässlichkeit geht. Ich erinnere mich einer Situation – den Namen des Rennfahrers will ich mal nicht nennen –, als in einem enorm wichtigen Rennen eine Lücke aufriss und ich, da keiner aus unserer Mannschaft nachsetzte, vielleicht auch nicht nachsetzen konnte, selbst antrat. Ich fuhr das Loch zu und war am Ende. Plötzlich entdeckte ich, dass der Namenlose an meinem Hinterrad mitgekommen war, und als ich ihn aufforderte, den nächsten Vorstoß zu parieren, antwortete: Ich kann nicht. Im Ziel konnte er wieder. Da war es mit meiner Gutmütigkeit zu Ende, und am Abend gab es eine knallharte Debatte in der Mannschaft und ich sagte sogar: »Der muss raus!«.

Am nächsten Morgen saß ein Vizepräsident des DTSB am Frühstückstisch und sagte: »Täve, du bist zwar im Recht, aber gib ihm noch eine einzige Chance!« Da war ich wieder gutmütig. Erreicht hatte ich immerhin, dass der Kumpel plötzlich Rad fahren konnte, wenn es nötig war.

Huhn: Hast du dich je auf dem Rad oder sonstwo geprügelt?

Schur: Nee! Da wird zwar viel erzählt, dass wir uns mit den Luftpumpen geprügelt hätten, aber ich kann guten Gewissens versichern: Ich habe nie geschlagen! Ich hatte manchen Kumpel, der irgendwann mal gesagt hat: Ein Wink von dir, Täve, und ich fahre den, der da dauernd an deinem Hinterrad hängt und nie einen Meter führt, um! Meine Antwort war immer: Keiner wird umgefahren! Meine Losung war: Überzeugen kann nur die Leistung, und wenn ich sie von meiner Leistung überzeuge, haben sie genug Schiss!

Huhn: Hast du je gehungert?

Schur: Ja und wie. Das war nach Kriegsende. Mein Vater schuftete als Heizer, meine Mutter lag mit Typhus im Krankenhaus. Wir waren fünf Kinder. Mein Vater hat bei den Bauern alles Mögliche eingetauscht, aber es hat nie dazu gereicht, dass wir alle satt wurden. Und dann haben die Sowjets, als sie erfuhren, dass der Vater den Gefangenen während des Krieges Brotkanten zugesteckt hatte, täglich ein Kochgeschirr voll Kascha zugeteilt, da war es mit dem Hunger vorbei.

Huhn: Wer hat dir als Sportler am meisten imponiert?

Schur: Eine höllische Frage! Heute hat mir der imponiert, morgen die, übermorgen die und der. Die Liste wäre endlos, und ich nenne keine Namen, weil ich nicht den Mut aufbrächte, den auf Platz eins zu setzen und den dahinter einzureihen. Also nenne ich einen, mit dem niemand rechnet: Walter Meier.

Wer über den Namen zu grübeln beginnt, soll wissen, dass er in den 50er Jahren Zehnkämpfer in der DDR war und bei den ersten Europameisterschaften, an denen die DDR teilnahm, die Bronzemedaille erkämpfte. Warum ich den nenne? Weil ich erst seine Memoiren und danach seine Sprüche und Gedichte zur Geschichte gelesen habe und davon tief beeindruckt war. Jemand schrieb treffend: Vom Meister des Sports zum Meister des Worts. Hier eine Kostprobe. Zum Beginn des Jahres 1987 schrieb er:

> *Man rüstet auf, man rüstet ab,*
> *man rüstet auf und nieder.*
> *Die Welt hinkt schon am Bettelstab*
> *geradenwegs ins Massengrab;*
> *man schafft das immer wieder.*
> *Doch hoff' ich heut' und immerdar*
> *auf mehr Vernunft im nächsten Jahr.*

Inhaltsverzeichnis

Vorbemerkung	7
»Mechaniker« für »Memoirenrad« gesucht	10
Nachdenken über den Krieg	12
Auskünfte über meine Familie	13
Erinnerung an Gleiwitz	17
Einer wie alle	18
Wo sind die Abgeordneten?	21
Ausflug nach ganz oben	22
Das ungewöhnliche Duell	24
Die erste Papierschleife	26
Mein Debüt im Bundestag	27
Wie kommt man zum Rennrad?	29
Blick in die Geschichte	32
Die Intervention des Arztes	33
Schock in der Kneipe	36
Zum ersten Mal Satin	38
Studierte »Fakultät« ...	40
Meisterschaft mit »Webfehler«?	41
Die erste Begegnung mit Erdwig	44
Mit Kräuterlikör durch die Ostzone?	49
In Magdeburg glänzen wollen	51
Zum ersten Mal durch Berlin	53
Kommen die Deutschen wieder?	56
Fahrt in die Talsohle	59
Pawlisiak freut sich auf seine Mutter	61
Über den 17. Juni	64
Demo in Dortmund	68
Das erste Gelbe Trikot	70
Sportler des Jahres	72
Die Pechsträhnen-Fahrt	73
Die Sondergenehmigung	78

Wer ist der beste Deutsche?	79
Frühstück mit dem UCI-Präsidenten	82
Das Intervalltraining und seine »Folgen«	84
Der Händedruck im Spiegelsaal	87
Mein erster Friedensfahrtsieg	91
Quartier beim Papst?	93
Student mit Volksschulexamen	95
Kanadische Härte beim Eishockey	98
Die Sache mit der Partei	100
Kampf um Olympia-Punkte	102
Sturz mit bösen Folgen	104
Auf zum fünften Kontinent	106
Das »Friedens«-Frühstück	108
Wie kommt man zur Mannschaftsmedaille?	110
Sprinterin pfeift Fußballspiel	113
Der IM-Bericht nach Bonn	114
Aufregung an den Pyramiden	116
Die unvergessene Schlussetappe	118
Rekord: »Ich ging als Letzter«	122
Jubel in Leipzig	123
In der Schweiz – der Sächsischen ...	126
Sorgen um einen Sattel	128
»Bummelrennen« für Gregor Gysi	130
Bis die Hymne ertönte	133
Bekenntnisse eines Volkskammer-Abgeordneten	142
Ich breche mein Wort	144
Zum ersten Mal ein Titelverteidiger	147
Nur 16., aber hochzufrieden	151
»Berichterstatter«: Erik Neutsch	153
Das Uwe-Johnson-Bild	158
Auf nach Rom	159
Liebe statt Rekorde?	165
Warnung an Zwischenrufer	166
Existenzfrage Leistungssport	167
Wie ich zur »unerwünschten Person« wurde	168

Begegnung mit Renate	170
Abschied im Harz	173
Abenteuer Rennsteiglauf	177
Die Rückwende	180
Ankunft in der Marktwirtschaft	182
Viele Gäste beim 60.	184
Gedanken an Erdwig	186
Der Arbeitslose Gustav-Adolf Schur	188
Begegnung bei der Tour	188
Wie die Friedensfahrt retten?	193
Trubel um die Kandidatur	195
Die LVZ steigt ein	197
Interview-Marathon	200
Die Entscheidung	205
Wahlkampf pur!	207
Die ersten Erfahrungen	210
Stimme gegen den Krieg	211
Diesmal wirklich in die Schweiz	212
Und die Zukunft?	214
Der Friedensappell	219
Geburtstagspartys	228
Besuch an Seelenbinders Grab	230
Ein Interview mit Täve Schur zum 80. Geburtstag	231